テニス指導教本 II

公益財団法人
日本テニス協会［編］

TENNIS
COACHING THEORY
Vol. II

大修館書店

まえがき

『テニス指導教本Ⅰ』の発刊から７年が経過しての『テニス指導教本Ⅱ』の発刊となりますが，この間テニス界のみならずスポーツ界は道具の進化，AI，IT等著しい進化を遂げてきました。

スーパースターの誕生が，偶然ではなく必然となるべく選手の育成と強化を図ること。テニスが生涯スポーツとして普及し，根づくこと。それらの目的達成のために，日本全国どこにおいても同じクオリティの指導が受けられることが出来，テニスを楽しむ環境を提供することが最重要であると考えます。この教本が時代の変化に適応し，進化に対応する役目を果たすものとなることを期待しています。

様々な競技において，データ分析や科学的な考察が当たり前となり，いかに情報量を増やし，正確に分析したデータを活用した指導をするかが重要となってきます。異種競技との連携や情報交換も指導の幅を広げるためには大切です。革新的なシステムを取り入れている競技との交流によって，普及，育成，強化の新しいアイデア誕生も期待できます。それらを考慮し改訂された教本の充実は飛躍への土台となり，次への継承となると考えます。

また，普及の重要項目として，TENNIS PLAY & STAYと共に，用具の貸し出しや指導方法の教授を行って全国の小学校に対してテニピンの普及に努めています。小さな頃からテニスに親しむ環境を少しでも多くし，早くからテニスの楽しさに触れる機会を増やすことが今後の育成，強化につながると考えます。

特筆すべきは，2020年から猛威を振るった新型コロナウイルスです。誰もが予想だにしなかった想定外のコロナ禍に，今までの当たり前が当たり前ではなくなり，スポーツが「不要不急」のものとして切り捨てられようとしました。そこで，スポーツ界が一丸となり英知を結集し，新しい当たり前を模索し，一年遅れではありましたが，東京2020オリンピックを開催することになりました。日本代表選手団団長として臨んだ東京2020でしたが，「和」の心を持ってチームジャパンとして臨み，選手のみならず関係者すべての情熱で史上最多メダル獲得となり，改めてスポーツの潜在能力を痛感しました。

スポーツは「必要不可欠」のものとしてどのような世の中でも対応出来るように，これからもテニスがその一翼を担えるように，すべてのテニス関係者の思いがひとつになるべくこの教本を役に立てて頂ければと思います。

今後起こりうる様々な困難な状況にも順応出来る底力を充分に蓄えるために，テニス界が一丸となって「必要不可欠」な競技として普及，発展に努めていきたいと思います。

令和４年11月

公益財団法人　日本テニス協会

専務理事　福井　烈

テニス指導教本Ⅱ　目次

TENNIS COACHING THEORY

1章

テニスの競技力向上を目指して

1-1

指導者の役割

中村ら（1988）は，「トップアスリートはそのスポーツの専門家なのであり，それまでの想像を絶する努力と鍛錬による成長を多くの人に伝え，スポーツの普及や発展のために欠かすことのできない貴重な人材である」としている。このことはトップアスリートとは世界のトップを目指すひとりのプレーヤーであるだけでなく，スポーツの喜びや感動を多くの国民に伝える大きな力と責任を持つ人材であることを示している。指導者はそういった人材を育てる責任と役割があり，その責務を果たすためには指導者の経験則や考え方に偏ることなく，広い視野を持ち，競技者をよく観察および理解し，急がず，競技者とともに世界基準を目指し歩んでいくことが必要である。

1．テニス競技者に求められるもの

1―状況判断能力

テニスは個人競技の球技種目であり，バドミントンや卓球などが含まれるラケットスポーツのひとつに分類される。これらはいずれもラケットを扱う競技であることから，ラケット操作を伴った高い技術力すなわち「テクニック」の重要性に加え，そのテクニックを判断能力やプレースタイル，性格などと関連づけてどのように用いるのかという，総体的なプレー能力である「スキル」が求められる。なお「テクニック」と「スキル」という２つの言葉は混同されがちであるが，これらの関係性を認識しておくことは重要である。

テニスにおける他のラケットスポーツとの大きな違いのひとつは，試合中に指導者など外部からのアドバイスを受けられないルール（チーム戦は除く）となっているため，テニス競技者はコート

図1-1　競技における状況判断の過程に関する概念的モデル（中川，1984）

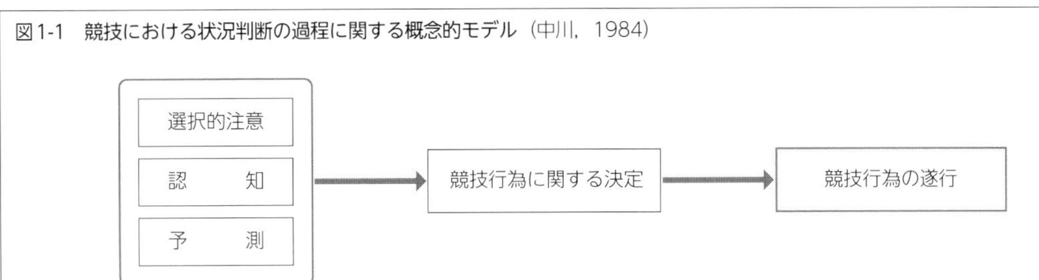

上において刻々と変化する状況を判断し，プレーのすべてを競技者自身の判断で決断しなければならない点にある。この運動場面において必要とされる判断力は，一般的に「状況判断能力」と呼ばれ（中川，1984），選択的注意（状況の中の適切な情報源に注意を向けること），認知，予測，決定により構成されており（図1-1），これらを経て総体的なプレー能力である「スキル」が遂行されることになる。

その最初の段階である選択的注意においては「適切な」情報源に注意を向ける必要があるが，これを可能とするのがテニスに関する専門的な知識，それまでの競技者自身の経験（成功体験，失敗体験を含む）である。また予測および決定における段階では，競技者自身が自分の技術力（テクニック）を把握した上で，場合によっては独創性に富んだアイデアを加えた「スキル」を用いることも必要であろう。

加えて，テニスは短時間におけるラリーの応酬であることから，判断するスピードが求められることも特徴として挙げられる。

2—協調性（チームと個の調和）

テニスは個人競技である一方で，チーム戦（デビスカップ，フェドカップ〈現ビリー・ジーン・キング・カップ〉，学校の団体戦など）も盛んに行われている。これらは国や所属するチームの威信をかけた戦いであり，場合によっては個人戦以上に重要視されることも多い。このことから，テニスにおけるチーム戦は個人競技の一面を持ちながら，団体競技としての一面も持ち合わせていることになる。チーム戦となれば，チームに所属することで他者と行動をともにし，コミュニケーションをとらなければならないため，協調性が必要とされる。個人競技の競技者は団体競技の競技者に比べ協調性に劣ると考えられがちである。協調性は競技者自身の視野を広げるのに役立つことや，また引退後のセカンドキャリアなどを考えた場合にも，ぜひとも身につけてほしい能力である。競技者としての「個」を前面に押し出すだけでなく，チームにおける協調性の中で責任を伴った「個」をバランスよく発揮できる能力も必要であろう。こうした「チーム」と「個」の調和の中で競技者は様々なものを学び，さらなる進化をするものと考えられる。

3—国際的な価値観の理解

テニスは世界各地でプレーされるスポーツであるため，各地に遠征しなくてはならない。そこでは多くの人達に触れ，知人・友人を作り，ともにプレーすることになる。そのためにはコミュニケーションをとることはもちろん，思想や歴史などから生まれる価値観を理解する必要がある。世界には様々な価値観が存在し，近年さらにその価値観はより多様化しており，それらを相互理解することができれば，世界各地で同じコートに立ち同じルールのもとでプレーすることのできるテニスの素晴らしさを認識できるものと思われる。

日本にも古い歴史，美しい言語などから生まれた価値観が存在し，それらを理解した上で世界各地の価値観を比較することで，その相互理解はより深まるであろう。

2．競技者を育てる視点

指導者が競技者を育てる最初のステップは，技術を習得させることとルールを含めた競技性を理解させることである。と同時に，指導者は世界のトップを目指す競技者を育成するためには，世界基準を理解し，競技者の性格などの特性や進化するスピードなどを観察した上で，急がず育てることを忘れてはならない。

1—スポーツの原点を理解させる

テニスに限らずすべての競技者には，まずはスポーツの原点を理解させる必要がある。その原点とは一定の形で統一されているわけではなく，テニスの場合，①テニスそのものへの興味・関心を持ち楽しむこと，②相手を尊重することが重要であると考えられる。

1—テニスそのものへの興味・関心

競技者にテニスに興味を持たせるには様々な方法が考えられるが，まずは指導者自身がエネルギーにあふれ，テニスそのものを楽しむ姿勢を見せることが重要である。指導者自身が「テニスは楽しいものである」というメッセージを発信し続けることで，競技者が「自分もやってみよう」という興味が芽生える。

また，指導者の経験則や考えのもとで競技者の枠組み（可能性）を設定するのではなく，オープンスキルであるテニスにおいては競技者自身の広い視野と自由なアイデアが必要となることから，競技者自身の考えやアイデアを反映させやすい自由度の高い練習メニューや試合を設定することも重要であろう。その他には，指導をする過程でのタイミングを見計らい，より高いレベルのプレーに触れさせることも興味を持たせる上では有効である。

久田（1979）は「興味は能動性を内実とする意欲となりうる」と述べていることから，競技者がテニスに興味を持つことができれば，能動性が生まれ意欲が高まることが期待できる。能動性（意欲）の高まりは様々な良い影響を生み出すことは想像に難くない。向上心，探究心，（勝負などへの）執着心が生まれ，そこから観察能力，思考能力などが発達することが考えられる。

また，試合に勝利するには「勝負強さ」が関係していると思われるが，それを生来持つ競技者はまれである。これを強化する術は確立されていないが，練習や試合経験を積むことに加え，興味から生まれた勝負などへの執着心が合わさることで，「勝負強さ」さらには「負けん気」が育つものと思われる。

このように成長を続けていく中で，テニスに興味・関心を持たせることにより，さらなる興味・関心だけでなく，責任感が芽生え，バーンアウトの可能性を低下させることも考えられ，生涯を通してテニスを楽しみ愛する人間となることを期待したい。

2—相手を尊重すること

テニスはネットを挟んでボールを打ち合う競技であることから，相手が必ず存在する。その相手を尊重し，大切にすることを忘れてはならない。

ネットの反対側にいるのは敵（enemy）ではなく，お互いに切磋琢磨し卓越性を追求していく相手（opponent）あるいはパートナー（partner）であり，同じルールに則りともに競い合う仲間として捉えるべきである。特に，テニスはマナーを重んじる競技であることからも，相手を大切に思いやることや尊敬することが重要視され，その姿勢が常に求められる。またその思いやりや尊敬の気持ちは対戦する相手のみならず，大会関係者，スポンサー，観客，支えてくれるスタッフ，家族など各方面に対して向けられるべきであろう。具体的な行動としては，次のようなことが挙げられる。

▶フェアなセルフジャッジをする。

▶相手のミスショットを喜ばない。

▶敗者となっても勝者を称え，堂々とした態度の誇り高き敗者（good loser）でいる。

▶試合終了後の握手でしっかりと相手の手を握る。

▶チャンピオンスピーチなどで，相手のみならず各方面へ尊敬の念を示す。

テニスはセルフジャッジを導入している数少ない競技であり，競技者の競技レベルの向上に伴い正確なジャッジをする能力も養われると考えられる。また，セルフジャッジはお互いの信頼関係の上に成り立つ制度であり，相手を大切に思いやるというスポーツマンシップに則ったフェアなジャッジが求められる。しかしながら，周囲から見ても明らかなミスジャッジを繰り返すという競技者の話題を時折耳にする。これについては，競技者自身の動的な視覚能力などの問題も考えられるが，その行為が故意かどうかは別として，指導者が指導の一環として相手を尊重するという考えのもと，的確な指導をすべきである。

加えて他競技では見られないもうひとつのテニスの大きな特徴として，試合開始前に対戦相手と５分間のウォーミングアップを行うことが挙げられる。これについてもセルフジャッジと同様に相手との信頼関係の上に成り立つものであり，これから対戦する相手を大切にする思いを持つことが必要である。

またテニスには，勝者と敗者が必ず存在する。それを認識し相手を尊重する姿勢に基づき，相手のミスショットを喜ばず，仮に自身が敗者となったとしても堂々とした態度で勝者を祝福できる，誇り高き敗者でありたい。それに加え，試合後の握手では相手の手をしっかりと握り，チャンピオンスピーチなどにおいてもその姿勢を理解して行動することが望まれる。

このようなプレー中あるいはコート内のみならず，それ以外での立ち振る舞いについても，相手を大切にする姿勢が求められる。これらはすべてスポーツの原点であり，純粋な意味での卓越性および勝利を追求する価値観（友添，2015）を持ち，興味を持ち楽しみ，相手に敬意を払うことを身につけさせることは，何を差し置いても競技者を育てる視点として指導者は理解しておくべきである。

2―「心技体知」のバランスを理解させる

テニスに限らず，スポーツは「心技体」がバランスよく整うことで最大限のパフォーマンスを発揮できるといわれる。日本テニス協会（JTA）が2018年に作成した中長期戦略プランにおいては，「心技体」に加え「知」，すなわち「心技体知」が育成に必要な要素としている。

「知」とは，テニスの場合，情報収集，ライフスキル，戦術，語学，などが挙げられる。テニスは技術的要素が大きいためそこに注目されがちであるが，他の要素とのバランスは当然のことながら，相手のプレーの特徴，サーフェス，気候などの情報などを収集すること（情報収集），創造し問題解決を図ること（ライフスキル），戦術を決定しパフォーマンスを実行することが重要であると考えられる。世界基準の競技者となるためには，これら「心技体知」のバランスがとれた，魅力的な人間になる必要があると考えられる。

これまでこの「知」についてはあまり触れられてこなかったが，試合中に外部からのアドバイスを受けられず，プレーのすべてを競技者自身の判断で決断しなければならないという競技特性や，競技後のライフスキルにも大きく影響することなどを考えても重要な要素であるため，今後研究が進むであろう。また指導者もこれらの要素を熟知し，実践できる人材（スペシャリスト）の育成も必須といえよう。

3．競技者育成のマネジメントの在り方

指導者が世界のトップに向けた指導を行う際，必要かつ理解しておくべき競技者育成のマネジメントの在り方について考えてみる。

1—現状把握と目標設定

指導者としては，世界のトップに向けて競技者を育成するにあたり，現状把握が必要であり，競技者の心身のコンディションの観察のみならず，更新された競技ルール，ツアー情報（世界情勢）などのテニス界における動向を把握する必要がある。競技ルールに関しては，近年では，ITF（国際テニス連盟）ジュニア大会におけるサービスのネットインをリターンしなければならなくなったこと，ATP（男子プロテニス協会）ランキングポイントの他にITFランキングポイントが新設されたこと（翌年には廃止）などが挙げられる。それらを踏まえ競技者やスタッフらとディスカッションし，その後の育成プランを構築，目標設定をすべきであろう。それは指導者の経験則や考え方に偏ることなく，常に競技者の成長を軸とした視点であるべきである。

設定した目標に到達するためには，計画（Plan），実行（Do），評価（Check），改善（Action）を繰り返すいわゆるPDCAサイクルを循環させることが望ましい（図1-2）。また，評価をする際にその基準のデータとなるKPI（Key Performance Indicator：重要評価指標）を設定しておくことで，改善すべきポイントが明確になる。その設定をする際の基準となるのが，以下のSMARTと呼ばれるものである（図1-3）。

このように，具体的かつ高すぎることなく達成可能な目標を設定することが重要であり，また達成期限を明確にした上で定期的に評価すべきである。これらを含めた育成プランを構築することで，競技者およびスタッフらと目標を共有しやすくな

図1-2　PDCAサイクルおよびKPI

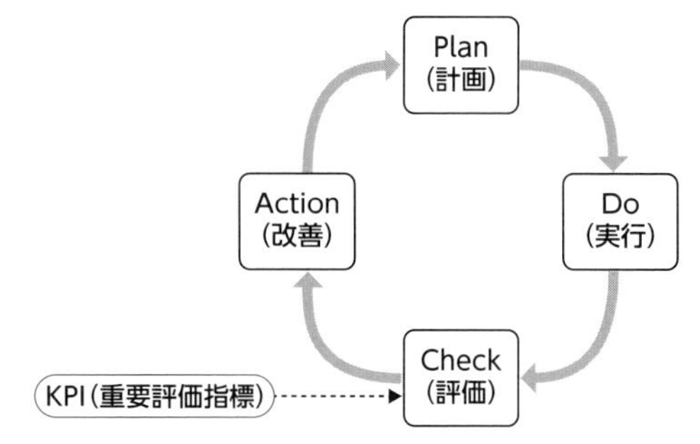

図1-3　KPIを設定するためのSMART

S：Specific………………具体的
M：Measurable…………測定可能
A：Action-oriented……行動をイメージして
R：Realistic………………現実的
T：Timed ………………時期を区切る

るだけでなく，モチベーションの維持，向上にも効果が期待できる。

2―グローバルなマネジメント体制

テニスはグローバルなスポーツであることから，国内だけでなく海外での活動も多い。しかしながら海外での活動については常に指導者が同行できるとは限らないため，海外に拠点を移しても育成プランや目標を共有し連携をとることができる環境の構築が求められる。近年では様々なITツールの発達によりこれらをサポートすることが可能であると考えられるため，有効に活用したい。

また海外で起こり得るけがや病気，事故に対する危機管理体制を構築し，サポートおよび安全性確保についても連携をとれるようにしておくことも必要である。そのためには，国内外の医療制度の違い，外務省などで得られる世界情勢に関する情報（海外安全情報配信サービスなど）などについても常に把握しておくことが望ましい。

3―長い期間(ロングターム：long-term)にわたる育成

テニスのレベルアップには非常に多くの時間を要する。またこれまで述べたように，テニスは競技者自身で判断して実行しなければならない競技特性があることから，競技者として自立し，能動的で，人間性にも優れた人間となるよう，指導者としては長い期間にわたり計画的に育成していくことが必要である。

視点は様々であろうが，自立した競技者とは，「心技体知」のバランスはもちろんのこと，テニスに対して興味を持ち続け，周囲に対し敬意を払い，協調性も持ち合わせる競技者であるといえよう。また，自身の目標，課題も整理でき，指導者が変わったとしても積み上げてきたものを継続できるという意味で，競技者自身も長い期間でのテニスの成長を考えることも重要であると考えられる。

［文献］

・中村敏雄，出原泰明，等々力賢治（1988）現代スポーツ論，大修館書店：p.300.
・中川昭（1984）ボールゲームにおける状況判断能力とスキルの関係，筑波大学体育科学系紀要，7：pp.85-92.
・久田敏彦（1979）子どもの知的能動性と授業過程の構成，教育方法学研究，4：pp.105-112.
・友添秀則（2015）スポーツの正義を保つために：スポーツインティグリティーを求めて，現代スポーツ評論，32：pp.8-17.
・公益財団法人日本スポーツ協会（2018）リファレンスブック.

1-2 世界の動向

テニスは世界中でプレーされているグローバルなスポーツである。ゆえに，世界中に世界のトップを目指すプレーヤーと指導者が存在している。その活動の枠組みは，個人，学校，チーム，各国の協会など様々であるが，それぞれが強化策を講じている。そこで，近年のテニス強豪国における動向について概観してみることにする。

1．諸外国の現状

1—男子

図1-4は，2008年から2018年の各年最終世界ランキングトップ100（以下，トップ100）における，プレーヤーの地域別割合と，プレーヤーの国籍数を示したものである。目を引くのはヨーロッパ勢の多さであり，過去11年間で常に6～7割を維持している。また，表1-1に世界トップ100にランクインするプレーヤーが多い国の上位3ヵ国を示したが，スペイン，フランスの選手が安定してランクインしている点に注目すべきであろう。さらに表1-2には，同じく2008年から2018年におけるデビスカップの優勝国および準優勝国を示した。アルゼンチンを除けば，優勝および準優勝国はすべてヨーロッパ諸国である。男子の場合，レベルが高い地域はヨーロッパであることに加えて，デビスカップの上位が頻繁に入れ替わることから，ヨーロッパ各国がしのぎを削っている現状が見てとれる。

しかしながら，トップ100のヨーロッパ勢のプレーヤーが占める地域別割合は2008年には73%を占めていたものの2018年には63%と減少傾向にあり，逆にアジア・オセアニア・中東が増加，さらにはアフリカ地域のプレーヤーもランクイン

図1-4　世界ランキングトップ100におけるプレーヤーの地域別割合と国籍数の推移（男子）

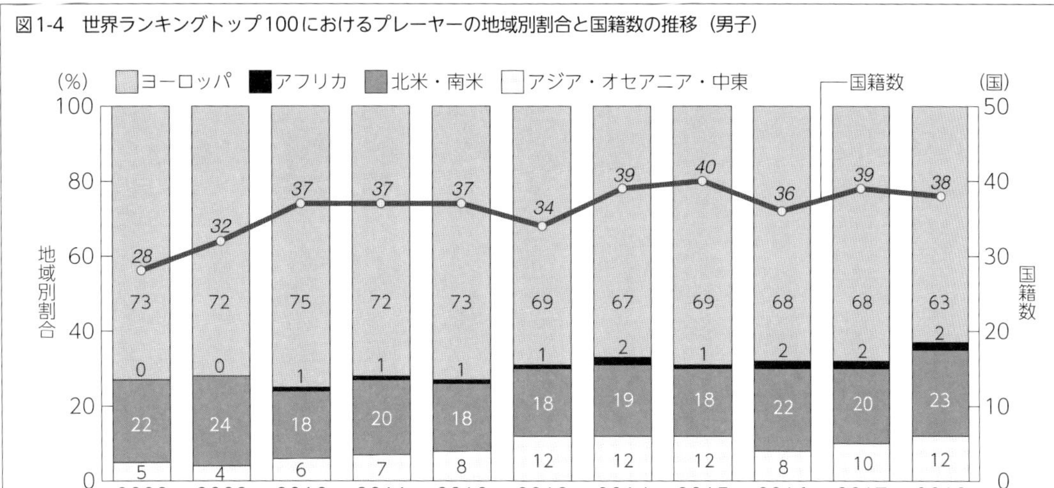

表1-1　世界トップ100にランクインするプレーヤーが多い国の上位（男子）

	第1位	第2位	第3位
2008	スペイン（15）	フランス（14）	アルゼンチン（9）
2009	スペイン フランス（12）	ドイツ（11）	アメリカ アルゼンチン（9）
2010	スペイン（14）	フランス（11）	アルゼンチン（7）
2011	スペイン（13）	フランス（10）	アメリカ（9）
2012	スペイン（13）	フランス（10）	アメリカ アルゼンチン（7）
2013	スペイン（14）	フランス（11）	アメリカ ドイツ（7）
2014	スペイン（12）	フランス（9）	ドイツ（7）
2015	スペイン（15）	フランス（10）	アメリカ（7）
2016	フランス（12）	スペイン（10）	アルゼンチン（9）
2017	フランス（10）	アメリカ（9）	スペイン ドイツ（8）
2018	アメリカ（11）	スペイン（10）	フランス（8）

※（　）内は人数

表1-2　デビスカップの優勝国および準優勝国

年	優勝国	準優勝国
2008	スペイン	アルゼンチン
2009	スペイン	チェコ
2010	セルビア	フランス
2011	スペイン	アルゼンチン
2012	チェコ	スペイン
2013	チェコ	セルビア
2014	スイス	フランス
2015	イギリス	ベルギー
2016	アルゼンチン	クロアチア
2017	フランス	ベルギー
2018	クロアチア	フランス

している。国籍数に目を向けると，ヨーロッパ地域は2008年には28ヵ国であったのが2018年には38ヵ国とこちらも増加傾向にある。このことから，男子についてはヨーロッパ地域が最もレベルが高いものの，ヨーロッパ以外の地域の国々からトップ100にランクインするプレーヤーは増加傾向にあるといえる。

その一方で，このように国籍数が増え，トップ100にランクインするヨーロッパ各国のプレーヤーが徐々に減少している状況の中，アメリカは増加傾向にあり，2018年には最も多くのプレーヤーをランクインさせている点は特徴的である。

2—女子

女子についても，目を引くのは男子と同様にヨーロッパ勢の多さであり，男子に比べトップ100に占める地域別割合はさらに多く，常に7割前後を維持している（図1-5）。また，フェドカッ

図1-5　世界ランキングトップ100におけるプレーヤーの地域別割合と国籍数の推移（女子）

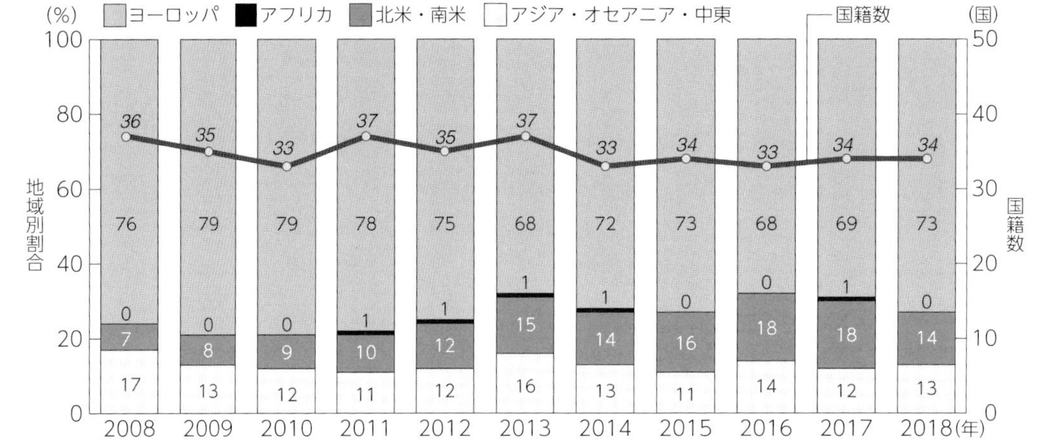

表1-3　世界トップ100にランクインするプレーヤーが多い国の上位（女子）

年	第1位		第2位		第3位	
2008	ロシア	(14)	フランス	(12)	チェコ	(7)
2009	ロシア	(15)	チェコ	(7)	ドイツ イタリア	(6)
2010	ロシア	(15)	チェコ	(9)	アメリカ	(8)
2011	ロシア	(11)	チェコ フランス	(7)	スペイン ドイツ	(6)
2012	アメリカ	(11)	ロシア	(10)	チェコ	(8)
2013	アメリカ	(11)	ドイツ	(7)	ロシア イタリア スペイン	(6)
2014	アメリカ	(12)	チェコ	(8)	ドイツ ロシア	(7)
2015	アメリカ	(12)	ドイツ	(10)	チェコ ロシア	(7)
2016	アメリカ	(16)	ドイツ	(8)	チェコ ロシア	(7)
2017	アメリカ	(14)	ロシア	(8)	チェコ ドイツ	(7)
2018	アメリカ	(12)	ロシア	(10)	チェコ ルーマニア	(6)

※(　) 内は人数

表1-4　フェドカップの優勝国および準優勝国

年	優勝国	準優勝国
2008	ロシア	スペイン
2009	イタリア	アメリカ
2010	イタリア	アメリカ
2011	チェコ	ロシア
2012	チェコ	セルビア
2013	イタリア	ロシア
2014	チェコ	ドイツ
2015	チェコ	ロシア
2016	チェコ	フランス
2017	アメリカ	ベラルーシ
2018	チェコ	アメリカ

※2020年9月よりビリー・ジーン・キング・カップに名称変更。

プの優勝国および準優勝国についても（表1-4），優勝および準優勝国の多くはアメリカを除けばヨーロッパの国々である。これらのことから，女子においてもヨーロッパ諸国のプレーヤーがトップ100に占める割合が最も高いこと，フェドカップについても優勝国はヨーロッパ諸国が占めることから，男子同様に近年における最もレベルの高い地域はヨーロッパであるといえる。さらにトップ100に占めるヨーロッパ諸国のプレーヤーの地域別割合は男子をやや上回ることから，男子以上に盛んな地域であると考えることもできる。

トップ100に入っているヨーロッパ諸国のプレーヤーの国籍数については，男子のように増加傾向にはなくほぼ横ばい状態であるものの，2008

年の国籍数は男子が28ヵ国であったのに対しすでに36ヵ国であったことから，男子以上に多くの国々からトップ100入りを果たしているといえる。

また特徴的なのが，アメリカである。2008年にトップ100にランクインしていたのが4名のみであったのに対し，2012年以降2桁のプレーヤーを継続してトップ100にランクインさせていることから（表1-3），育成において成功していることが予想される。

2．ヨーロッパと北米の強化の在り方

日本スポーツ振興センターが「平成27年度ジュニア・ターゲットスポーツの育成・強化委託事業」として調査を実施し，その成果として報告した「平成27年度ジュニア・ターゲットスポーツ育成・強化事業 海外情報収集活動報告書（サマリー）」をもとに，最もレベルの高い地域であるヨーロッパと北米の計3ヵ国の強化の在り方を述べることとする。

調査項目としては，各協会の基本情報（施設やスタッフなど），ハイパフォーマンス施策（トッププレーヤーのサポートプログラム），ディベロップメントプログラム（育成プログラム），情報医科学の活用，である。

1―基本情報（表1-5）

ナショナルトレーニングセンター（以下，NTC）の施設については各国それぞれの事情により規模は異なるが，いずれもインドアコートをはじめとする様々な種類（サーフェス）のコートを多く有しているのが現状である。なかでもC国は保有する面数が多く最も大規模であるとともに，Tennis 10s用コートも有しており，低年齢からの普及，強化にも目が向けられていることがうかがえる。加えて各施設にはコーチだけでなく，マネージャーや理学療法士など様々なスタッフが多く（12～62名）常駐している。いずれの国もNTCにおけるハード面（インドアコートを含む多くのコートを保有）およびソフト面（スタッフの常駐）が充実しており，プレーヤー（およびその関係者）をフルタイムでサポートする体制が整えられているといえる。

ナショナルコーチの選抜については，各国に独自のコーチ「ライセンス」制度が存在している。そのライセンス保有者の中から，コーチとしてのスキル以外に，情熱はもちろんのこと，コミュニケーション能力（good communicator），オープンな性格（open personality）であること，さらに人間性に優れることに加え，それぞれの強化プログラムの共通認識となる哲学や理念を理解することができる人材を選抜しているようである。

特にB国については，ライセンスレベルをA・B・Cと細分化し，A以上でなければナショナルコーチに選抜しないこと，元プロプレーヤーであっても最も下位のライセンスからスタートさせることなどから，ライセンス制度が最も厳格に整備されており，さらに大学と連携することでさらなる上位資格を得られるなど，コーチ育成にも重きを置いていることがうかがえる。

なお，C国のコーチの選抜方法については，基本として試験ではなく，地域などからの推薦を含め様々な情報を得た上で協会側が選抜をしている。C国には独自のコーチング哲学が存在し，それを非常に重要視するとともに，選抜の際にはそれに沿ったコーチングが可能かという点についても精査し選抜していることがうかがえる。

表1-5　各国テニス協会における基本情報

	A国（ヨーロッパ）	B国（ヨーロッパ）	C国（北米）
施設（NTC）	NTCにインドアハードコート4面，アウトドアクレーコート5～6面を有している（ただし民間テニスクラブの一部を間借りする形）。	インドアハードコート2面，ドーム型インドアハードコート2面，アウトドアクレーコート4面を有し，ハイパフォーマンスセンターと地域のトレーニングセンターを兼ねている。	施設全体では102面のコートを有しているが，NTCとして使用できるのは，アウトドアハードコート8面，クレーコート8面，インドアハードコート6面，Tennis 10s用コートである。
スタッフ	12～14名のスタッフが常駐。そのうちコーチが4名。	フルタイムのナショナルコーチ4名（デビスカップ，フェドカップ，ヘッドコーチ，ジュニアコーチ），パートタイムのナショナルコーチ4名，それ以外のコーチ6名が在籍している。	3ヵ所あるNTC全体でフルタイムの職員（コーチ，スタッフ）が62名在籍している。
ナショナルコーチ選抜の条件	・情熱があるコーチが必要。 ・テニスの経験は国際レベルの元プロプレーヤー（ATP300位レベル）＋ライセンスを取得した者。	・ライセンスはA・B・Cの3段階で，A以上でないとナショナルクラスの仕事は不可。 ・Aのさらに上に大学の学位とセットになった上位資格が存在している。 ・元プロプレーヤーであっても，必ず最も下位のライセンスからスタートさせる。	・コーチライセンスはその国のプロテニス協会が扱い，協会自体は扱っていない。 ・コーチ選抜の基準は，優れたコミュニケーション能力を持つこと（good communicator）であり，オープンな性格（open personality）であること。 ・数年前に作られたコーチングの哲学が存在し，その考えに沿ったコーチングをする。 ・コーチの選抜は基本として試験ではなく，地域などからの推薦を受け協会側が見極め声をかける（Invitation）。 ・明らかに実績を残した元プロプレーヤーをハイパフォーマンスコーチングプログラムの受講を義務として採用するケースがある。

2―ハイパフォーマンス施策に関する情報（表1-6）

ハイパフォーマンス施策に関しては，各国とも選抜したプレーヤーに対する資金援助と，NTC施設の利用および施設内のサポートを提供することが主な内容である。

資金援助については，その金額やプレーヤーを選抜する形式は国によって異なってはいるが，いずれもプレーヤーが各国の定める基準（主にランキング）に達すると，資金援助を継続するか否かの判断をするようである。A国はトップ100にラ

表1-6　各国テニス協会におけるハイパフォーマンス施策に関する情報

A国（ヨーロッパ）	B国（ヨーロッパ）	C国（北米）
・遠征にコーチを帯同させ遠征費の補助を行うが，トップ100に入ると打ち切り，それ以降はプレーヤー自身の資金でまかなう。 ・デビスカップなどでの活動の際は，映像のフィードバックを受けられる。 ・施設内のドクター，理学療法士，ビデオ分析のサポートを自由に受けられる。	・基本的には資金援助が中心となる。選抜したプレーヤーに対し，コーチとフィジカルコーチの帯同費用を支給する。 ・ジュニア期終了時にITFジュニアランキング20位以内，もしくはATP500位以内にランキングされていれば，アフタージュニアのサポートプログラムにつなげることができる。それ以降はランキングで判断する。	・プロも含めてこのプログラムに選抜されたプレーヤーに対し，NTC施設内でサポートが実施される。 ・プレーヤーに対する金銭的支援の金額の上限が決められており，最上位の金額のサポートは2～3名のみが対象となる。 ・このプログラムに選抜される要素としてはランキング以外の要素も加味して判断していると予想される。

ンクインすれば打ち切り，B国についてはITFジュニアランキング20位以内もしくはATP500位以内で継続するか判断しているようであるが，C国についてはランキング以外の要素も加味して判断していると予想される。いずれの場合もランキングが上昇することによりプレーヤーの収入が増えることから，自身の資金で活動ができるまでの期間を協会側がサポートしている形となっている。また，資金援助をする対象範囲は国によって異なり，プレーヤーに対してのみ援助をするケース，コーチとフィジカルコーチの帯同費用を支給するケース（B国）など様々である。

NTC施設内のサポートとしては，各国ともコート利用だけでなく，コーチやドクター，国によっては理学療法士やビデオ分析などの人的サポートを，前述の基本情報（表1-5）の通りフルタイムで提供している。なお，サポートをNTC施設内とする場合（C国）や，各プレーヤーの練習拠点（ホームコート）とする場合など，提供の方法も各国によって異なるが，これは協会側がサポートできる規模や内容，地理的条件が大きく影響していることが考えられる。

3―ディベロップメントプログラムに関する情報（表1-7）

各国とも早い年齢では6歳（B国）の低年齢から選抜するための一定の基準を設けたプログラムを実施しており，国内の広範囲（市町レベル→地域レベル→全国レベル）でステップアップさせた中から選抜している点では共通している。特に，C国についてはコーチングにおける哲学と同様に，選抜の条件をきわめて詳細に示した道すじ

表1-7　各国テニス協会におけるディベロップメントプログラムに関する情報

A国（ヨーロッパ）	B国（ヨーロッパ）	C国（北米）
・12歳から男女40名ずつの選抜（ナショナルセレクション）を行い，1年ごとに見直しを実施し，年齢が上がるごとに人数を絞っていく。 ・絞り込みの指標はランキングを用いるが，最終的にはヘッドコーチの判断が重視される。 ・ヘッドコーチによるジュニアプレーヤー選抜の判断要素は「Attitude（態度）」「Discipline（規律）」を重視しており，試合中に試合を投げるようなプレーヤーは選抜されない。Attitudeに優れていればテクニックやフィジカルは後から追いつくと考えている。 ・プレーヤーの保護者との関係性はきわめて重要と考えており，保護者とのコミュニケーションが難しい場合は，上の段階に選抜しないこともある。 ・コーチ，理学療法士を遠征に帯同させる。 ・金銭的補助として，各年代のNo.1のプレーヤーに対し遠征時の旅費と宿泊費を支給。No.1以外のプレーヤーについては旅費のみを支給する。	・6～8歳で「タレントカップ」という大会を実施している。試合の他，体力テストを行い，双方を点数化して評価している。 ・上記の点数をもとに，市町大会，小地域大会，大地域大会，全国大会とステップアップさせてタレントを確認している。 ・ジュニア期のナショナルメンバーは14～18歳各年代男女40名ずつを選抜し，このうち10～15名をメインでサポート，さらにその中の3名程度を国の代表として選抜する。その3名に対しては遠征にコーチと理学療法士を帯同させる。 ・選抜の観点としては，国際大会での成績，キャンプやクリニックでのトータルな内容，コーチ間での情報交換の3点である。 ・ワールドジュニア（U14の国別対抗戦）代表の選抜の観点は，忍耐強いこと，チームスピリットがあることの2点を重視している。 ・厳しいライセンス制度のもとで学習と経験を積んだコーチの「見立て」が選抜の基本である。 ・ジュニア期はNTCでの練習を義務づけることはなく，各地にあるトレーニングセンターでの活動を選択することも可能。	・8～14歳までを対象に，市町（sectional），地域（regional），全国（national）の順で選抜するプログラムを実施し，各年代でのキャンプを行い，性格特性（character quality）を見る。14歳までがベースづくりであり，15，16歳の時に競技者としての見極めをする。 ・sectionalからregionalのキャンプを経て，nationalのキャンプでは24名までに絞り込み，15歳になると6名に絞られる。15歳以上のサポートは様々な条件に沿って選定される。 ・各年代ごとの基準については詳細な「Player Training Pathway」として設定している。

(Pathway) を設定していることが特徴として挙げられる。

しかしながら，各国ともこれらの条件のみに従って選抜するわけではなく，現場におけるライセンスを保持するコーチらの「見立て」が重要視されている現状もある。コーチらが実際にプレーヤーらと関わっていく中で，「Attitude（態度）」「Discipline（規律）」を重視しており，A国においては試合中に試合を投げるようなプレーヤーは選抜しないとのことであった。このAttitudeについては，A国およびB国の調査において聞かれ，C国においても性格特性を見るなど，数値や明確な言葉で表現しにくい要素が想像以上に重要視されているようである。

さらにA国においては，協会とプレーヤーの保護者との関係性を重要視しており，保護者側とのコミュニケーションが難しいと判断した場合はステップアップさせないこと，B国においては代表チーム選抜の観点として「忍耐強いこと」「チームスピリットがあること」を重視するなど，テニスの実際のパフォーマンスだけでなく，人間性などを含めたトータルな内容（B国）を選抜の観点として持っている。これらを支えるのはB国に代表されるような厳格に制度化されたライセンスであり，コーチへの信頼度が高いことを示しているといえよう。

また，B国においては選抜されたメンバーであってもNTCでの練習を義務づけることなく，各地のトレーニングセンターや各プレーヤーの練習拠点（ホームコート）での活動を認めていることも特徴として挙げられる。ジュニア期，特に低年齢のうちは家族とともに過ごす時間を重要視しているということであった。これは，成長期の重要な年代を家族とともに過ごすことで健全な人間性を育むためであり，プレーヤー選抜の要件として人間性を重要視している点を表していると考えられる。

4―情報医科学に関する情報（表1-8）

1―体力テスト

体力テストについては各国とも定期的に実施しているものの，フィールドテスト形態による測定が主流で，特別な機材を用いたラボラトリーテスト形態による詳細なテストは積極的に実施していなかった。これは，まだまだ体力テストのデータとテニスパフォーマンスとの関係性が十分に明らかにされていないことが要因と考えられるものの，今後B国やC国が大学との連携を進め，その点が明らかにされることで，より科学的で詳細な測定の必要性が高まることが予想される。

2―ゲーム分析および分析ツール・ITシステムの活用

ゲーム分析および分析ツールやITシステムの活用については，各国ごとに取り組み方が大きく異なっている。A国については専門の担当者を配置しているものの，特別なテニスパフォーマンス分析ツールは用いておらず，ビデオ映像を提供しレビューをする程度にとどまっている。C国についても，ビデオ分析用の機材が設置されたコートは多数保有しているものの，積極的に活用しているようには見受けられない。なお両国ともITシステムの活用としてWebツールを用いてのデータ共有は行っているようである。この両国はゲーム分析の重要性は認識しているものの，特別な分析ツールなどがパフォーマンス向上に十分に活用されているとはいえないようである。その原因としては，費用の問題や，活用方法が確立されていないことが考えられる。しかしながら，近年の情報技術の発達によりこれらが解決され，より高度な分析がより早く可能となることも十分に予想さ

表1-8　各国テニス協会における情報医科学に関する情報

		A国（ヨーロッパ）	B国（ヨーロッパ）	C国（北米）
情報医科学の活用	体力テスト	デベロッププログラムメンバーに対し，定期的（年に3回）に実施。主にフィールドテスト形態で実施している。ラボラトリーテスト形態のような詳細な測定は実施しておらず，ジュニア期においてはその必要性を強く感じていない様子。	体力テストは実施しているものの，特別な機材などを使ったラボラトリーテスト形態での詳細な測定は実施していない。また詳細な測定を考える場合は，大学と連携することもあるが，コーチが必要性を感じない限り定期的に実施する必要はないと考えている。	定期的に実施しているが障害予防を目的としたチェックとフィールドテスト形態による実施が中心である。ラボラトリーテスト形態での詳細な科学的測定は今後必要になると考えており，大学との連携を検討中。
	ゲーム分析	専門の担当者を雇用しているが，基本的には映像の収集およびシステムを用いてのプレーヤーへの提供を実施している。詳細なデータの分析などは実施していない。また，デビスカップ，フェドカップのチームに対しても，大事な試合での特定のポイントについてビデオを見ながらレビューする程度。	ハイパフォーマンスセンターでは詳細な分析を実施していない。	センター内にビデオ分析用の機材が設置されたコートがある（ただし視察当時は稼働していなかった）。また協会のWeb内にシステムを活用したビデオライブラリーがあるが，分析目的ではなくビデオアーカイブとして活用。
	テニスパフォーマンス分析ツールやITシステムの活用	テニスパフォーマンス分析ツールに関しては特に使用しておらず，ナショナルセンター内への設置や仕様もない。また試合映像や体力テストデータ，日々のトレーニング内容などをプレーヤー，プライベートコーチ，保護者などに提供するためのWebツール（データベース）を活用。	テニスパフォーマンス分析ツールに関しては特に使用しておらず，ナショナルセンター内への設置や仕様もない。	上記の通り設置はされている。

〈テニスパフォーマンス分析ツールに関する補足情報〉
- D国（ヨーロッパ）のNTCにHawk-Eyeシステムを備えたコートを有しており，その国のNo.1プレーヤーであるA選手（ATPランキング1位経験者）はそのデータを使った分析を行っており，協会内に専属のアナリストが存在する。
- E国（ヨーロッパ）のNTCもHawk-Eyeシステムを備えたコートを有しており，協会内での分析がなされている。また同様のビデオ分析システムであるPlay Sightも保有している。

れる。その一方で，表1-8の補足情報として記したD国およびE国のように，すでに高度な分析ツールを複数導入し，なおかつ専属アナリストを配置する国も存在する。この2つの国は潤沢な資金をバックグラウンドにこの体制を整えていると考えられるが，これらについても十分に活用されているかは不明である。

B国については，ゲーム分析を行っておらず，分析ツールなども用いていないようである。コーチングの現場においては，分析などによって得られたデータに対して懐疑的であったり，データに頼りすぎることでパフォーマンス低下を心配したりする声を聞くケースもある。B国においては分析によって得られたデータよりも，厳格に制度化されたコーチライセンス制度のもとで育成された信頼度の高いコーチによるコーチングのほうが重要視されていることが考えられる。しかしながら，どの国においても今後の情報技術の進化によりゲーム分析の重要性が高まり，分析ツールやITシステムの導入をすることは十分に予想される。

3．世界的視野でのテニスの今後

近年では男女ともにヨーロッパ地域が最もレベルが高く，各国がしのぎを削っている。その一方で，男子においてはそれ以外の地域からもトップ100にプレーヤーを送り込む国が増加傾向にあり，各国の強化育成が進められていることが考えられる。その原因は様々考えられるが，インターネット環境や交通網がさらに整備され，前述の調査で得られたような各国の強化育成の方策をはじめ，世界各地で行われている大会の情報，プレーヤーや指導者らが発信した情報などを得ることが容易となったことが要因として考えられる。それにより，世界のトップを身近に感じ，それぞれの強化策を講じ，世界のトップを意識できるようになったと推察される。今後はさらに得られる情報量が増え，より多くの国々が強化策を講じトップ100にプレーヤーを送り込んでくることが予想されることなどからも，地域差も少なくなることが考えられる。

また，レベルの高いヨーロッパ諸国において，体力テストは実施されているもののそれほど必要性を感じておらず，ゲーム分析については実施していない状況であった。加えてゲーム分析ツールやITシステムについても，NTCに設置している国はいくつか存在するものの，あまり活用されていない現状がある。しかしながら，今後はこういった科学的なアプローチは進化し，様々なツールが活用される可能性が高く，こういった情報も得られやすくなることから，さらに世界各国での強化育成が進むものと考えられる。

しかしながら，これらはあくまでツールであり現場におけるコーチらの「見立て」が重要視されているという点においては各国同様であり，今後も変わらないことが予想される。したがって，今後はより優れた「見立て」を持ち，人格的にも優れるのみならず，これらのツールを使いこなすこともできる人材が求められる可能性は高くなることが考えられる。このことを踏まえたライセンス制度によるコーチの育成も各国で進められるであろう。

1-3 日本の現状

1．日本人の活躍

錦織圭選手，大坂なおみ選手，その他選手の活躍により，日本のテニスに対する社会的関心が飛躍的に高まっている。錦織選手は，2016年リオオリンピックにおいて，1920年アントワープオリンピックで単複銀メダルを獲得した熊谷一弥選手以来96年振りとなるメダルを獲得した（表1-9）。大坂選手は，全米オープンと全豪オープンにおいて合計４つのグランドスラムタイトルを獲得した。また，国別対抗戦であるデビスカップ（表1-10），フェドカップ（表1-11）においても，両選手の出場により，日本代表に選出された選手や若手期待選手は直接練習する機会を得られる。世界トップとの距離感を体感できる機会は，日本テニスにとって貴重な場となる。

錦織選手や大坂選手だけでなく，2014年以降，男女ともに複数名がシングルスの世界ランキングで100位以内にランクインしている。男子においては2020年には４名ものプレーヤーが同時に100位以内に入り，女子では５名ものプレーヤーが同時に100位以内にランクインした時期も見られた。また，トッププレーヤーと認知される50位以内に男子４名，女子10名の延べ12名がランクインした他，男女ともに多くのツアー大会で優勝するといった高成績を収めている。ダブルスやミックスダブルスにおいても，男女ともにグランドスラムで上位進出できるプレーヤーが輩出された。まさに世界で戦える実力を持った日本人選手達が実績を残しつつあるのが今の日本の現状である。

表1-9　夏季オリンピック競技大会テニス競技日本代表の成績（2000～2021年）

年	大会名	男子		女子	
		シングルス	ダブルス	シングルス	ダブルス
2000 (平12)	シドニー	不出場	トーマス嶋田・岩渕聡： 1回戦	杉山愛(14)：1回戦 浅越しのぶ(IP)：1回戦	杉山愛・宮城ナナ：2回戦
2004 (平16)	アテネ	不出場		杉山愛(8)：5位入賞 森上亜希子：2回戦 浅越しのぶ(IP)：1回戦 小畑沙織：1回戦	杉山愛・浅越しのぶ： 4位入賞 小畑沙織・森上亜希子： 2回戦
2008 (平20)	北京	錦織圭(IP)：1回戦	不出場	森田あゆみ(IP)：2回戦 杉山愛：1回戦	杉山愛・森田あゆみ：2回戦
2012 (平24)	ロンドン	錦織圭(15):5位入賞 添田豪：1回戦 伊藤竜馬：1回戦	錦織圭・添田豪(IP)： 1回戦	不出場	
2016 (平28)	リオデジャネイロ	錦織圭(4)：銅メダル ダニエル太郎(IP)： 3回戦 杉田祐一(IP)：2回戦	不出場	土居美咲：2回戦 日比野菜緒：2回戦	土居美咲・穂積絵莉(IP)： 2回戦
2021 (令3)	東京	西岡良仁1：回戦 錦織圭：3回戦 ダニエル太郎：1回戦 杉田祐一：1回戦	マクラクラン勉・錦織圭： 準々決勝 西岡良仁・ダニエル太郎： 1回戦	大坂なおみ：3回戦 土居美咲：2回戦 日比野菜緒：1回戦	青山修子・柴原瑛菜(2)： 1回戦 日比野菜緒・二宮真琴： 1回戦

注）(IP)：推薦出場の一種で国際テニス連盟（ITF）枠，（　）内の数字はシード順位

表1-10　デビスカップ日本代表の成績（2011～2021年）

年度	監督名	選手名	対戦
2011（平23）	竹内映二	錦織圭　伊藤竜馬　近藤大生　添田豪 杉田祐一　鈴木貴男	アⅠ 1R：3-1 フィリピン アⅠ 2R：4-1 ウズベキスタン 世プ：4-1 インド
2012（平24）	竹内映二 坂井利郎	錦織圭　伊藤竜馬　添田豪　杉田祐一	世 1R：2-3 クロアチア 世プ：2-3 イスラエル
2013（平25）	植田　実	錦織圭　伊藤竜馬　内山靖崇　添田豪 杉田祐一　守屋宏紀	アⅠ 1R：5-0 インドネシア アⅠ 2R：3-2 韓国／世プ：3-2 コロンビア
2014（平26）	植田　実	錦織圭　伊藤竜馬　内山靖崇　添田豪 杉田祐一　ダニエル太郎	世 1R：4-1 カナダ／世 2R：0-5 チェコ
2015（平27）	植田　実	錦織圭　伊藤竜馬　ダニエル太郎　添田豪 内山靖崇　西岡良仁	世 1R：2-3 カナダ／世 プ：3-2 コロンビア
2016（平28）	植田　実	錦織圭　西岡良仁　杉田祐一　ダニエル太郎 内山靖崇	世 1R：1-3 英国／世 プ：5-0 ウクライナ
2017（平29）	植田　実 岩渕　聡	ダニエル太郎　杉田祐一　添田豪　西岡良仁 内山靖崇　マクラクラン勉	世 1R：1-4 フランス／世 プ：3-1 ブラジル
2018（平30）	岩渕　聡	ダニエル太郎　内山靖崇　添田豪　綿貫陽介 西岡良仁　杉田祐一　マクラクラン勉	世 1R：1-3 イタリア 世 プ：4-0 ボスニア・ヘルツェゴヴィナ
2019 （平31／令元）	岩渕　聡	ダニエル太郎　内山靖崇　綿貫陽介　西岡良仁 マクラクラン勉　杉田祐一	予選：3-2 中国 決勝 1次リーグ：1-2 フランス 決勝 1次リーグ：0-3 セルビア
2020（令2）	岩渕　聡	錦織圭　添田豪　マクラクラン勉 内山靖崇　綿貫陽介	予選：0-3 エクアドル
2021（令3）	岩渕　聡	綿貫陽介　内田海智　清水悠太　島袋将 望月慎太郎	世Ⅰ：4-0 パキスタン

注）ア：アジア・オセアニアゾーン，世：世界グループ，プ：プレーオフ，Ⅰ：1部，R：回戦

表1-11 フェドカップ日本代表の成績（2011～2021年）

年 度	監督名	選 手 名	対 戦
2011（平23）	村上武資	森田あゆみ 波形純理 奈良くるみ 土居美咲 藤原里華	アⅠ：2-1 カザフスタン／アⅠ：3-0 韓国 アⅠ：3-0 中華台北／アⅠ プ：3-0 ウズベキスタン 世Ⅱ プ：4-0 アルゼンチン
2012（平24）	村上武資	森田あゆみ 藤原里華 クルム伊達公子 奈良くるみ	世Ⅱ 1R：5-0 スロベニア／世Ⅰ プ：4-1 ベルギー
2013（平25）	村上武資	森田あゆみ 土居美咲 青山修子 クルム伊達公子 奈良くるみ	世Ⅰ 1R：2-3 ロシア／世Ⅰ プ：0-4 スペイン
2014（平26）	吉田友佳	奈良くるみ 尾崎里紗 土居美咲 青山修子	世Ⅱ 1R：1-3 アルゼンチン／世Ⅱ プ：2-3 オランダ
2015（平27）	吉田友佳	奈良くるみ 穂積絵莉 森田あゆみ 土居美咲 青山修子	アⅠ：3-0 韓国／アⅠ：3-0 香港 アⅠ：3-0 ウズベキスタン／アⅠ プ：3-0 カザフスタン 世Ⅱ プ：2-3 ベラルーシ
2016（平28）	土橋登志久	奈良くるみ 穂積絵莉 日比野菜緒 青山修子	アⅠ：1-2 ウズベキスタン／アⅠ：2-1 タイ アⅠ：2-1 インド／アⅠ プ：1-2 中華台北
2017（平29）	土橋登志久	土居美咲 穂積絵莉 大坂なおみ 青山修子	アⅠ：3-0 インド／アⅠ：3-0 フィリピン アⅠ：3-0 中国／アⅠプ：1-2 カザフスタン
2018（平30）	土橋登志久	奈良くるみ 加藤未唯 大坂なおみ 日比野菜緒 二宮真琴	アⅠ：3-0 タイ／アⅠ：3-0 韓国／アⅠ：3-0 中華台北 アⅠ プ：2-1 カザフスタン／世Ⅱ プ：3-2 英国
2019（平31／令元）	土橋登志久	日比野菜緒 奈良くるみ 二宮真琴 穂積絵莉 土居美咲 加藤未唯 青山修子	世Ⅱ 1R：2-3 スペイン／世Ⅱ プ：4-0 オランダ
2020（令2）	土橋登志久	大坂なおみ 奈良くるみ 青山修子 土居美咲 柴原瑛菜	予選：1-3 スペイン
2021（令3）	土橋登志久	内藤祐希 村松千裕 秋田史帆 佐藤久真莉	プ：0-4 ウクライナ

注）ア：アジア・オセアニアゾーン，世：世界グループ，プ：プレーオフ，Ⅰ：1部，Ⅱ：2部，R：回戦
　2020年9月より，フェドカップはビリー・ジーン・キング・カップに名称変更した。

2．日本テニスの目指す方向

1—日本テニス協会（JTA）の中長期戦略

一方，現在のテニスブームを一過性のものに終わらせてはいけないという使命感と責任感も高まっている。現在の流れを契機にして，日本テニスのレベルを真のグローバルトップレベルに引き上げることが求められている。2022年にJTAは100周年を迎え，これからの100年を視野に入れた根本的な中長期戦略プランが必須である。テニス内外の人材を活用し，プロジェクトチームを立ち上げ，膨大なリサーチを実施し，すでに実施されている有効な施策，その他様々なケーススタディを参考に，グローバルな視点からより現実的かつ実行可能な「中長期戦略プラン」を策定した。策定を進める上では「グローバル，フェア，チームワーク」「健全性，成長性，収益性」という考え方を重要視し，テニス産業の底上げ拡大により，雇用の創出・安定化を図り，テニス関係者，そのすべてのステークホルダーが恩恵を被るモデル構築が目標である。

具体的には，錦織選手や大坂選手のようなスーパースターの誕生を起点とした，普及・育成・強化の好循環づくりを目指している。スーパースターの活躍により，多くの人がテニスを観て，それがテニスをする動機づけとなり，テニス人口が

図1-6　普及・育成・強化の好循環（スパイラル）

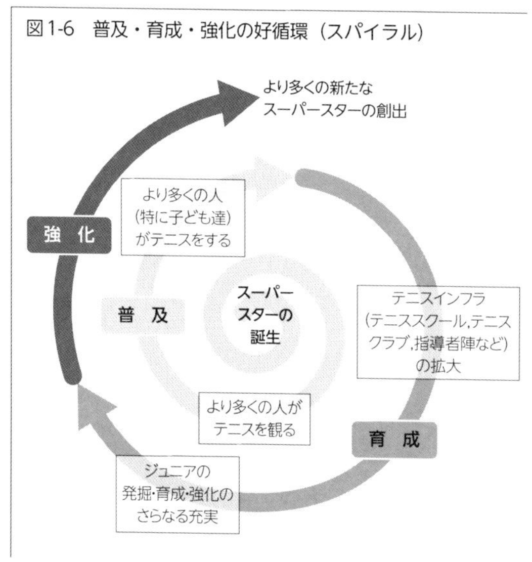

拡大する（普及）。そして，テニス人口の拡大に伴い，テニススクール，テニスクラブ，指導者陣といったテニスインフラが拡大する（育成）。それが有望なジュニア選手の発掘・育成・強化のさらなる充実をもたらし，次世代のスーパースターの創出につながる（強化）というスパイラルである（図1-6）。

これらの普及・育成・強化の関係はピラミッドの形でも表現され，それぞれが3つの「C」と連携している（図1-7）。すなわち，①Court（インフラ・練習環境の整備），②Coach（質の高い指導者人材育成），③Competition（試合環境の整備）の「3C」である。普及・育成・強化の好循環を回しながら，これらの「3C」の整備を充実させると同時に，それをネットワーク化してつなげることが，日本テニスの目指す基本的な方向である。

❷—強化育成本部の中長期強化育成プラン2022

強化育成本部では，2021年に開催された東京オリンピック後に，前述の「日本テニス協会の中長期戦略」を踏まえながら，2022年から2032年までの「中長期強化育成プラン2022」を策定し，強化育成に取り組んでいる。前述の通り，近年の日本人選手の活躍は目覚ましく，「中長期強化育成プラン2022」は，このような状況が一過性のものではなく，恒常的に続くテニスの強豪国として，また，その中でも日本が先進国的位置づけを担っていけるように策定されたものである。以下に，この中長期強化育成プラン2022について概説する。

まず，強化育成本部は，「多くの子ども達が多くの日本人プレーヤーを知っている，国内開催の国際トーナメントでは日本人プレーヤーの試合は

図1-7　普及・育成・強化のピラミッドと3つの「C」

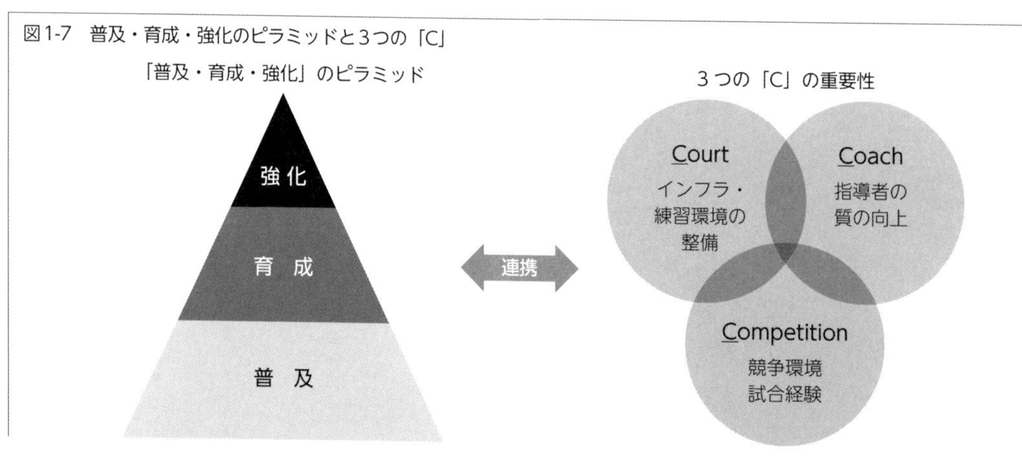

満席（ビジョン2028)」「新しいスタープレーヤーがいる，子ども達が多くの日本人プレーヤーの試合結果に一喜一憂している（ビジョン2032)」といった目指すべきビジョンを掲げ，このビジョンを達成するために，大きく３つの重点戦略に取り組むものとしている。ここでは，２つの重点戦略を紹介する。

１つ目の戦略は，次世代の若手プレーヤーに注力した強化育成である。これまで世界ランキング100位以内にランクインした日本人プレーヤーらの競技力向上の過程を検証し，「Top100達成の経験知」をまとめていくとともに，この知見を活用しながら，ジュニアからシニアへのトラジションをサポートする。また，国内の大会整備などを含め協会内の他部署と連携し，恒常的に日本人プレーヤーが世界ランキング100位以内にランクインできる強化育成システムを構築することが目的である。

２つ目の戦略は，強化育成本部の理念である「子ども達が憧れる日本代表」を目指し，日本代表選手としての「誇り」「敬意」「志」にあふれたプレーヤー，つまり「応援されるプレーヤー」を育成することである。フェアプレー教育はもちろん，競技力向上につながる多くの医・科学情報を十分に活用できるプレーヤーを目指した「チャンピオン教育」に取り組むこととしている。また，近年ハイパフォーマンスレベルのスポーツ選手における「メンタルヘルス」の問題が看過できない状況と

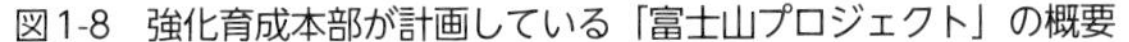

図1-8　強化育成本部が計画している「富士山プロジェクト」の概要

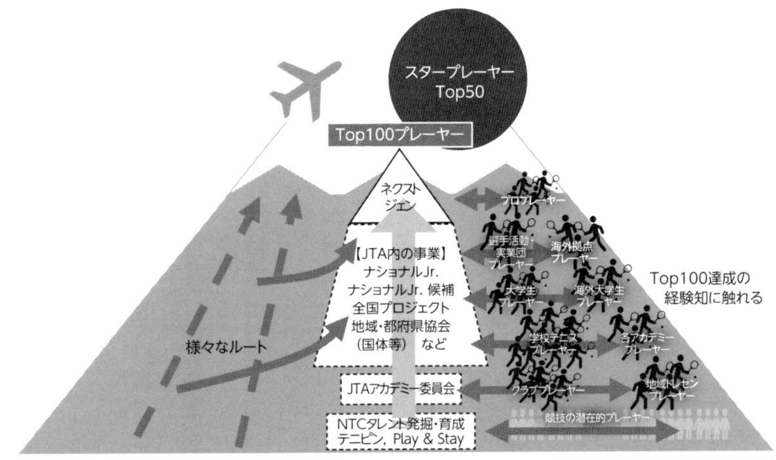

【具体的な取り組み目標】
- Top100へのパスウェイの具現化（明確に見える化）
- Top100パスウェイのイメージを持つプレーヤー・指導者の増加
- Top100を目指すチャンスを広げるための低年齢からの能力開発・タレント発掘
- 上記による裾野が広がる取り組み

【取り組み内容】

○強化育成本部の関わるプレーヤーの増加

○パスウェイイメージを伝達する機会の増加
- 強化育成本部に関わる指導者・スタッフの充実化
- ナショナル・ネクストジェン練習への参加機会の増加
- 地域主要コートの整備によるナショナル・ネクストジェンの練習環境の充実化とその際の地域指導者・プレーヤーとの情報共有機会の増加
- 全国プロジェクト事業(トレセン)，地域・ブロック合宿，国内大会等での「Top100達成の経験知」の普及

○タレント発掘活動

○NTCでのタレント育成
- 低年齢へのテニピン，Play & Stayによるテニス脳・コーディネーションの開発

なっている。その問題の要因は，これまでと同じように競技生活への行き過ぎた専念によるバーンアウトや，スポンサーや家族，マネジメント会社との中で自分を見失いやすいプロスポーツとしての要因に加えて，SNSやインターネットなどのソーシャルメディアでの誹謗中傷といった外部から受けるストレスの増大が挙げられる。以前にも増してプレーヤー活動を困難にする諸問題が多く存在するようになった社会環境に対して，プレーヤー自身がうまく付き合える素養を身につけ，幸福感あふれるテニスキャリアを実現していくことも重要視している。

最後に，この中長期強化育成プランでは，全国の多くのプレーヤーがこれまで以上にTop100へのチャンスを広げられるよう，「テニピン」や「Play & Stay」によるテニス脳やコーディネーションの開発といった低年齢からの能力開発や，様々な事業を通して，前述の強化育成システムで活用するTop100達成の経験知の全国への普及を図る。それにより，世界ランキング100位までのパスウェイをイメージできるプレーヤーと指導者の増加と，これまでよりも多くのプレーヤーが様々なルートからトップをねらえる環境の構築をしていくことを目指し，「富士山プロジェクト」の推進を計画している（図1-8）。

3．テニス人口

スポーツの普及を表す指標として「競技人口」が挙げられるが，2012年よりJTAはテニス環境等調査委員会が中心となり，「テニス人口」の調査を行っている。2019年にJTAが発行した「テニス環境等実態調査報告書」においては，「テニス人口」は過去1年間に1回以上，硬式テニスを行った日本人の推計人口と定義している。日本のテニス人口に関する統計資料として，笹川スポーツ財団の「スポーツライフに関する調査」を用いている。

図1-9に成人の，図1-10に10代のテニス人口の推移を示している。2018年の成人調査が推計262万人（2.5％），2017年の10代調査が推計81万3千人（7.0％）であり，10代と成人を合わせた日本のテニス人口は343万人となる。10年前か

図1-9　成人のテニス人口推移（令和元年度テニス環境等実態調査報告書，2020）

図1-10　10代のテニス人口推移（令和元年度テニス環境等実態調査報告書，2020）

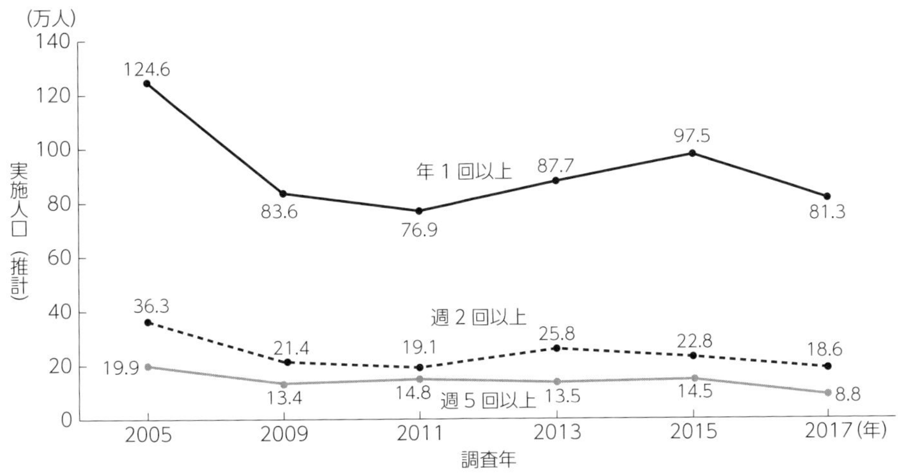

表1-12　日本中学校体育連盟（中体連）登録人数の推移（日本中学校体育連盟 加盟生徒数調査集計，2022）

年度	参加生徒数（人）
2011	41,174
2012	42,735
2013	43,000
2014	43,748
2015	45,399
2016	45,466
2017	42,725
2018	41,498
2019	39,450

表1-14　日本テニス協会に登録している選手数（日本テニス協会選手登録システムより抜粋，2021）

	男子（人）	女子（人）	計（人）
一般登録選手（プロフェッショナル）	197	145	342
一般登録選手（アマチュア）	1,633	884	2,517
ジュニア登録選手	31,049	18,119	49,168
ベテラン登録選手	4,816	2,516	7,332
合　計	37,695	21,664	59,359

表1-13　全国高等学校体育連盟（高体連）テニス専門部の登録校・登録人数推移（環境調査結果，2022）

年度	男子学校数（校）	女子学校数（校）	登録校数（校）	男子部員数（人）	女子部員数（人）	総部員数（人）
2011	2,951	2,684	5,635	63,519	35,270	98,789
2012	2,964	2,734	5,698	64,790	36,246	101,036
2013	3,011	2,849	5,860	66,253	36,593	102,846
2014	2,974	2,801	3,277	66,809	37,319	104,128
2015	2,928	2,714	3,216	69,548	38,615	108,163
2016	2,918	2,683	3,235	70,223	39,734	109,957
2017	2,872	2,613	3,172	64,336	36,749	101,085
2018	2,842	2,595	3,132	60,418	35,445	95,863
2019	2,783	2,535	3,073	53,545	33,248	86,793
2020	2,669	2,425	2,948	47,842	29,903	77,745

※登録校数は，2013年までは延べ数でカウントし，2014年以降は実数でカウントしている。

らの推移を見ると，緩やかな減少傾向にある。

表1-12は日本中学校体育連盟（中体連）登録人数の推移を，**表1-13**は全国高等学校体育連盟（高体連）テニス専門部の登録校・登録人数の推移をそれぞれ示している。いずれも近年は減少傾向にあるが，登録校数は減少幅が比較的緩やかな

のに対し，部員数は2020年の登録人数が2016年に比べて約30％も減少している。

表1-14は，JTAに登録している選手数（2021年6月1日時点）を示している。プロフェッショナル登録している選手は342人（男子197人，女子145人）に上っている。

[文献]

・公益財団法人日本テニス協会（online）強化育成本部中長期育成プラン2022-2032「富士山プロジェクト」について. https://www.jta-tennis.or.jp/representation_from_Japan/tabid/919/Default.aspx（2022年11月6日閲覧）

・公益財団法人日本テニス協会（2020）テニス環境等実態調査報告書.

・公益財団法人笹川スポーツ財団（2021）スポーツライフ・データ2020.

1-4 トーナメントの仕組み

1．ジュニアツアーの仕組み

国際テニス連盟（International Tennis Federation：ITF）が管轄するジュニアテニスツアーは，グレードAからグレード5までの9つのカテゴリーから構成されるピラミッド構造をしている(図1-11)。最高峰のグレードAの大会は，全豪・全仏・全英・全米の四大大会（グランドスラム）を含む9大会があり，日本国内で開催される「大阪市長杯世界スーパージュニア選手権大会」も含まれる。

2．男子ツアーの仕組み

男子プロツアーは，ITFが管轄する全豪・全仏・ウインブルドン・全米の四大大会（グランドスラム）を頂点としたピラミッド構造をしている（図1-12)。その次に，男子プロテニス協会（Association of Tennis Professionals：ATP）が主催する「ATPワールドツアー」があり，優勝者が獲得できるポイント数に応じてマスターズ1000，500，250の3つのカテゴリーで開催されている。このグランドスラムおよびATPワールドツアーがツアー公式戦と位置づけられている。

なお，この他に，年間獲得ポイント上位8選手によって争われる「ATPファイナルズ」，21歳以下の選手を対象とした最終戦「ネクストジェネレーションATPファイナルズ」が開催されている。

それより下は下部大会と位置づけられ，ATPが主催する「ATPチャレンジャーツアー」，さらにその下にITFが主催する「ITF男子ワールドテニスツアー」がある。世界ランキング下位の選手はATPワールドツアー，さらにグランドスラム

図1-11　ジュニアツアーの仕組み

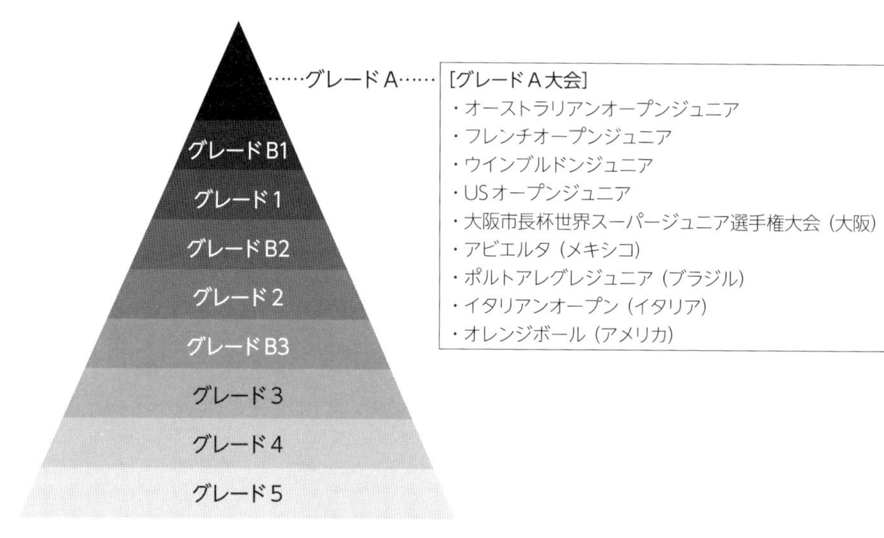

図1-12　男子ツアーの仕組み

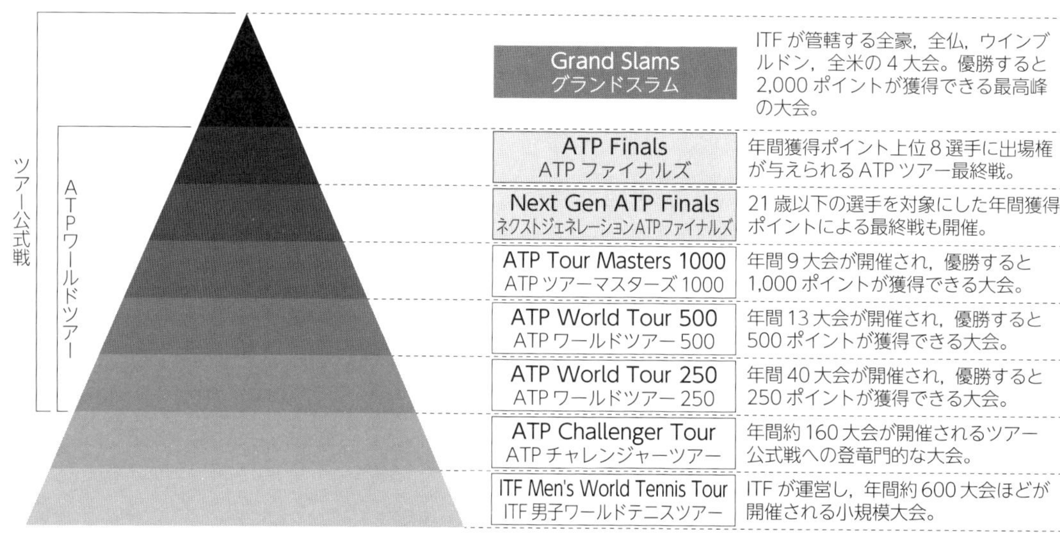

への出場を目指して，この下部大会を主戦場に戦っている。

3．女子ツアーの仕組み

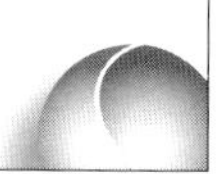

女子プロツアーも同様のピラミッド構造となっており（図1-13），グランドスラムを頂点に，女

図1-13　女子ツアーの仕組み

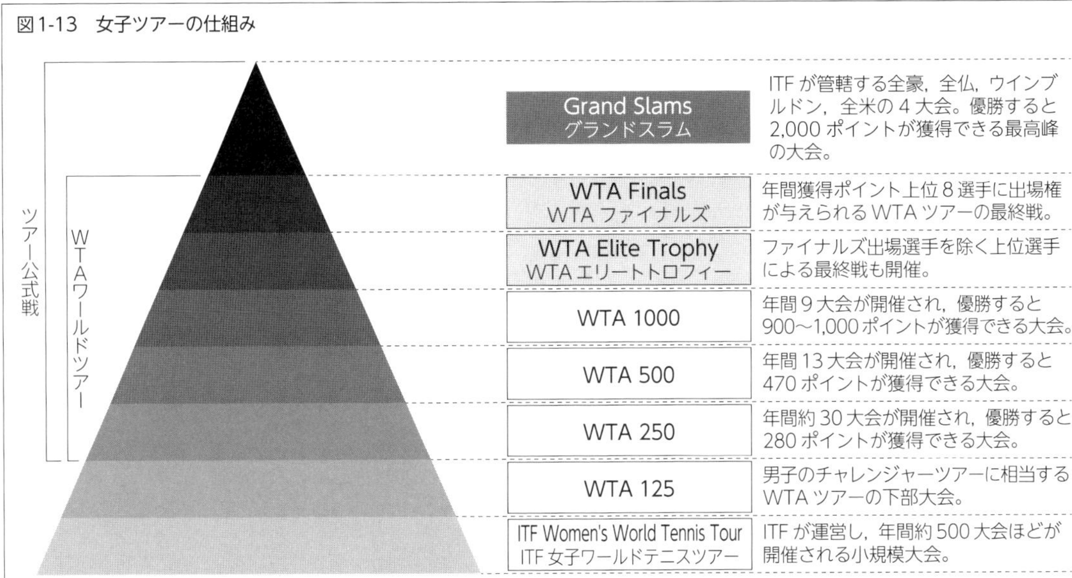

子テニス協会（Women's Tennis Association：WTA）が主催する「WTAワールドツアー」が1000，500，250の3つのカテゴリーで開催されている。その下に，下部大会としてWTAが主催する「WTAチャレンジャーツアー」，ITFが主催する「ITF女子ワールドテニスツアー」がある。

TENNIS COACHING THEORY

2章

テニスのバイオメカニクスと技術

2-1 テニスのバイオメカニクス

「バイオメカニクス」とは，生体や生物（Bio）と力学（Mechanics）が複合してできた言葉で，生理学，解剖学，物理学などの基礎知識を利用して，広範な生物の動きを究明する学問である。

「テニスのバイオメカニクス」とは，テニス指導者の経験則，テニスの様々な知識，そして，上記の基礎知識を統合して，プレーヤーの動きや技術，ラケットやボールなどの用具の働きを明らかにする学問のことである。

1．技術指導に求められる２つの課題

テニスは，ねらったところへ正確にボールを打つこと，そして，スピードのあるボールを打つこと（ボールスピードをコントロールしながら打つこと），つまり，正確性とスピードの両方の課題を同時に達成する必要がある。それゆえ，テニスは技術指導の難しいスポーツといえる。

指導現場においては，「インパクトの現象はどうなっているのか？」「上手なプレーヤーのフォームはどうなっているのか？」「どのようにしたら，もっと速いサービスが打てるのか？」，あるいは「こんな打ち方はできないだろうか？」などというようなやりとりをしながら，試行錯誤の中で技術の修正が行われる。しかし，肉眼では捉えられない詳細な現象や高速の動きを，あるいは優れたプレーヤーの技術や動きのメカニズムを解明して，指導現場が求めている正確性とスピードの両方を兼ね備えた技術の改善・向上に貢献するのが，テニスにおけるバイオメカニクスの役割のひとつといえる。したがって，テニスにおけるバイオメカニクスと技術や動きの良しあしは密接に関係しているのである。

2．近年のテニスのプレースタイル

近年の世界トッププレーヤーの試合に目を向けてみると，男子プレーヤーのみならず，女子プレーヤーにおいても，時速200kmを優に超えるパワフルなサービスを相手コートに放つようになり，そのプレースタイルは，高速化・加速化の一途をたどっている。これは，科学技術の進歩に伴ってラケットの性能が飛躍的に高まったことや，スポーツ科学の進歩に伴ってトレーニングがより科学的・合理的なものへと進化してきたことなどが大きな要因となっている。その一方で，プレーのスピード化により，身体に加わるストレスもきわめて大きくなっている。それゆえ，指導者は，プレーヤーが長期にわたって，けががなく優れたパフォーマンスを発揮できるようにするためにも，プレーヤーの身体的特性，グリップの握り方やプレースタイル，そして，技術や動きの力学的基礎・特徴を十分に理解した上で，そのプレーヤーに適した技術やトレーニングの指導にあたることが重要となる。

【錦織圭選手の高い打点からのダブルバックハンドグラウンドストローク】

2-2

バイオメカニクス的観点から見る基礎技術

ここでは，優れたテニスプレーヤーの基本的なサービス,グラウンドストローク，ネットプレーについて，バイオメカニクス的観点から解説し，それぞれのメカニズムについての理解を深めることを目的とする。なお，各技術の運動学的特徴を理解するには，構えからラケットスイングが終了するまでの一連の動作をよく観察する必要があることから，その動きの目的に応じて，①準備局面,②主要局面，③終末局面の３局面に分けて詳細に解説する。

図2-1　サービス動作のバイオメカニクス

※グリップやスタンスなどによっては身体動作に違いが生じることに注意。

1. サービス動作のバイオメカニクス

すべてのポイントは，サービスからスタートする。サービスの出来・不出来は，勝敗に大きく影響するため，きわめて重要な技術である。また，サービスは，テニスの技術の中で，唯一，外的環境に左右されない状況下で発揮されるクローズドスキルである。つまり，サービスは，相手の返球の影響を受けず，自分自身でコントロールできる技術であり，個人練習によって，適切なフォームを身につけたりその精度を高めたり，あるいは技術の改善・向上に努めたりすることが可能な技術といえる。

サービス技術の大きな運動学的・力学的特徴は，より高いインパクト位置でボールを捉えること，投球動作と類似したオーバーヘッド動作であること，身体各部の動作は「運動連鎖の原則」（阿江と藤井，2002）に従うこと，などが基本となる。優れたテニスプレーヤーのサービス動作では，最初に大きな力を発揮できる下肢や体幹がボールに向かって動き始め，順次，肩，肘，手，そしてラケットが大きく加速されて，その結果，スピードのあるボールが放たれるという共通した特徴が認められる。このように身体の中心部から末端部に向かって，力・エネルギー・速度などがタイミン

グよく順次加算，あるいは伝達されて，末端の速度やエネルギーを大きくできるという原則を，身体各部を連続した鎖やリンクに例えて，「運動連鎖」あるいは「運動連鎖の原則」と呼び，サービス動作の基礎をなしている。

サービス動作で採用されるスタンスには，構えた時の後足を前足に寄せる「フットアップスタンス」と，前足に寄せない「フットバックスタンス」の２種類がある。どちらも一般的に用いられているスタンスである。フットアップスタンスは上方への，フットバックスタンスは前方への地面反力を得るのに有効なスタンスといわれている。

図2-1は，プロテニスプレーヤーのスピンサービス動作の連続写真を示したものである。グリップはコンチネンタルグリップ，スタンスはフットアップスタンスを用いている。なおコンチネンタルグリップよりも少しバックハンド寄りとなる場合もある。

1―準備局面(バックスイング局面)―①②③④

「ラケットを後下方へ引く」動作として観察することができ，次の主要局面を円滑に遂行するための導入的役割を果たす。主要局面とは逆方向の動作によって特徴づけられる。構えの姿勢（①）からラケットを持つ利き手側の肩関節最大外旋位（④）までの局面を指している。この局面は，さらに２つの局面から構成される。構えの姿勢（①）からトスアップ（②）までの「ワインドアップ局面」と，トスアップ（②）から利き手側の肩関節最大外旋位（④）までの「コッキング局面」である。

構えの姿勢（①）は，心を落ち着ける，気持ちを切り替える，呼吸を整える，相手のポジションを確認する，打球コースやフォームを確認する，などに加え，インパクト時の成否を決定づける重要な要素のひとつとなる。ここでの姿勢，スタンス，あるいはポジショニングなどが不適切であった場合，その後のフォームに大きな影響を及ぼすことになる。特に，ジュニアプレーヤーのサービスの不具合の原因のひとつに，構えた時の姿勢不良やポジショニングに問題がある場合がある。

ワインドアップ局面（①②）においては，前足から後足への後方への体重移動とともに，体幹のわずかな捻り動作と両肩の外転動作（図2-2ⓑ）によって，トスアップとラケットを後方へ引く動作が遂行される。コッキング局面（②～④）においては，トスアップ時（②）に，後足を蹴り出し，前足に寄せながら，両足関節と両膝関節を徐々に屈曲させる。重心を前下方へ移動させながら，トロフィーポジションの姿勢（③）に入る。

トロフィーポジションの出来・不出来もまた，インパクトの成否に関与する。ここでの姿勢を詳細に見ていくと，両膝は最大屈曲位を示すが，膝を深く曲げ過ぎるとその後の力の発揮が難しくなるため，注意が必要である。前脚の膝関節角度は110°程度が望ましい。前脚の股関節は，重心の前下方への移動に伴い前方へ位置するが，身体全体が前方へ流れないように，動きを制御する。この時の体幹はやや後屈している。非利き手側の上肢はボールに向けて上方へ，利き手側の上肢は両肩を結んだ肩のラインと肘の位置が一直線になるように位置づけられる。この時の利き手側の肩関節の外転角は90°付近にあることが望ましい。また，肩関節においては，肘が背中側へ引かれている状態（肩甲骨は内転位〈図2-3ⓑ〉）で水平伸展位（図2-2ⓓ）にあると，より優れたフォームとなる。この動作は，肩甲骨や肩関節の柔軟性が要求されるが，ラケットの加速距離とともにインパクト時点におけるラケットスピードを獲得することに貢献する。利き手側の肘関節は徐々に屈曲して，ラ

図2-2　肩関節の動作

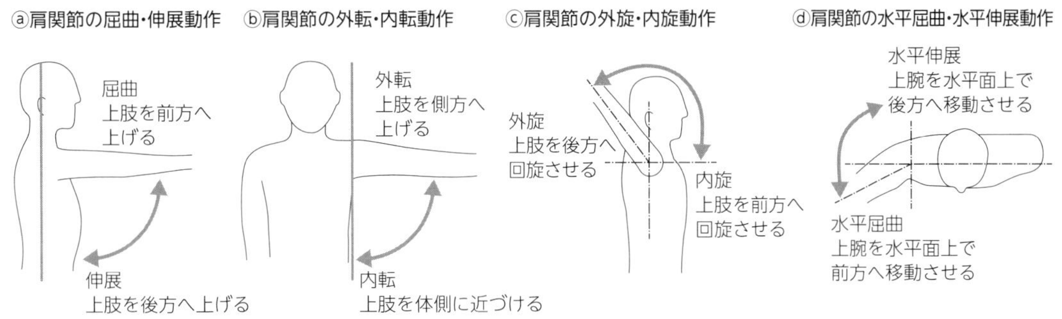

ⓐ肩関節の屈曲・伸展動作　ⓑ肩関節の外転・内転動作　ⓒ肩関節の外旋・内旋動作　ⓓ肩関節の水平屈曲・水平伸展動作

屈曲
上肢を前方へ
上げる
伸展
上肢を後方へ上げる
外転
上肢を側方へ
上げる
内転
上肢を体側に近づける
外旋
上肢を後方へ
回旋させる
内旋
上肢を前方へ
回旋させる
水平伸展
上腕を水平面上で
後方へ移動させる
水平屈曲
上腕を水平面上で
前方へ移動させる

図2-3　肩甲骨の動作

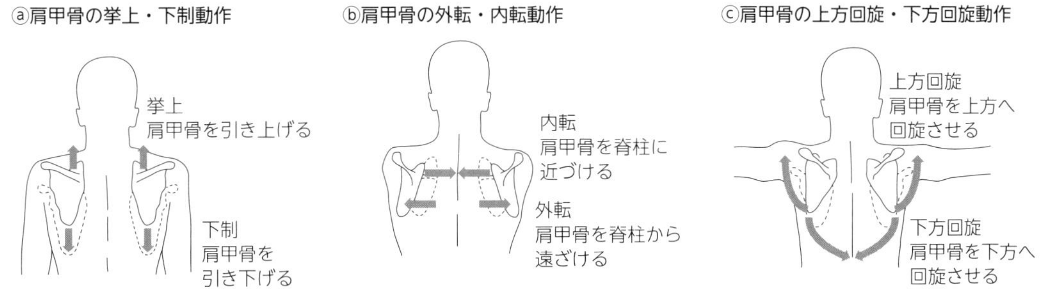

ⓐ肩甲骨の挙上・下制動作　ⓑ肩甲骨の外転・内転動作　ⓒ肩甲骨の上方回旋・下方回旋動作

挙上
肩甲骨を引き上げる
下制
肩甲骨を
引き下げる
内転
肩甲骨を脊柱に
近づける
外転
肩甲骨を脊柱から
遠ざける
上方回旋
肩甲骨を上方へ
回旋させる
下方回旋
肩甲骨を下方へ
回旋させる

図2-4　前腕部と手関節の動作

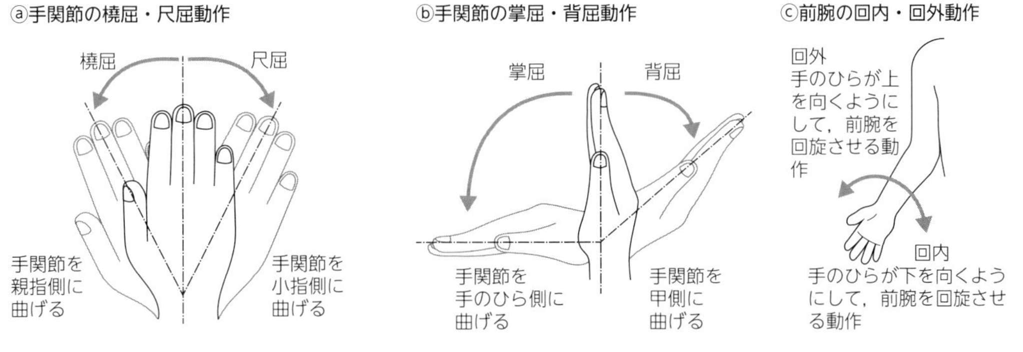

ⓐ手関節の橈屈・尺屈動作　ⓑ手関節の掌屈・背屈動作　ⓒ前腕の回内・回外動作

橈屈
尺屈
手関節を
親指側に
曲げる
手関節を
小指側に
曲げる
掌屈
背屈
手関節を
手のひら側に
曲げる
手関節を
甲側に
曲げる
回外
手のひらが上
を向くように
して，前腕を
回旋させる動
作
回内
手のひらが下を向くよう
にして，前腕を回旋させ
る動作

ケットを頭の上後方へ位置づける。この時の肘関節もまた，曲げ過ぎても，伸び過ぎても，その後の力の発揮が難しくなるため，肘関節角度は90～110°程度が望ましい(完全伸展位を180°とする)。

トロフィーポジションの姿勢（③）を経た後，足関節の底屈および膝・股関節の伸展動作により，地面を強く蹴り出し，身体全体を前上方へと移動させる（④）。そして，体幹部では捻り戻しが生じる一方で，利き手側の肩関節では大きな外旋動作（図2-2ⓒ）や前腕部では回外動作（図2-4ⓒ）

が生じて，ラケットは下向きに加速される。身体全体の前上方への動作と相反するラケットの下向きの動作に伴って，肩関節周辺部の筋は大きく引き伸ばされ，弾性エネルギーが蓄えられる。

2—主要局面(フォワードスイング局面)—④⑤⑥

「ラケットを前上方へ振り出す」動作として観察することができ，ボールの成否を決定する最も重要な局面である。利き手側の肩関節最大外旋位が終了し，ラケットが打球方向へと振り出される時点（④）からインパクト（⑥）までの局面を指している。

下肢→体幹→上肢の運動連鎖の結果として，ラケットがインパクトへ向けて大きく加速される。膝関節は伸展し，体幹は体幹部前面にある腹筋群が大きく作用しながら，体幹の捻り戻しとともに前屈し，ラケットを打球方向へ加速させる（④⑤）。体幹は，利き手側の上肢をより高く引き上げ，より高いインパクト位置を獲得する，あるいは肩甲骨・肩・上肢動作のスムーズな連動を引き出すために，わずかに左側屈（図2-5）する。また，肩関節周辺部では蓄えられた弾性エネルギーが解放されて，より大きな力が発揮される。

左右上肢の動作は，より高いインパクト位置を獲得するために，非対称性の動作が要求される。すなわち，非利き手側の肩関節は，大きな内転動作（図2-2ⓑ）を遂行することで上肢を下方へ引き下げ，一方，利き手側の肩関節は大きな外転動作を遂行することで，肘・ラケットを上方へ移動させる。その結果，右肩と左肩が徐々に入れ替わ

図2-5　インパクト時の後方から見たサービス動作

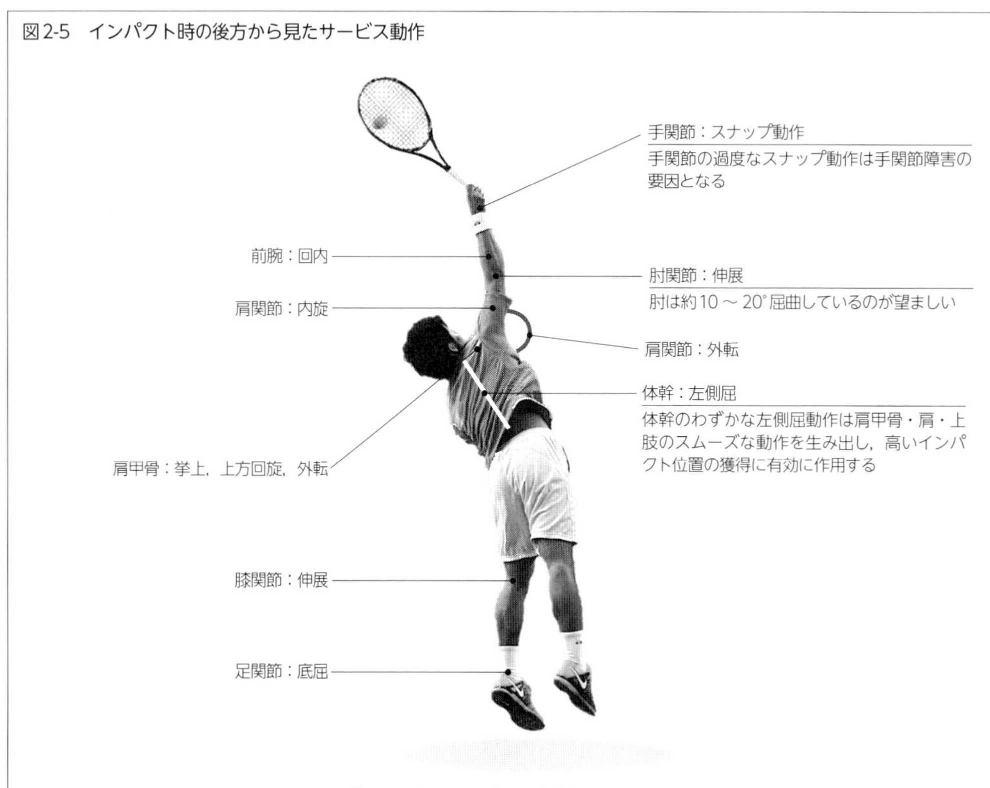

※スピンサービスのインパクトだが，他の球種でも説明は変わらない。

るようにして肩のラインが回転する。さらに，利き手側の肩関節は外旋から内旋への動作（図2-2ⓒ）が，肘関節はインパクトへ向けて急激な伸展動作が，そして前腕部は回外から回内への動作が生じ，インパクト直前には，手関節の背屈から掌屈への動作や橈屈から尺屈への動作などといった大きなスナップ動作（図2-4ⓐ～ⓒ）が生じて，インパクト（⑥）を迎えることになる。インパクト直前の上肢はきわめて複雑な動作を遂行するが，これはラケットの加速に加え，最適なラケットの状態でインパクトを迎えることができるように，最終的な調整役を担っている。

[インパクト—⑥]

図2-5は，インパクト時の後方から見たサービス動作を示したものである。膝関節は大きく伸展し，空中でインパクトを迎えている。体幹は前屈および左屈を示している。利き手側の肩甲骨は挙上，外転，上方回旋し（図2-3ⓐ～ⓒ），肩関節は大きく外転している。これらの動作は，インパクト高獲得におおいに貢献している。また，利き手側の肘関節は徐々に伸展するが，インパクト時はほんのわずかに屈曲している。肘が完全伸展した状態でインパクトを迎えると，ラケットとボールが接触した時の大きな衝撃により，肘関節に障害が発生しやすくなる。したがって，「肘が伸びきった」ような，不適切な動作は避ける必要がある。特に，関節弛緩性が強い，あるいは関節周辺筋群の筋力が弱い，などといったジュニアプレーヤーや女子プレーヤーにおいては，気をつける必要がある。以上の観点から，インパクト時の肘関節角度は約10～20°屈曲しているのが望ましい。

利き手側の手関節の過度なスナップ動作についても，肘関節と同様に注意が必要である。特に，より多くのスピンをかけようとする際に見られる「過度な尺屈動作」は手関節の障害を引き起こす要因となるため，指導の際には注意が必要である。

3—終末局面(フォロースルー局面)—⑥⑦⑧

「ラケットを前下方へ振り抜く」動作として観察することができ，制動およびリカバリーのための局面である。また，上肢の障害予防に重要な役割を果たしている。インパクト(⑥)後からラケットスイングが終了（⑧）するまでの局面を指している。

インパクト後，前足で着地する一方で，後脚の股関節を大きく伸展させながら，身体全体のバランスを保持している。体幹は，体幹部後面にある伸筋群が大きく作用しながら，徐々に上体の前傾やラケットを制動させ，次の準備へと移行する。世界トッププレーヤーのフォロースルーはきわめて短時間で行われるが，これは次のショットのための準備に素早く移行していることを意味している。

サービス動作についての詳細を述べてきたが，グリップの握り方，トスの上げ方，バックスイングの仕方やスピンのかけ方によっては，身体動作に違いが生じることを理解しておく必要がある。特に，上肢動作に相違が生じることを考慮し，その場合には，プレーヤーに個別対応の指導が求められる。

2．グラウンドストロークのバイオメカニクス

グラウンドストロークとは，コートにワンバウンドしたボールを打つ技術のことで，利き手側で打つフォアハンドストロークとその反対側で打つバックハンドストロークがある。フォアハンドストロークは，グリップの握り方が多様なため，技

図2-6　フォアハンドストローク動作のバイオメカニクス

術の中でもフォームに個性が出やすい。一方，バックハンドストロークでは，「片手打ち」と「両手打ち」があるが，近年では両手打ちバックハンドが多く見られるようになっている。

グラウンドストローク動作の大きな運動学的・力学的特徴は，インパクト時点において，ラケット面を地面に対してほぼ垂直に保持した状態でボールを捉えること，打球方向に対してボールに大きな力を加えること，そして，身体各部の動作については，サービス動作と同様に「運動連鎖の原則」に従うことが基本となる。

ストローク動作で採用されるスタンスには，基本的なスタンスとして，左足を前方へ踏み出す「クローズドスタンス」「スクエアスタンス」，右足を右側方へ踏み出す「オープンスタンス」の3種類がある。

クローズドスタンスとスクエアスタンスは，準備局面（準備動作）に時間を要するが，並進運動の要素の大きなストローク動作となるため，ラケットスピードを高め，正確性のあるボールを打つことができるというメリットがある。しかし，極端なクローズドスタンスは，足関節や膝関節などに過度な負担をかけることになるため，この場合にはフォームの修正が必要となる。特に，両手打ちにおいて注意が必要である。

一方，オープンスタンスは，準備局面（準備動

④フォワードスイング開始

下肢→体幹→上肢への運動連鎖によってラケットが加速される

厚いグリップはラケットの打撃面が下を向く傾向がある

作）に要する時間が短いため，ボールスピードの速い試合展開や左右に大きく振られるなどの緊急時の対応や様々な場面に対応できるというメリットがある。しかし，回転運動の要素の大きなストローク動作であり，体幹の大きな捻転動作が要求されるため，腰背部に負担が強いられることを理解しておく必要がある。

それゆえ，障害の危険性を回避し，コート上での優れたフットワークを生み出すには，それぞれのスタンスを状況に応じて使い分けることが重要である。

図2-6は，プロテニスプレーヤーのフォアハンドストローク動作の連続写真を示したものである。

図2-7　構えの基本姿勢

グリップはセミウエスタン，スタンスはスクエアスタンスを用いている。

1—準備局面（バックスイング局面）—①②③④

「ラケットを後下方へ引く」動作として観察することができる。構えの基本姿勢（図2-7），そして，ラケットを後方へ引き始めて（①）からラケットが最も後方へ移動した時点（④）までを指している。

[構えの基本姿勢]

構えは，各技術の構成要素のひとつであり，はじめに用いられる姿勢である。「基本的動的姿勢」や「パワーポジション」などといわれることもある。

構えの基本姿勢の特徴として，頭部がやや前方に位置していること，上体はやや前傾していること，股関節や膝関節，足関節はやや屈曲していること，重心はやや前方に位置していること，である。その一方で，上肢は，いわゆるリラックスした状態で構えておくことが重要である。

この基本に従って構えの姿勢をとることによって，眼球運動の反応時間が短縮できるため，相手やボールなどの外界の情報をより素早く正確に捉えることが可能となる。また，上体の前傾とともに，股関節・膝関節まわりの筋をあらかじめ緊張させる（予備緊張）ことができるため，前後左右に素早く動くことが可能となり，次の動作への迅速な対応が可能となる。

[バックスイング動作—①②③④]

右足の位置を決め（①），前方への体重移動の準備として，右膝は徐々に屈曲する（②）。左脚は前方へ大きく踏み出されるが，この時，左足は踵からつま先へと足裏全体が接地する（③）。トッププレーヤーのストローク動作において，時間的余裕のある場合に，踵から接地する足部の使い方がよく見られるが，このような足部の使い方は地面から大きな反力を得ることができると同時に，過度な上体の前傾を抑制し，前方へのスムーズな体重移動を可能にする。また，スタンスを広くとることは，姿勢の安定性やボールの正確性を高めることにつながる。

両股関節を結んだ腰のラインや肩のラインは，左足を踏み出す際に徐々に後方回転する（横向きとなる）が，スクエアスタンスを用いた時の腰のラインと肩のラインによって生み出される体幹の捻り動作は，オープンスタンスを用いる時よりも小さいため，胸腰部にかかる負担は小さい。バックスイング完了時（④）の肩のラインは，ベースラインに対して約90°程度である。

非利き手側の上肢動作は，体幹の捻り動作を生み出したり，ラケットを後方へ引く際の利き手側の上肢動作とのバランスを保持したりする上で重要な役割を果たす。一方，利き手側の上肢動作は，ラケット先端が円を描くようにしながら，肩を屈曲（図2-2ⓐ），水平伸展，外転，外旋，そして肘を伸展させながら，ラケットを後下方へ引く。グリップはセミウエスタンで握っているため，握りの特性上，ラケットの打撃面は下を向くことになる。

2—主要局面(フォワードスイング局面)—④⑤⑥

ボールに順回転が与えられるように，「ラケットを前上方へ振り出す」動作として観察することができる。ラケットのバックスイングが終了し，ラケットが打球方向へと振り出される時点（④）からインパクト（⑥）までの局面を指している。

右脚の足関節の底屈と膝・股関節の伸展動作により地面を強く蹴り出し，前方への体重移動を促す（④⑤）。その際，前方に踏み出された左脚の足関節や膝関節は，曲げ過ぎないように注意する必要がある。特に，左膝関節においては，サービス動作と同様に，膝を伸展する際に膝関節まわりにある筋が大きな力を発揮できる姿勢をとることが重要となる。

体幹は，垂直位を保持した状態で捻り戻しが生じる（⑤）。利き手側の肩関節では，主に水平屈曲動作（図2-2ⓓ）が生じる。この時，肩関節前面の筋群が強く働いて，上肢が前方へ引き出され，遅れるようにしてラケットが加速される。利き手側の肩関節では外旋から内旋への動作が，肘関節では屈曲動作が，前腕部では回外動作（④）に続いて回内動作（⑤⑥）が，そしてインパクト直前には大きなスナップ動作が認められる。

ストローク動作は，サービス動作と同様に，下肢→体幹→上肢の運動連鎖の結果として，ラケットがインパクトへ向けて大きく加速される。これは，ボールスピードを生み出す上で重要な一連の動作といえる。一方で，バックスイング開始からインパクトへ向けて，大きなスタンスを用いてラケットを打球方向へ移動させている。このような

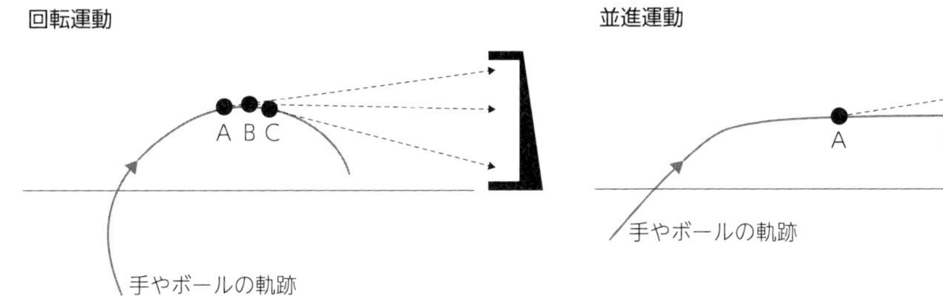

図2-8　回転運動と並進運動がシュートの正確性に及ぼす影響（Kreighbaum and Barthels, 1996）

動作は，上述したように，並進運動の要素の大きなストローク動作を意味しており，正確性のあるボールを打つことと大きく関連している。

このことについて，**図2-8**の投動作の動きと正確性に関する概念図から説明する。投動作において，回転運動（軸まわりで行われる運動）の要素が大きい投げ方をすると，ボールの軌道は円弧を描くので，ゴール内にシュートしようとした時に，リリース範囲（A，B，C）が限られてしまい，そのタイミングも非常に難しくなる。一方，並進運動（直線的な運動）の要素が大きい場合にはリリース範囲が広くなるので，そのタイミングに多少のずれが生じてもボールがゴールに入りやすくなるというものである。

このように正確性が要求される運動には，並進運動の要素が大きい動きのほうがよいとされており，ストローク動作においてもあてはまる原則といえる。したがって，スクエアスタンスのように，左足を打球方向へ大きく踏み出すことは，並進運動の要素が大きくなるため，正確性が高まることにつながるのである。技術指導において，正確性とスピードの両方の課題を同時に達成するためには，このような力学的な観点を押さえておく必要があろう。

[インパクト―⑥]

セミウエスタン時の最適なインパクト位置は胸

表2-1　ストローク動作におけるインパクト時の各種データ（友末，三浦，1986；Elliottら，1987，1989；道上ら，1999，2002）

インパクト時間		0.004～0.006秒
球種とボールの回転数	スライス	41.6～47.6回転/秒
	フラット	0
	トップスピン	27.1～35.7回転/秒
	ヘビートップスピン	43.5～66.6回転/秒
球種とラケット面の角度	スライス	70.0～70.5°
	フラット	84.5～87.5°
	トップスピン	88.0～90.5°
	ヘビートップスピン	91.0～92.5°
コースとラケットの向き	クロス	4.1～7.9°
	ストレート	-5.9～-1.2°
コースとインパクト位置	クロス ストレート	クロスのインパクト位置はストレートよりも13～30cm前方で，5cmほど身体に近い
コースとインパクト直前のラケット速度	クロス	21.2～27.3m/秒
	ストレート	17.0～22.5m/秒

これらのデータはバイオメカニクス的分析から得られたものの一部をまとめたものである。ひとつの参考資料として提示することとする。

図2-9　インパクト時のスイング方向と面の角度（友末，三浦，1986）

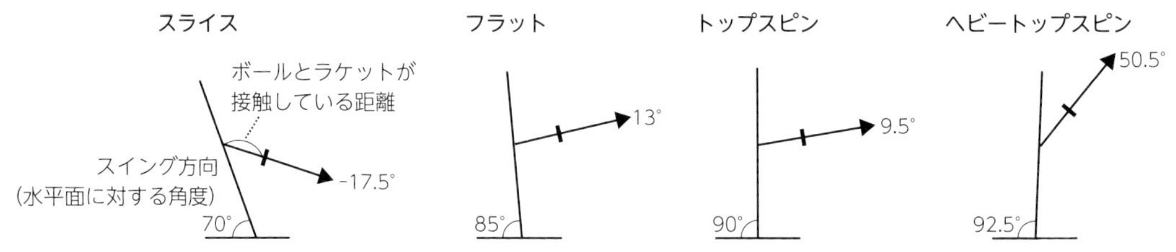

図2-10　各コースにおけるインパクト時のラケットの向きとインパクト位置

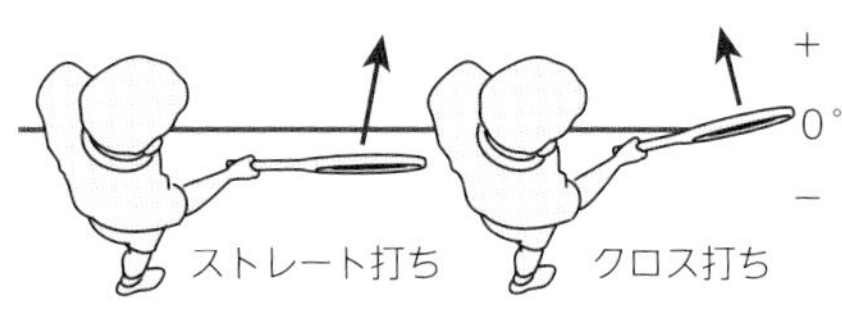

の高さで，体幹よりも前に位置する。体幹はほぼ垂直位を保持し，ラケット面は地面に対してほぼ垂直な面でボールを捉えている。

ストローク動作におけるインパクト時の各種データについては，**表2-1**，**図2-9**，**図2-10**に示した。インパクトの現象はあまりにも高速で，肉眼では捉えきれないため，指導者は自己の持つ経験則とともに，このような客観的事実を十分に理解した上で技術指導にあたることが重要である。

3—終末局面（フォロースルー局面）—⑥⑦⑧

「ラケットを前上方へ振り抜く」動作として観察することができる。インパクト（⑥）後からラケットスイングが終了（⑧）するまでの局面を指している。

インパクト直後は，肩のラインはさらに回転を続け，利き手側の上肢も肩関節の水平屈曲動作に伴って打球方向へ移動するが（⑦），体幹部後面の伸筋群が大きく作用しながら，徐々に上体やラケットを制動させ，次の準備へと移行する。この時，利き手側の肩関節の内旋動作，肘関節の屈曲動作，前腕の回内動作により，フィニッシュで身体に巻きつくようにして，ラケットの打撃面が下を向く（⑧）。

フォロースルーの仕方は，インパクト位置やグリップの握り方などによって異なるため，型にはめた指導をしないように注意する必要がある。

表2-1が示すように，テニスのインパクト時間は，0.004～0.006秒であり，人間が刺激を受けてから動作を生み出すまでの単純反応時間（0.2～0.3秒）よりも明らかに短い時間である。そのため，インパクト時にラケットがうまくボールを捉えきれず，「しまった！」と思って身体内部で情報を処理し，動きを正しい方向へ修正しようと努力している間に，ボールはラケットから離れ，はるか遠くに飛んでしまっていることになる。したがって，プレーヤーは，インパクト前に，あらかじめどのような回転，方向，高さ，深さ，スピードのボールを打つかを決定し，その目的に応じたラケット面の角度，ラケットの向き，インパクトの位置，スイングスピード，振り抜く方向などを決定しておくことが重要になる。そして，試合において，正確な判断のもとに，正しいインパクトでストローク動作が遂行できるように，普段の練

習から繰り返して技術練習をしておくことが重要となる。指導現場において，プレーヤーにたくさんのボールを打たせることや反復練習を遂行させることは，このような点において重要な意図が含まれているのである。

基本的なフォアハンドストローク動作のメカニズムについて詳細を述べてきたが，指導者は自己の持つ経験則に加え，これらの情報を指導現場で有効活用する，あるいは応用していくことがプレーヤーの技術の改善・向上につながるものといえる。

3. ネットプレーのバイオメカニクス

ボレーとは，ボールをノーバウンドで打つ技術のことで，攻撃性が高く，戦術的にも重要な技術である。対戦相手との距離が近いため，技術の中でも最も早い判断力とシンプルなボディーワーク，ラケットワークが求められる。

ボレー動作の大きな力学的特徴は，一連のスイング動作がコンパクトであること，身体各部の角度変化が小さいこと，そして，「ユニット動作」が用いられていること，などが基本となる。ユニット動作とは，隣接する身体各部，例えば，体幹と

図2-11　フォアハンドボレー動作のバイオメカニクス

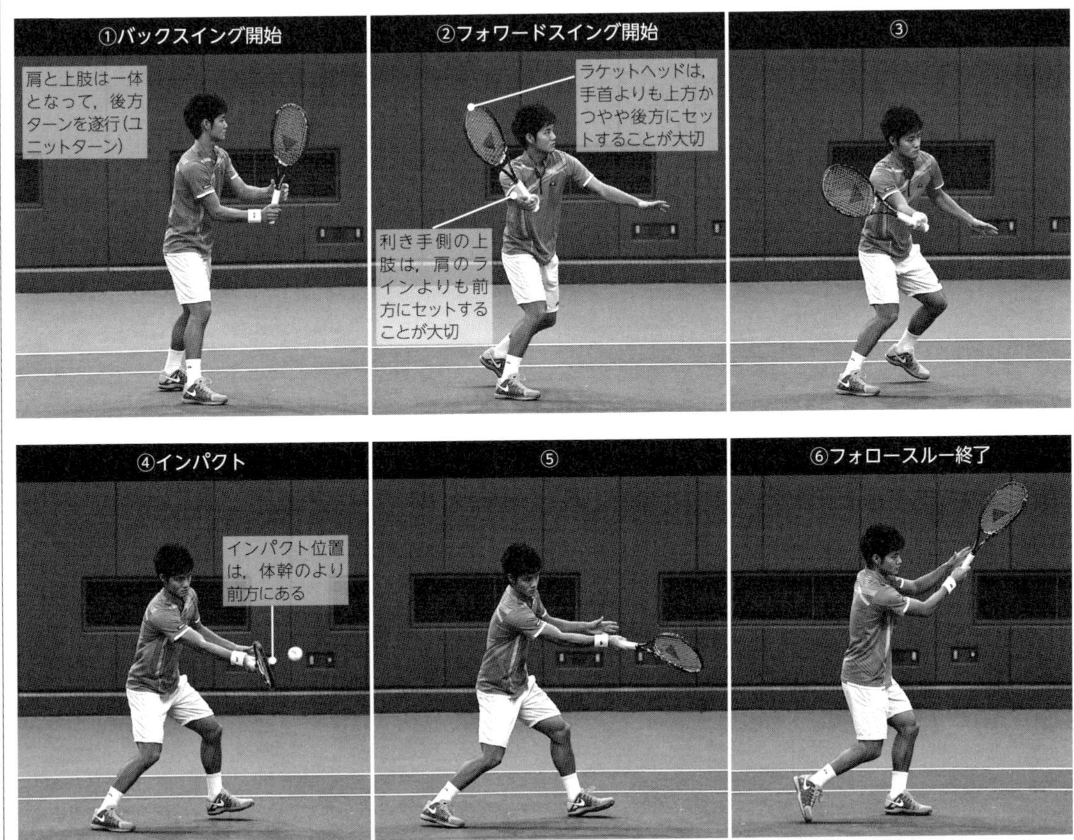

上肢，あるいは上腕と前腕を１つのユニットとして作用させる動作のことである。サービスやストローク動作において用いられる運動連鎖は，一般的には，インパクトまでに時間的余裕があり，打球スピードや打球距離が求められるような場合に用いられる適切な身体の使い方であり，「鞭のような」あるいは「しなやかな」動作として表現される。一方，ユニット動作は，動きやショットの正確性がより求められる，打球時間に制限がある，打球距離が小さい，などの場合，例えば，ボレー動作やブロックリターンなどのような場合に用いられる適切な身体の使い方といえる。状況に応じて，それぞれの身体の使い方を選択してうまく利用することは，良い動きの原則のひとつであり，技術の改善・向上につながるものといえる。

図2-11は，プロテニスプレーヤーのフォアハンドボレー（ミドルボレー）動作の連続写真を示したものである。グリップはコンチネンタルグリップを用いている。

1—準備局面（バックスイング局面）—①②

「ラケットを後上方へ引く」動作として観察することができる。構えの姿勢，そして，ラケットを後上方へ引き始めて（①）からラケットが最も後方へ移動した時点（②）までを指している。

右足の位置を決め（①），飛来するボールの高さに応じて，また，前方への体重移動のための準備として，右膝はわずかに屈曲する。身体が大きく前方へ流れないように，脊柱起立筋などの体幹部後面にある筋が強く働いて，姿勢を保持する（②）。

ラケットを後方へ引く際には，身体の後方へのターンと利き手側の上肢を後方へ引く動作が一体となって行われる（ユニット動作）が，バックスイング完了時点（②）で利き手側の上肢が両肩のラインよりも前方に位置していることが望ましい。

ラケットヘッドは，常に手首よりも上方かつやや後方にセットされる。この時の上肢とラケットのなす角度はほとんど変わらない。ラケット面は，前腕をやや回外させ，手関節はやや背屈させることで，わずかに上向きにセットされる。

2—主要局面（フォワードスイング局面）—②③④

ボールに逆回転が与えられるように，「ラケッ

図2-12　インパクト時の後方から見たボレー動作

隣接する身体各部，例えば，体幹と利き手が1つのユニットとして回転する動作をユニットターン，上腕と前腕が1つのユニットとして作用する動作をユニット動作と呼ぶ。動きやショットなどの正確性がより求められる，打球時間に制限がある，打球距離が小さい，などの時に用いられる適切な身体の使い方である。

トを前下方へ振り出す」動作として観察することができる。ラケットのバックスイングが終了し，ラケットが打球方向へと振り出される時点（②）からインパクト（④）までの局面を指している。

右足で地面を強く蹴り出し，前方への体重移動を促す（②）。左足は打球方向へ大きく踏み出す。身体の前方へのターン，肩関節の水平屈曲動作および外旋動作，肘関節の伸展動作，前腕部の回外動作，手関節のスナップ動作が用いられるが，いずれの動きもきわめて小さい。利き手側の末端部は，スピードのあるボールに対して，ラケット面を安定させ，正確なインパクト位置でボールを捉えることができるように，最終的な調整役を担っている。一方で，非利き手側の上肢は，利き手側の上肢動作や身体のバランスを保持するために重要な役割を果たしている（図2-12）。

[インパクト―④]

図2-12は，インパクト時の後方から見たボレー動作を示したものである。インパクト位置は，身体の前方および側方にある。頭部（眼の位置）とインパクトの距離を一定に保つことは，ミスショットを防ぎ，安定したショット生み出すために重要となる。グリップを握るタイミングは，インパクトに合わせる。未熟練者ほど強く握る傾向にあるが，決して強く握る必要はない。しかし，握りの強さは，飛来するボールの強さによって調整する必要がある。飛来するボールの速度が増せば増すほど，手関節まわりの筋（橈側手根屈筋と橈側手根伸筋）を強く作用させて，グリップをしっかり握り，手関節を固定して，ラケット面の安定性を図る必要がある。

グリップの握りの強さや状況に応じた力の調整は，無駄のない効率的な力の発揮の仕方であり，このこともまた良い動きの原則のひとつとして捉えることができる。

3―終末局面（フォロースルー局面）―④⑤⑥

「ラケットを前方へ振り抜く」動作として観察することができる。インパクト（④）後からラケットスイングが終了（⑥）するまでの局面を指している。

インパクト直後は前方への体重移動が生じるが，左足接地とともに，下肢の動きは徐々に減速する。体幹は正面を向き，利き手側の上肢もまた徐々に減速しながら前方へ移動し，次のショットのための準備局面へと移行する。

ここでは基本的なフォアハンドボレー動作のメカニズムについて述べてきたが，ボレー動作時の身体各部やスイングの動作は，サービスやストローク動作と比べると，きわめてコンパクトである。短時間でより正確なショットを打つことが求められることを考えれば，飛来するボールに対していかに適切なラケット面を作り出すことができるかが重要な鍵を握ることになろう。

表2-2（次頁参照）は，各技術の重要な構成要素と力学的特徴についての概要を示したものである。技術指導の際のチェックポイントとして役立てることができる。

表2-2　各技術の重要な構成要素と力学的特徴（従来の指導教本のものを改訂）

局面構造	動きの基礎的な特徴と重要な構成要素	サービス	オーバーヘッドスマッシュ	片手打ちグラウンドストローク	両手打ちグラウンドストローク	ボレー
準備局面	構え（準備）					
	相手に対応した構えの姿勢	なし	○	○	○	○
	グリップ	○	○	○	○	○
	スプリットステップ	なし	○	○	○	○
	スタンス	○	○	○	○	○
	バックスイング					
	ボールトス	○	なし	なし	なし	なし
	両腕の協調動作	○	○	○	○	○
	膝関節の屈曲動作	○	○	○	○	○
	股関節の回転・回旋動作	○	○	○	○	○
	体幹の回転・回旋動作	○	○	○	○	○
	バックスイング完了時の身体とラケットの位置関係	○	○	○	○	○
	スイングのタイプや大きさ	○	○	○	○	○
	非利き腕の動作	○	○	○	なし	○
	身体の向きとバランス	○	○	○	○	○
主要局面	フォワードスイング					
	レッグドライブ	○	○	○	○	○
	股関節の回転・回旋動作	○	○	○	○	○
	膝関節の屈曲と伸展動作	○	○	○	○	○
	体幹の回転・回旋動作	○	○	○	○	○
	肩と腰の回転動作	○	○	○	○	○
	肩関節の最大外旋角度	○	○	○	なし	なし
	肩関節と上肢の位置関係	○	○	○	○	○
	非利き腕の動作	○	○	○	なし	○
	上腕の挙上と前方への動作	○	○	○	○	○
	肘関節の屈曲と伸展動作	○	○	○	○	○
	前腕の回内動作	○	○	△	なし	なし
	肩関節の内旋動作	○	○	○	なし	なし
	身体とラケットの位置関係	○	○	○	○	○
	手関節のスナップ動作	○	○	○	○	○
	運動連鎖と体重移動	○	○	○	○	○
	バランス	○	○	○	○	○
	ユニット動作	なし	なし	△	△	○
	インパクト前後のラケットと前腕の位置関係	○	○	○	○	○
	インパクト					
	インパクト位置（高さ,身体に対する前後左右の位置関係）	○	○	○	○	○
	頭部の位置	○	○	○	○	○
	上腕と体幹のなす角度	○	○	○	○	○
	ラケット面の角度や向き	○	○	○	○	○
	ラケットの軌道	○	○	○	○	○
終末局面	フォロースルー					
	着地脚	○	○	○	○	○
	肩関節の内旋動作	○	○	○	なし	なし
	体幹の回転・回旋動作	○	○	○	○	なし
	ラケットのフィニッシュと制動	○	○	○	○	○
	リカバリーとバランス	○	○	○	○	○

TENNIS COACHING THEORY

3章

テニスの戦術

3-1

戦術の基本的方針

1．トーナメントの戦略と戦術の基本

1 トーナメント戦略の基本

テニスのトーナメントおよび試合は，長期間・長時間という特徴がある。一般的にトーナメントは1週間の期間で開催され，原則的には1日あたり1試合ずつ行っていく。1つの試合は1時間程度のこともあれば3時間を超えるような場合もあり，1日のスケジュールの中で自分の試合がいつスタートするかということは，その日の最初の試合を除いて，決まっていない場合がほとんどである。このようにトーナメントの期間が長期間であり，かつ1試合が長時間かかり，自身の試合スケジュールが常に決まっているわけではないことから，テニスの競技現場はプレーヤーにとって十分にパフォーマンスを発揮するのが難しい環境であることを理解しておくことが必要である。

『テニス指導教本Ⅰ』（p.131参照）でも述べているように，指導現場においてはプレーヤーの発育発達段階および到達目標をもとに計画を立案・実行し，その結果を受けて随時その計画を修正していく，いわゆるPDCAサイクル（図3-1）を循環させることが必要である。テニスにおいてはランキング制度を導入していることから，年間に出場する大会の計画，特に目標とする大会に向けてのスケジュールをどのように計画するかという点が基本的な戦略となり，それに基づいてパフォーマンス向上のための様々なトレーニング（技術，体力，メンタル，戦術など）の計画が組み立てられる（PLAN）ことになる。また，計画の実行（DO）により得られた成果を評価（CHECK）し，次の計画につなげる段階として改善（ACTION）が，指導者にとって最も重要なプロセスとなる。指導

図3-1　プレーヤーのPDCAサイクルの例（日本テニス協会，2015）

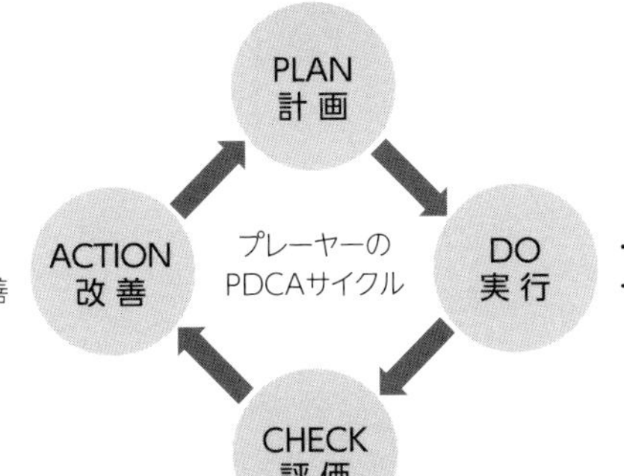

者はプレーヤーの改善すべき点を診断し，トレーニングを処方する，いわばドクターのような役割ともいえる。

一方で，テニスを含むオープンスキル型の競技においては，綿密に計画を立てることに加えて，プレーヤーの状況やその変化に応じて柔軟に計画を変更することも，十分に考慮しておかなければならない。出場するトーナメントのグレードを上げることやトレーニングレベルを上げることのみにこだわらず，それらを下げるべき状況や戻るべき状況もあることを踏まえ，指導者はその見極めに徹することが必要である。

2—戦術の基本的な考え方

テニスは相手と対峙してボールを打ち合い，得点を競うスポーツである。ポイント，ゲーム，セットの得失が必ず決まり，試合の結果に引き分けは存在しない。つまり，１つのポイント，１つのラリーを制すること，そしてそれを繰り返すことがテニスの戦術の基本となる。

１つのラリーを制するための基本的な考え方は，ラリーの状況に応じて，リスクと利益を判断することである。テニスに限らずスポーツの戦術において，リスクを背負うということは得点する可能性を高めること，つまり攻撃するということであり，リスクを抑えるということは失点する可能性を低くすること，つまり守備をするということである（ケルン，1998)。テニスはラリーの１打ごとに状況が変わっていくため，プレーヤーはその都度，状況を判断し，攻撃するのか，守備をするのかを打球のコントロールで実践することになる。これはつまり，１打１打にどの程度の攻撃性を持たせる（リスクを負う）か，ということである。

加えて，試合の中では自分の打球状況だけでなく，その他の様々な要素も加味して打球の攻撃性を判断・実践することが求められる。考えるべき要素としては，例えばスコアの状況や相手の打球状況，自分の得意なショットや不得意なショット，相手の得意なショットや不得意なショット，風の方向・強さや太陽の向きなどが挙げられる。いずれの要素も複合的に捉え，プレーヤーに合った状況判断が行えるようにすることが，戦術トレーニングの目的となる。

2．ラリーにおける3つの場面の基本戦術

一つひとつのラリーにおける基本戦術を，以下の３つの局面に分けて考えることとする。①サービス，リターンなどポイントのはじめの状況である「ポイントの最初の局面」，②ラリーを展開する状況である「お互いを探り合う局面」，③ポイントを決める状況である「最後の決めの局面」から考える（堀内，2013）。

1―ポイントの最初の局面

テニスの試合は「サービスゲーム」と「リターンゲーム」で構成される。サービスゲームはプレーヤー自身のサービスからポイントを始められることから，サーバーがラリーの主導権を握ることが比較的容易なゲームである。例えばグランドスラム大会の男子シングルスでは，サーバーがレシーバーよりも攻撃的にプレーしていることが示されている（Takahashi et al., 2008）ように，サービスゲームでは，サービスの優位性を活用し，ラリーの主導権を握って，自身の攻撃性を生かせるようなラリーを展開している。そのため，現代のプレーヤーにとってサービスの強化は必須である。なかでも，ショーンボーン（2007a）はセカンドサービスの質の向上を指摘している。

リターンゲームでは，常にサービスを受ける局面からラリーが展開されることから，サーバーのファーストサービスによって主導権を握られることが多くなる。そのためレシーバーは，リターンを確実に返球することでまずラリーに持ち込み，ラリーの展開の中で主導権を握る局面を得ることを目指す。また，セカンドサービスをリターンする状況はその後のラリーの主導権を握るチャンスでもあることから，甘いセカンドサービスを攻撃的にリターンすることはリターンゲームでの重要な戦術となる。ショーンボーン（2007b）も,「サービスリターンがテニスで最も重要なショットになるだろう」と指摘している。

2―お互いを探り合う局面

ラリーを展開する「お互いを探り合う局面」では，その後の「最後の決めの局面」につなげるための打球とポジションを選択する作業の繰り返しとなる。１打１打のラリーの状況に応じて，打球とポジションの攻撃性のレベルをコントロールする。

打球の攻撃性は，前後左右と高さを含めたコースや打球のスピードでコントロールする。その目的は，相手の打球のバランスをくずすこと，相手が打球する際の時間的余裕を奪うことである。

ポジションの攻撃性は，コートの中に入ることである。コートの中に入って打球することによって，相手コートに打球が到達する時間が必然的に短くなり，相手が打球する際の時間的余裕を奪うことができる。

以上のように，打球とポジションの攻撃性を活用して，相手のいないオープンコートに打球して相手を動かすこと，相手が苦手とする技術や体勢で打球させるように仕向けること，相手の準備が整っていない状況で打球させるように仕向けること，などの展開で相手から甘いボールを引き出し，最後の決めの局面につなげる。

3―最後の決めの局面

最後の決めの局面は，ポイントを帰結させるためのプレーを行う状況であり，その状況は大きく分けて攻撃場面でのウィナーと守備場面でのカウ

ンターショットの２つに分類される。

攻撃場面でのウィナーとは，お互いを探り合う局面で主導権を握った形でラリーを展開し，その最終局面で相手が返球できないような打球でポイントを決める形がその代表例である。クロスコートのラリーで相手をコートの外に追い出した場面でのダウンザラインや，深いボールで相手をコート後方に追い込んだ後の浅いボールをオープンコートへ強打するなどは，プレーヤー自身が余裕のある状況でのウィナーといえる。打球状況的には余裕がある場面であり，戦術的にはオープンコートへの強打が原則となるが，早い準備を心がけ，相手に打球コースを読ませないようにするなど，確実にポイントを獲得することを目指す。

守備場面でのカウンターショットは，相手に主導権を握られた形でのラリーの中で，１打でその状況を逆転することを目指すものである。主導権を握られている状況では，ラリー中の打球の時間間隔（打球のテンポ）は相手の打球時に短く，自身の打球時に長くなる傾向にある（Takahashi et al., 2013）。その状況を逆転し，自身がラリーの主導権を握る形にするには，守備的状況の中で相手よりも強い打球を用いることにより，ラリー中の打球の時間間隔が自身の打球時に短くなり，相手の打球時に長くなるようなテンポに逆転させることが必要である。戦術的には相手に振られた状況でのランニングショットの場面で，相手オープンコートへの強い打球やスライスでのアングルショットにより，相手の打球時の時間的余裕を奪うという形で遂行される。

3．戦術を支える要素

戦術を遂行する要素の基本は，『テニス指導教本Ｉ』（p.130 ～ 131参照）でも述べているように，「ボールコントロール」と「ポジショニング」である。ボールコントロールとは，最適な場所にボールを打つことであり，ポジショニングとは最適な場所で相手のボールを待つということである。ボールコントロールとポジショニングの能力は，基本的な考え方（セオリー）を理解することと，それらを実行するスピードと正確性を高めることの両輪で高めていくことができる。

ボールコントロールとポジショニングのいずれにおいても，これらの動作の遂行は図3-2のような図式に基づく。まずプレーヤーにその状況に関する情報が入力され，入力された情報を適切に処理し，処理に伴う決断が行われる。決断に基づいた行動が出力され，その結果がフィードバック情報として再度入力される。フィードバックはその後の行動の修正に利用される。この動作の遂行の流れをより早く，より正確に行うことがプレーヤー間の差につながる。世界トッププレーヤーの

図3-2　人間の行動の図式の一例（大築，1978を参考に著者改変）

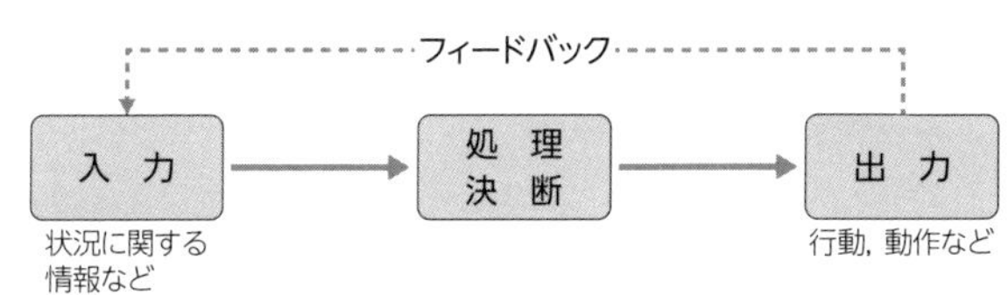

人間の行動は，まず何らかの情報が入力され，その情報が適当に処理され，最終決断が行われて，行動として出力される。出力の一部は再び生体に入力され（フィードバック），表出された出力と要求されている行動との揺れを修正するのに用いられる。

ラリーでは，ラリー間の時間はサービスからリターンではおよそ0.6～0.7秒，またグラウンドストロークではおよそ1.3秒といわれている（髙橋ほか，2007）。プレーヤーはこの短い時間の中で動作を遂行するため，動作のみならず入力から決断までの流れをより早く，より正確に行わなければならない。つまり指導者は，プレーヤーがエラーを犯した時に，この動作の遂行の流れの中でどの段階でのエラーであったのかを正確に把握し，対処することが必要である。特に情報の入力や決断の段階でのエラーは表面的には見えにくいものであることから，指導者はプレーヤーの動作や振る舞いなどの視覚的情報やプレーヤーとの振り返りの中から，その評価を正確に行うことが求められる。

[文献]

・堀内昌一（2013）テニス丸ごと一冊戦略と戦術②，ベースボール・マガジン社：pp.50-51.

・ケルン（1998）スポーツの戦術入門，朝岡正雄，水上一，中川昭［訳］，大修館書店：p.30.

・公益財団法人日本テニス協会[編]（2015）テニス指導教本Ⅰ，大修館書店.

・大築立志（1978）サイバネティックスからみたスキル，宮下充正［編］，講座　現代のスポーツ科学7 スポーツとスキル，大修館書店：p.70.

・ショーンボーン（2007a）ショーンボーンのテニストレーニングBOOK，公益財団法人日本テニス協会［監訳］，ベースボール・マガジン社：p.85.

・ショーンボーン（2007b）ショーンボーンのテニストレーニングBOOK，公益財団法人日本テニス協会［監訳］，ベースボール・マガジン社：pp.89-90.

・Takahashi, H., Murakami, S., Ishihara, M., Morishige, T., Kitamura, T., Maeda, A. and Nishizono, H. (2013) The importance of inter-shot time of ground strokes in tennis, In. Peters, D., M. and O'Donoghue, P. (Ed.) Performance Analysis of Sport IX, Routledge: Abingdon: pp.157-161.

・Takahashi, H., Wada, T., Maeda, A., Kodama, M. and Nishizono, H. (2008) An analysis of the time duration of ground strokes in Grand Slam men's singles using the computerised scorebook for tennis, International Journal of Performance Analysis in Sport, 8(3): pp.96-103.

3-2 シングルスの戦術

1．勝つためのセオリー——過去の試合に学ぶ

ここでは日本テニス界にとってトピックとなった試合の戦術面について検討し，そこから考えられる勝つためのセオリーについて提案する。

1—伊達公子選手 vs シュティフィ・グラフ選手(1996)

1つ目の試合は，1996年のフェドカップ（現ビリー・ジーン・キング・カップ），日本対ドイツでの伊達公子選手とシュティフィ・グラフ選手の対戦である。会場は東京・有明コロシアムのハードコート。当時世界ランキング1位のグラフ選手は強力なフォアハンドを軸にするプレーヤーであり，特にアドバンテージサイドに来たボールを回り込んでフォアハンドで打つプレーが得意であった。これに対して伊達選手は，グラフ選手の得意なフォアハンド側にボールを集め，フォアハンドのクロスコートでのラリーを軸に展開し，回り込んでのフォアハンドをできるだけ打たせないようなプレーを用いた(坂井,2010)。グラフ選手のバックハンドはその多くがスライスでのショットであり，強力なフォアハンドに比べると弱点のようにも見える。しかしスライスによるバックハンドは，特に女子においては使われる機会が比較的少ないことから，返球が難しくなるケースが見られる。またスライスによる打球は，トップスピンよりもスピードが遅くなり，返球するプレーヤーは打球にパワーを伝える必要がある。さらにスライスによる打球は，バウンド後の弾みが低く，返球にあたっては低い打点で打つことを余儀なくされる。これらの点は，スライスによる打球を返球することの難しさを示している。伊達選手のプレーは，相手の得意な回り込みのフォアハンドやバックハ

ンドのスライスなどのプレーを行わせないことを考えた戦術であったといえる（『テニス指導教本Ⅰ』p.148参照）。

以上の点を考えると，以下のようなセオリーを考えることができる。例えばバックハンドが弱いと考えられるようなプレーヤーは，バックハンド側を攻められることが多くなることから，その弱点を補うためにフォアハンドの回り込みを強化したり，バックハンドの工夫を試みたりする。つまり弱点といえる部分に対しては，プレーヤーはすでに対策を立てているということである。一見して弱点と思われる部分を単純に攻めることだけでなく，相手が得意としているショットを相手の好まない状況で打たせるといったパターンは，ひとつのセオリーとして捉えることができる。

2―錦織圭選手 vs ジェームズ・ブレーク選手(2008)

２つ目は，2008年のデルレイビーチ国際選手権，錦織圭選手がATPツアーで初優勝を遂げた，ジェームズ・ブレーク選手との試合である。当時錦織選手は世界ランキング248位で，対するブレーク選手は12位であった。この試合のファイナルセット１－１のデュースの場面で錦織選手が見せた１つのプレーは，その後新しい戦術のひとつとなった。ブレーク選手のサービスに対し，深いリターンをバックハンド側に返球し，相手をベースライン後方へ追い込む。ブレーク選手からの弱い返球を，錦織選手はフォアハンドに回り込み，クロス方向にドロップショットを打つと見せかけて，スライスでストレートにコントロールしウィナーを奪った。このプレーは，錦織選手が得意とするドロップショットを逆の意味で活用し，相手が予測し得ない返球をしたという点で，現代テニスのエポックとなったプレーといえる。

このように，これまでにない新しいプレーを開発することは，戦術を大きく発展させるひとつの要素である。ロジャー・フェデラー選手によるSABR（セイバー）[注1]や，ラファエル・ナダル選手に代表されるエッグボール，ノバク・ジョコビッチ選手に代表されるスライディング[注2]など，われわれはプレーヤーのプレーを柔軟な思考で観察し，プレーヤーを次の次元へと導いていかなければならない。

注1：SABR
Sneak Attack By Rogerの略。2015年頃にロジャー・フェデラー選手が用い始めた，リターン時に極端にポジションを前方にとってリターンダッシュを行うプレーのこと。

注2：スライディング
コート上での切り返しのためのフットワークのひとつで，コート上を滑るように移動・減速する技術。通常クレーコートで用いられ，近年はハードコートで用いるプレーヤーも多い。

3―大坂なおみ選手 vs セレナ・ウィリアムズ選手(2018)

３つ目は，2018年の全米オープン決勝，大坂なおみ選手とセレナ・ウィリアムズ選手との試合である。女子テニス界では圧倒的なパワーを誇るウィリアムズ選手だが，大坂選手もパワーでは負けておらず，180cmの身長からのサービスの最速スピードは時速200kmを超える。さらにこの試合では，グラウンドストロークのラリーでも安定したプレーを見せ，持ち味のパワフルなウィナーに加え，追い込まれた状況からのカウンターショットも決まっていた。パワーだけに頼らないプレーで，日本人プレーヤー初のグランドスラム大会シングルス優勝を達成した。大坂選手の強みは，強力なサービスを軸に，サービスゲームをキープできることにあるといわれている。2018年の

図3-3　1試合あたりのサービスエース本数とサービスゲームキープ率の関係（村田，2018を参考に改変）

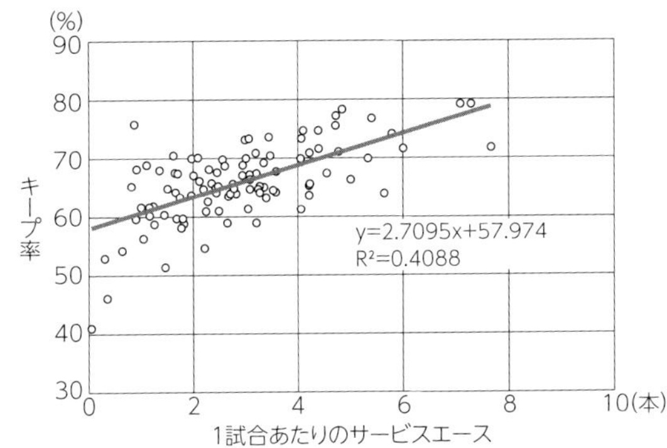

WTAランキング100位以内のプレーヤーを対象に分析したところ，プレーヤー間比較をすると，サービスゲームキープ率と1試合あたりのサービスエースの本数はそれなりに関係している（R^2=0.41）。
サービスエースが多いプレーヤーは3球目攻撃の機会も多くなり，サービスゲームキープ率が上がると予想される。また，1試合あたりのサービスエースの本数を指導上の目標として用いる可能性もある。例えば，サービスゲームキープ率70％を目指したいなら，1試合あたり4本のサービスエースが取れることを意識するということになる。

図3-4　1試合あたりのダブルフォールト本数とサービスゲームキープ率の関係（村田，2018を参考に改変）

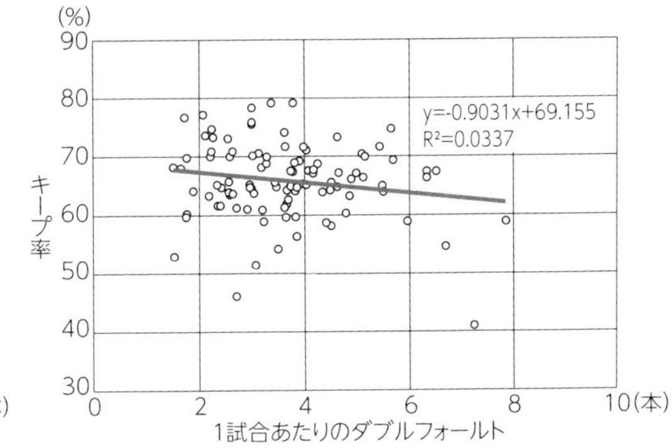

WTAランキング100位以内のプレーヤーを対象に分析したところ，プレーヤー間比較をすると，サービスゲームキープ率と1試合あたりのダブルフォールトの本数はあまり関係ない。つまり，ダブルフォールトが多いプレーヤーがブレークされやすいわけではない。個人内であれば，ダブルフォールトが多い試合ほどキープ率は下がると予想される。また，トッププレーヤーでもこれだけダブルフォールトをしている。

全米オープンにおいても自身のサービスゲームを失ったのは，全7試合でわずか5ゲームであった（生島，2018）。

女子プレーヤーにおいては，サービスでのポイント取得率が男子プレーヤーに比べて低く（Hizan et al., 2011），サービスゲームを安定してキープしていくことは難しいといえる。一方で，女子プレーヤーと男子プレーヤーのプレーの違いがなくなってきているという見方もあり（Takahashi et al., 2010），今後は女子プレーヤーにおいてもサービスを工夫して，サービスゲームのキープ率を高めていくようなプレーを考案していくことが求められるだろう。サービスゲームを安定してキープできるようになれば，リターンゲームでの思いきったプレーにつなげることができる。このようにサービスゲームをキープしていくために，強力なサービスを身につける，またサービスに工夫を凝らすことは，現代のテニスでは必須のセオリーであるといえる。

ひとつのアイデアとして，村田（2018）によると，プレーヤー間比較においてサービスゲームのキープには，ダブルフォールトよりもサービスエースのほうが関係しているというデータが示されていることから（図3-3，3-4），サービスにおける失点率を減らすというよりも，サービスからの得点率を増やす方策を考えることが有効といえる。特にダブルフォールトについて，プレーヤーや指導者はダブルフォールトを犯すことで，相手に1ポイントを与えてしまうことから，それは避けたいと考えやすい。しかしながらダブルフォールトのデメリットを過度に意識してしまうと，「ダブルフォールトをしない→セカンドサービスを打たないようにする→ファーストサービスが入ればよい→ファーストサービスをまず入れる」といった思考が生まれる（村上ほか，2020）。その結果，ファーストサービスを単にラリーの１球目としか捉えられず，攻撃性の低いファーストサービスを打つことにつながってしまう。指導者はサービスが得点源であると考え，プレーヤーとともにサービスを得点につなげる方策を考えていくことに取り組んでほしい。

2．攻撃と守備のセオリー

テニスにおける攻撃と守備の考え方のひとつとして，攻撃とは「自分から展開するプレー」，守備とは「相手からの攻撃を受けるプレー」という定義がある（髙橋，1998）。自分から展開するプレーとは，自分の打球状況が十分な状態，つまりコンフォートな状態注3であることや，コートの中に入って打球できている状態などをもとに判断が可能である（北村ほか，2017）。こういった攻撃を可能にする状態は，ラリーの主導権を握っている状態と言い換えることもできる。プレーヤーのレベルが上がるにつれて，ラリーの主導権を握っているプレーヤーがそのラリーを制してポイントを得ることができることから，プレーヤーはいかにしてラリーの主導権を握るかを考えなければならない。

テニスにおけるラリーはサービスから始まることから，常にサーバーがラリーの主導権を握っているといえる。そのためにサービスは最も重要な技術といわれており（Kriese，1997），サービスを活用して攻撃につなげることが最もシンプルな得点のためのセオリーである。世界トッププレーヤーは200km/時を超えるファーストサービスを打てることに加え，セカンドサービスでは時に5000回転/分を超えることもある（村松ほか，2015）。打球スピードだけでなく，打球の回転数を両立させることでサービスの正確性を高めることができ，サービスを活用した得点につなげることができる。

一方でレシーバーは，常にサーバーにラリーの主導権を握られていることから，ラリーのどこかの段階でラリーの主導権を逆転することが必要である。そのひとつはセカンドサービスに対するリターンである。前述の通り，サービスを活用してゲームを展開することは現代のテニスでは必須のセオリーといえるため，ファーストサービスはサーバーにとって最初の攻撃手段である。そのた

図3-5　打球状況別のフォアハンドストロークのスピードと回転数（柏木，未発表資料）

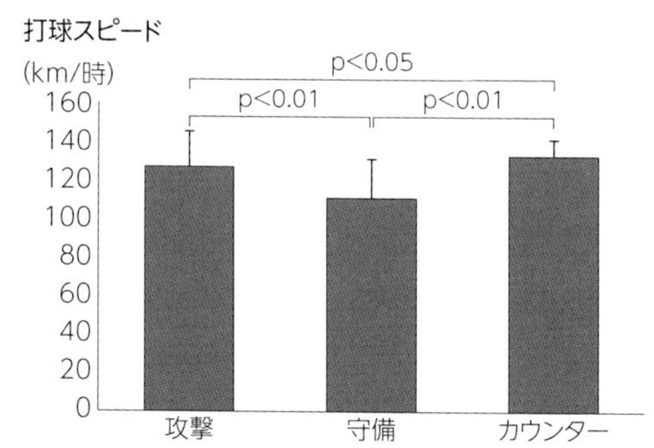

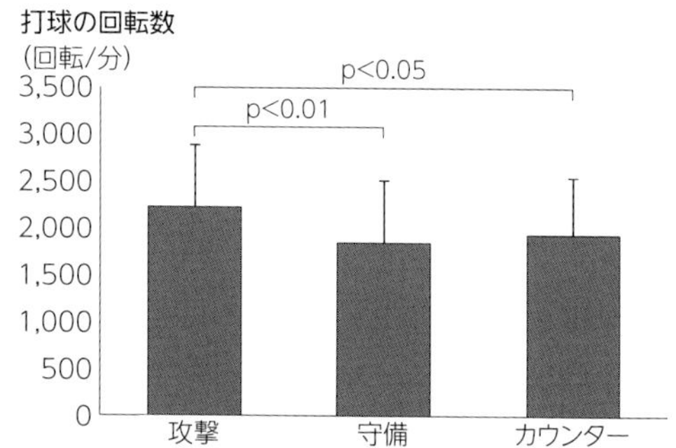

打球スピードは，カウンター＞攻撃＞守備の順に速く，打球の回転数は攻撃が最も多く，守備とカウンターは同程度である。

めレシーバーは，ファーストサービスに対してはまず返球して，その後のラリーの展開に持ち込むことがセオリーといえる。一方，セカンドサービス時のリターンはファーストサービス時に比べておよそ0.2秒の時間的な余裕があり（髙橋ほか，2007），レシーバーにとっては1つのポイントの中での最初の攻撃のチャンスといえる。ロジャー・フェデラー選手がSABRと呼ばれるプレーを活用したり，セカンドサービスに対するリターンの重要性がショーンボーン（2007）によっても指摘されたりと，セカンドサービスに対する攻撃的なリターンという戦術は，レシーバーにとっての最も重要な戦術といえる。

レシーバーにとってのラリーの主導権を獲得するもうひとつの戦術は，カウンターショットである。サービスによってラリーの主導権を握っているサーバーは，その後のラリーの中でレシーバーよりも短い時間間隔でラリーを展開できている（Takahashi et al., 2008）。この時間間隔を逆転するショットのひとつがカウンターショットである。カウンターショットは攻撃的な打球よりも打球スピードが速く，打球の回転数も少ないというデータが示されている（図3-5）。技術のひとつとしてカウンターショットを位置づけ，戦術的に活用することがレシーバーの得点の可能性を高めることにつながる。

注3：コンフォートな状態

北村ほか（2017）は，攻撃場面を構成する打球場面のひとつとして，「コンフォートプレー」を挙げている。この判断基準は，「フットワークがスイング動作に貢献している」「意図的なボールコントロールが可能」「意図的なタイミングコントロールができる」「時間的に余裕がある」「体勢的に余裕がある」とされており，攻撃場面の中でもプレーヤーが十分な体勢で打球できる状態であることといえる。

3．プレーの特徴に対する戦術

プレーヤーには個々に様々な特徴があり，その特徴はプレーにも現れる。ここでは心技体のそれぞれの面から見られる特徴をもとに，戦術的な対策を考える。

1—心理面から

プレーヤーの心理的な特徴は，以下のようなゲーム中の様々な仕草や態度から推し量ることができる。

▶ポイントとポイントの間やファーストサービスとセカンドサービスの間。

▶エンドチェンジを短いインターバルで進めるか，長くとるタイプか。

▶エラーやアンラッキーな結果に対するリアクションはどのようなものか。

▶イレギュラーバウンドや風の影響，観客などを必要以上に気にしているか。

▶ゲーム中の重要と思われる状況で，どのようなプレーを見せているか。

テニスのゲームにおいては，安定してプレーを続けることが重要といわれている。安定性や一貫性は，テニスプレーヤーとして成功するための必要条件である（ワインバーグ，1992）。上記のような局面において，環境や結果に対するリアクションを見せるタイプのプレーヤーは，心理的な安定感に欠ける面があることを想像させる。こういったタイプのプレーヤーに対しては，プレーヤーが嫌がるリズムでゲームを進めることが望ましい。

一方，相手プレーヤーが心理的に安定していると見える場合，できるだけ自身のペースを乱さず，淡々とプレーを続けることが必要である。特に，自身よりも格上といわれるようなプレーヤーと対戦する場合，相手プレーヤーを必要以上に自信のある状態に見てしまうケースがある。しかし，相手も同じテニスプレーヤーであり，自身と同じ場面でプレッシャーを感じたり緊張を覚えたりするものである。ゲーム中でも相手をできるだけ客観的に観察し，自身の安定した状態を保つように心がけることが必要である。

❷—体力面から

プレーヤーの体力的な特徴は，プレーヤーの身体的な特徴や体力要素から推し量ることができる。以下は，一般的に考えられる傾向であり，個々のプレーヤーによっては異なる特徴を持つ場合も十分に考えられる。

身長をもとに考えると，長身のプレーヤーは，サービスの強さやリーチの広さといった強みを持っていることが多いが，細かく多彩な動作や動きのスピードが遅いといった弱みがあることが多い。反対に身長の低いプレーヤーは，リーチが狭く，高い軌道の打球に対して弱さがあることが多いが，動きのスピードが速く，方向転換も素早いなど機敏なフットワークを持つことが多い。

また，体力要素から見たプレースタイルを考えると，持久力に優れるプレーヤーは，長いラリーを好む傾向にあり，守備的なプレーを選択する傾向が高いが，強打を用いて積極的に相手をくずそうというようなプレーを選択することは少なく，バリエーションのある攻撃には弱みを見せる。一方，筋力に優れるプレーヤーは，ショットのパワーに優れることから，攻撃的なプレーを選択する傾向が高いが，ラリーが長くなると無理な攻撃を仕掛けてミスをする場面も見られた（テニスジャーナル編，1988）。

近年では様々なプレースタイルのテニスプレーヤーがいるが，プレーヤーが選択したプレースタイルは，そのプレーヤーの身体的特徴や体力的特徴を生かしたものであるといえる。プレーヤーの体力的特徴を戦術面で活用するには，そのプレーヤーの特徴から苦手とするプレーを見出し，その苦手なプレーを強いるような仕掛けを行っていくことが必要である。

❸—技術面から

これまで述べてきたように，プレーヤーには心理的・体力的な特徴がある。そして，個々のプレーヤーが選択するプレースタイルは，そのプレーヤーの心理的・体力的特徴を生かしたものであり，そこから技術的・戦術的な対策を考えることができる。

パワーを主体とするプレーヤーは，サービスとフォアハンドストロークで強いボールを打つタイプであることが多い。このようなプレーヤーは，サービスやフォアハンドストロークなど１本のショットで決めていけるようなプレーを行ってきた分，他の技術（例えばバックハンドストロークやネットプレーなど）に弱点が見えることが多い。こういったプレーヤーを技術的にくずしていくためには，できるだけ相手プレーヤーを動かしたり，早いテンポのラリーを展開し，相手プレーヤーに十分な体勢で打球できないようにしたりすることや，ラリーの中で相手プレーヤーの苦手な技術を強いるような展開にする。

一方，多彩な技術で幅広いプレーを展開できるプレーヤーは，一見すると技術的な隙がないように見える。こういったプレーヤーを技術的にくずしていくためには，安定してラリーを継続し，相手からの攻撃に対するカウンターや，ラリーの主導権を握っていない状態でダウンザラインへの展開をするなど，ラリーのセオリー（『テニス指導教本Ｉ』p.141～143参照）からやや外れた展開を意識して使うようにする。また，こういったプレーヤーはウィナーを取れるような強いショットを持つことが少ないことから，あえて相手プレーヤーに緩いボールを送り自身のポジショニングを整えた上で，相手が強打せざるを得ないような状態を作り出してカウンターをねらうという展開も有効である。

どんなプレーヤーと対するにしても，相手プレーヤーが好むリズムではプレーを行わないようにし，心理的にも体力的にも揺さぶりをかける。また，自身の持つ心理面，体力面，技術面を無理のない範囲で活用するとともに，相手プレーヤーがどこかで無理をせざるを得ないような状況を作り出すことができれば，チャンスが生まれる。テニスのゲームはポイントを何度も繰り返すものであることから，自身が行う仕掛けをゲーム中に何度も繰り返してトライするような継続性もプレーヤーに必要な要素である。

4．補助的戦術

ここで述べるいくつかのプレーは，試合の中で多用するものではないが，オプションとして用いることで，相手のポジショニングやボールコントロールにズレを生じさせることにつながる。

1—アングルショット，ドロップショット

相手をコート上の様々な場所へ動かすために，アングルショットやドロップショットは有効な技術である。これらの技術を用いるためには，特にボールに対して自在に回転を与えることのできるボールコントロール能力が必要である。さらに，これらの技術を身につけるだけでなく，ラリーの中で「いつ」「どのように」用いるのか，相手の状況を的確に把握することが求められる。これらのオプションを用いることで，相手はコート前方やコートの左右外側を意識してポジショニングせざるを得なくなり，空間的オープンコートや心理的オープンコート（『テニス指導教本Ｉ』p.135～136参照）を有効に使える状況が生まれる。前述の2008年のデルレイビーチ国際選手権決勝での錦織選手のドロップショットを活用したプレーは，おおいに参考になるだろう。

2—セカンドサービスに対する攻撃

リターンの局面では，まず安定して返球することがセオリーであるとしたが，相手のサービスの優位性を少しでもくずすためにも，リターンから攻撃するというオプションは重要である。特に相手のセカンドサービスはボールコントロールが甘くなることが多く，積極的に攻撃する機会となり得る。リターンで攻撃する際はウィナーを取るばかりでなく，リターンから攻撃する姿勢を示すことにより，相手のセカンドサービスに対して「甘いところには打てない」というプレッシャーを与え，加えてファーストサービスの確率を上げることを意識させる。確実に入れる意識を持たせることにより，リターンの局面でのチャンスが生まれることにつながる。

3—ダブルファースト，ネットダッシュ

重要なポイントでは，セオリーから外れる勝負をすることも必要である。そのひとつの例は，セカンドサービスの場面でファーストサービス並みのサービスを打つことである。このダブルファーストでは，相手の心理的オープンコートをつくことで相手の打球タイミングを遅らせることにより，甘い返球を期待できる。また，サービスダッシュ，

リターンからネットダッシュするチップアンドチャージなどを試みることも，相手のボールコントロールにズレを生じさせたりポジショニングの時間的余裕を奪ったりすることにつながる。

[文献]

・Hizan, H., Whipp, P. and Reid, M. (2011) Comparison of serve and serve return statistics of high performance male and female tennis players from different age-groups, International Journal of Performance Analysis in Sport, 11(2): pp.365-375.
・生島淳（2018）全米制覇は"Naormi Era"の幕開けに，https://number.bunshun.jp/articles/-/831837（2018年9月26日閲覧）．
・北村哲，髙橋仁大，佐藤周平，松本健太郎，村上俊祐，前田明，西薗秀嗣（2017）打球場面に着目した男子トップテニス選手のグラウンドストロークにおける攻撃パフォーマンスの検討，テニスの科学，25：pp.73-90.
・Kriese, C. (1997) Coaching TENNIS, Masters Press.
・村上俊祐，柏木涼吾，岩永信哉，沼田薫樹，髙橋仁大（2020）テニスにおけるサービスのパフォーマンス向上に向けた取り組みとその効果，スポーツパフォーマンス研究，12：pp.606-621.
・村松憲，髙橋仁大，梅林薫（2015）世界トップクラステニス選手のサービスにおける速度と回転量の関係，テニスの科学，23：pp.1-7.
・村田宗紀（2018）WTAトーナメントにおけるトップ100位選手の2018年サービスの傾向，スポーツパフォーマンス研究，10：pp.354-363.
・公益財団法人日本テニス協会[編]（2015）テニス指導教本Ⅰ，大修館書店．
・坂井利彰（2010）テニス世界最先端の練習法，東邦出版．
・ショーンボーン（2007）ショーンボーンのテニストレーニングBOOK，公益財団法人日本テニス協会［監訳］，ベースボール・マガジン社：pp.89-90.
・髙橋仁大（1998）テニスのゲーム分析のための技術の分類についての一考察，鹿屋体育大学学術研究紀要第20号：pp.11-17.
・髙橋仁大，前田明，西薗秀嗣，倉田博（2007）プレー時間に注目したテニスのゲーム分析—ウィンブルドン大会決勝の推移—，バイオメカニクス研究，11(1)：pp.2-8.
・Takahashi, H., Wada, T., Maeda, A., Kodama, M. and Nishizono, H. (2008) An analysis of the time duration of ground strokes in Grand Slam men's singles using the computerised scorebook for tennis, International Journal of Performance Analysis in Sport, 8(3): pp.96-103.
・Takahashi, H., Wada, T., Maeda, A., Kodama, M. and Nishizono, H. (2010) Performance analysis of female professional tennis players, Proceedings of the Seventh International Symposium on Computer Science in Sport: pp.181-185.
・テニスジャーナル［編］（1988）テニスの王道　其ノ二 応用と戦略，スキージャーナル：pp.128-129.
・ワインバーグ（1992）テニスのメンタルトレーニング，海野孝，山田幸雄，植田実［訳］，大修館書店：pp.25-27.

3-3

ダブルスの戦術

1．サービス時のサーバー側とレシーバー側それぞれの戦術的ポジション

ダブルスにおいては，プレーヤーはサービスが実行される前に，その状況において効果的な戦術的ポジションをとる（Kocib et al., 2020）。具体的には，サーバー側は，①一般的によく見られるサーバーのパートナーがネットに近い位置に立つフォーメーション，②オーストラリアンフォーメーション，③I（アイ）フォーメーション，レシーバー側は，①レシーバーのパートナーがネットに近い位置に立つフォーメーション，②両者がベースライン付近に立つフォーメーションなどといった具合である。

サーバー側のフォーメーションには，相手のリターンにプレッシャーを与える，ポーチに出やすくするなどのねらいがある。レシーバー側にとっては，リターンを打ちやすくする，パートナーへの攻撃をしにくくさせるなどのねらいがある。上記で示した「①ネットに近い位置に立つフォーメーション」以外の，戦術的に特徴のあるフォーメーションを以下に示す。

1―オーストラリアンフォーメーション

オーストラリアンフォーメーションは，レシーバーのクロスへのリターンが強力な場合に用いるフォーメーションであり，サーバーのパートナーがサーバーと同じサイドにポジションをとるものである。サーバーは，サービス後に空いているサイドへ移動する。サービスのコースとサーバーのカバーリング[注4]が重要である。

注4：カバーリング
基本的なポジションをくずすプレー（フォーメーションやポーチなど）を行った際に，本来はパートナーの守備範囲であるエリアをカバーする動きのこと。ダブ

ルスでは片方のプレーヤーの動きに応じて，もう片方のプレーヤーは柔軟にポジションを変えて守備を行うことが求められる。

2— Ｉフォーメーション

Ｉフォーメーションは，オーストラリアンフォーメーションの発展系といえ，サーバーとそのパートナーがセンターにポジションをとり，サービスのコースに合わせてポジションを移動するフォーメーションである。サーバーのパートナーの動きをレシーバーに読みにくくさせ，レシーバーのリターンコースの選択を迷わせるねらいがある。サーバー側は，ポイントを始める前にサービスのコースとパートナーの動く方向について十分に確認し，サービスに合わせて最適なタイミングでそれぞれのポジションをとることが重要である。

3— 2バックフォーメーション

レシーバー側のフォーメーションであり，レシーバーのパートナーもベースライン付近にポジションをとるものである。一般的にリターンに対するポーチはレシーバーのパートナーをねらうことが多いため，ポーチに対するディフェンスを重視したフォーメーションといえる。サーバー側が上記のようなフォーメーションを用いてきた時に，ポーチを行いにくくするためにこのフォーメーションがとられることが多い。また，グラウンドストロークを得意とするプレーヤー同士のペアでダブルスを行う場合には，２バックフォーメーションを基本として用いるというケースもある。

2．攻撃と守備のセオリー

ダブルスにおける攻撃と守備のセオリーを，ボールコントロールとポジショニングの観点から検討する。

ダブルスにおいては，ダブルスに特有のプレーを用いることが攻撃の起点となる。ダブルスに特有のプレーとして，ポーチ，サービス時のパートナーのポジショニング，センターセオリー，ロブなどが挙げられている（『テニス指導教本Ｉ』p.147参照）。これ以外にも，ダウンザラインへのアタック，２人がネットポジションをとるフォーメーションなどもダブルスに特有のプレーといえる。

いずれのプレーも，相手ペアのポジショニングをくずすことを目的としており，相手コートにオープンコートを作り出すことが得点の機会を増やすことになる。例えば，基本的なポジションか

図3-6　センターセオリーから生まれるオープンコート

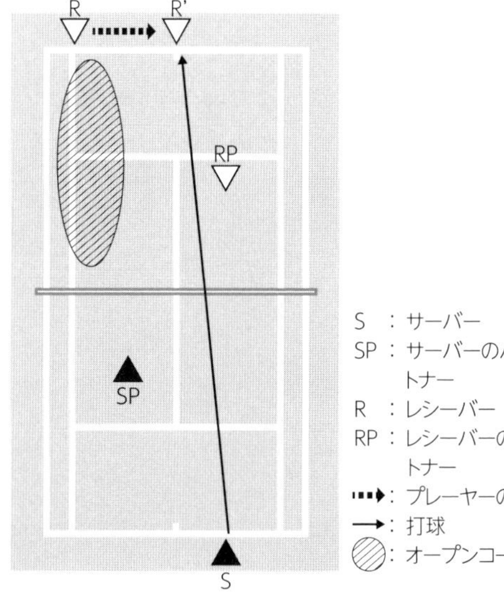

Sのセンターセオリーによって，Rをコートのセンター付近に寄せることで（R'），オープンコートが生まれる。

らサーバー側がラリーを展開していることを想定すると，センターセオリーを用いて，レシーバーをコートのセンター付近に寄せることで，オープンコートを作り出すことができる（図3-6）。その結果，センターセオリーから，ポーチを相手コートの外側にねらうことがひとつの攻撃のパターンとなる。センターセオリーは，相手に角度をつけたショットを打たせないことにもつながり，相手からの攻撃を防ぐという利点もある。また，ショートクロスなどを用いて相手レシーバーをコートの外に追い出すことによって，相手ペアのセンターにオープンコートを作り出すことができる（図3-7①）。ショートクロスからのセンターセオリーも，ひとつの攻撃のパターンとなる。この時には，相手からのさらに角度をつけたショットや，ダウンザラインへのアタックなどを引き出す可能性もあることから，それに応じたポジショニングをとることが必要である。

これらの攻撃に対する守備は，打球するプレーヤーのパートナーによるカバーリングを考えたポジショニングで対応することがその観点となる。必ずしも，２人で左半分，右半分を限定的に守るわけではない例を考えてみたい（図3-7①〜③）。レシーバーがコートの外に追い出されるような展開になった時，サーバー側はレシーバーが移動したエリア（図3-7①斜線のエリア）をねらうことができる。そこに打球された際には，体勢がくずれたレシーバーではなくレシーバーのパートナー

図3-7　オープンコートに対するカバーリングの例

①ショートクロスから生まれるオープンコート　②オープンコートに対するパートナーのカバーリング　③パートナーのカバーリングを受けての継続したカバーリング

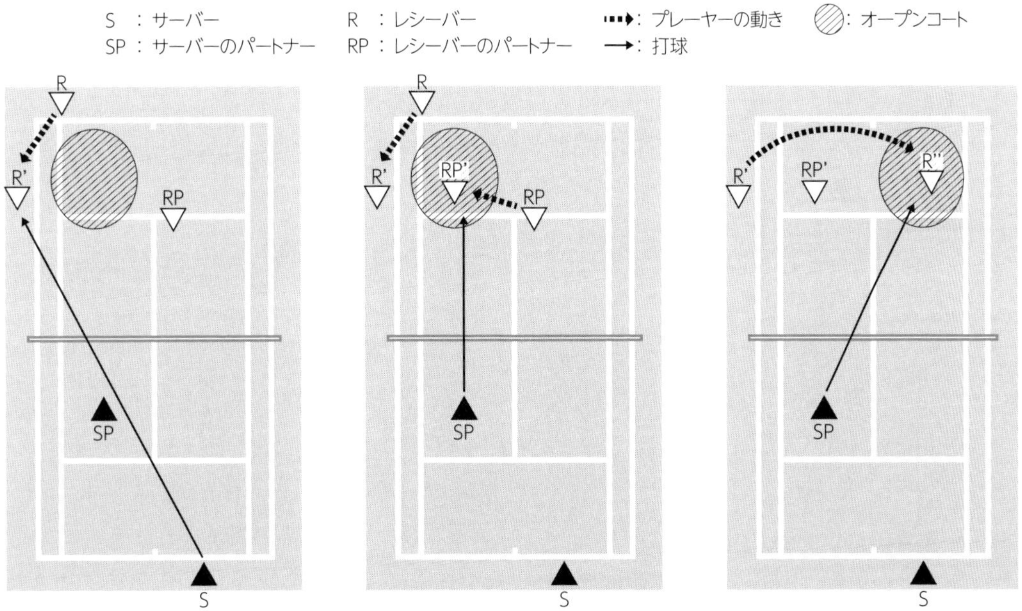

Sのショートクロスによって，Rをコートの外に追い出すことで（R'），オープンコートが生まれる。

SPはRがR'へ動いたことで生まれたオープンコートへ打球することから，RPがそのオープンコートのカバーリングをするようにRP'へ移動して返球する。

②からの返球に対して，SPはRP'の動きによって生まれたオープンコートへ打球することから，R'はそのカバーリングのためR''へ移動して返球する。

がカバーし，そしてその際にできたオープンコートを，体勢を立て直したレシーバーがさらにカバーに入る（図3-7②③）。２人のペアの位置が大きく変わるようなカバーリングが，ダブルスの守備において求められるポジショニングであるといえる。カバーリングについては，コート内のオープンコートを瞬時に判断し，打球していない時の動きやポジショニングが重要な要素となることから，ラリー中の様々な状況でのポジショニングを繰り返し確認するなど，カバーリングに関する動きを十分にトレーニングすることが必要である。

特にセンターセオリーの考えについては，攻撃のみならず守備においても重要となる観点である。カバーリングにあたっては，センターをカバーするという意識が必要といえ，２人のプレーヤーがセンターを交互にカバーするようなポジショニングがダブルスで求められる動きといえる。

フォーメーションのひとつに，チェンジフォーメーションという考え方もある。通常のポジション時やオーストラリアンフォーメーションと複合的に用いるものであり，サーバーのパートナーがサービスのタイミングに合わせてポジションを移動し，サーバーはそのカバーリングを行うというフォーメーションである。サーバーのパートナーによるポーチを行うねらいがあり，攻撃的なフォーメーションといえる。サーバーのパートナーが動くタイミングと，サーバーによるカバーリングが重要となる。

3．女子ダブルスを対象としたゲームパフォーマンス分析に基づく戦術

筆者らによる世界トップの女子ダブルスの戦術分析（高橋・岩嶋，2010）から，女子ダブルスでの重要な戦術として，以下の点が挙げられる。このようなゲームパフォーマンス分析を活用することで，対象とするプレーヤーに必要な戦術を考えることができる。

1―サービスを生かしたプレー

世界トップの女子ダブルスにおいては，サーバーの得点率はほぼ50％を超えており，サーバーの優位性が見てとれる。特に，ファーストサービスで２球以内にラリーが終わったポイント，つまりリターンまでで終わったポイントは，およそ85％の確率でサーバーがポイントを取得していた。これは単純なサービスの強さだけでなく，サーバーのパートナーのネットポジションでの動きによるレシーバーへのプレッシャーから，リターンのエラーを引き出している状況も多く見られた。サーバーは２人の連携により，リターンのエラーを引き出してポイントを取ることが，最も重要な得点源といえる。

一方で，リターンを返球し，ラリーが３球以上続くポイントでは，レシーバーのポイント取得率が50％を超える状況も出現するようになり，特にセカンドサービスにおいてはサーバーの得点率が35％程度になる状況も見られた。そのため，セカンドサービスで３球以上ラリーが続くポイントでは，サーバーの優位性がほぼ失われるものと考えられる。サーバーは，セカンドサービスでラリーが続いた場合に，どのように得点するかという戦術について習得しておきたい。またレシーバーは，セカンドサービスでは３球以上ラリーを続け，サーバーの優位性を失わせるとともに，その後のラリーでのポイントパターンについて，同様にトレーニングを積んでおく必要がある。

ダブルスにおいてサービスを生かすためには，センターへのサービスが重要である。センター寄りの位置からのセンターへのサービスは，レシー

バーまでの距離が短い分，リターンにおける時間的余裕を奪うものであるが，サイドラインに近いポジションからのセンターへのサービスでは，サービスの距離が長くなってしまうことにより，その有効性を十分に発揮することができない。また，サイドラインに近いポジションからワイドへのサービスを多く打っている傾向もあり，この場合レシーバーからの角度のあるリターンやダウンザラインへのアタックなどを招く危険性も指摘できる。

サービスのポジションをセンターマーク付近にすることで，センターへの威力のあるサービスを効果的に活用できることを把握した上で，プレーヤーへの指導を行う必要があるといえるだろう。

図3-8　ダウンザラインとセンターセオリーの組み合わせ

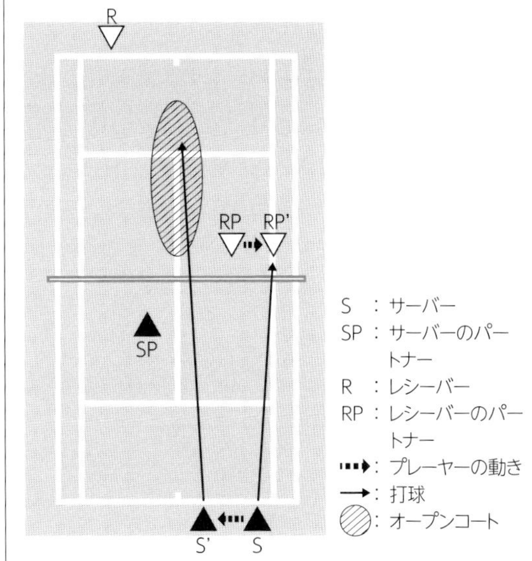

Sはダウンザラインへのショットを活用することで，RPをサイドに動かし（RP'），センターセオリーを活用できるようにする。

❷—ダブルス特有のプレー

ダブルスに特有のプレーは前述の通りであるが，世界トップの女子ダブルスの戦術分析からも，これらのプレーを積極的に，相手よりも先に仕掛けることが重要であると考えられる。特にサービス時のサーバーのパートナーのポジショニングは，サーバーの得点率を高める２球以内で終わるポイントのためには重要な役割を果たしている。また，サーバー，レシーバーともに重要な状況であるセカンドサービスで３球以上ラリーが続く状況においても，ダブルスに特有のプレーを先に用いているペアが得点を挙げている傾向がうかがえた。ラリーが続いている中で，相手よりも先にダウンザラインへのアタックを行う，ロブでポジションの変化をつける，ポーチを用いるといった，ダブルス特有のプレーを積極的に用いることが得点につながるといえる。

グラウンドストロークに角度をつけ，延々とラリーが続く場面をよく見ることがある。角度のついたラリーの状況ではポーチに出にくく，ポーチの確率を上げることができない。そこでラリーに関しても，できるだけセンターを通したほうが角度もなく，ポーチに出やすくなる。しかし，センターに安易に打ってしまうと，相手パートナーにつかまってしまう。そこで，ダウンザラインにも頻繁に打つことで相手パートナーをサイドに動かすことができ，ラリーをセンターに通しやすくなる。センターセオリーは，相手のポジションにかかわらず，ラリーにおいて有効な戦術である（図3-8）。

ダブルスを得意とするプレーヤーは，ロブを使って相手の陣形をくずすプレーを試みることが多い。図3-9のようにリターンでロブを打たれた時，サーバーのパートナーが右利きの場合，バックのハイボレーで処理しようとし，決めきれないでポジショニングがくずれる。これを防ぐためには，カバーリングのトレーニングをすることが重

図3-9　ロブの活用とその対応

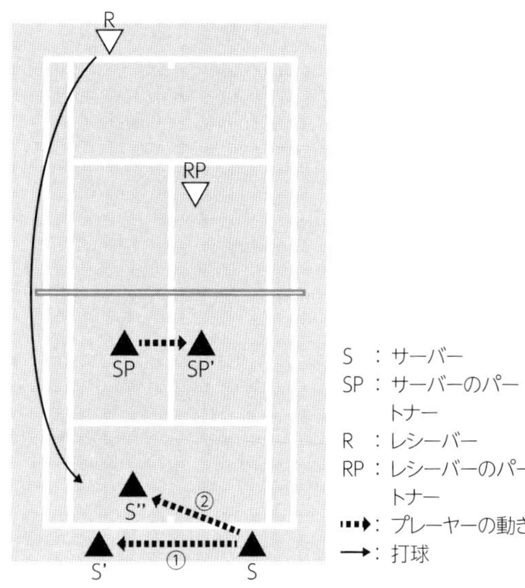

Rからの SPの頭上を越えるようなロブに対しては，Sが移動して，S'からセンターセオリーを活用する（①），S''からボレーなどを用いてネットポジションをとる（②），などの対応が考えられる。

要である。対応としては，図3-9の①のようにサーバーがカバーし，センターをねらう。または，図3-9の②のようにカットに入り，ネットにつくなどである。これらのことを踏まえ，ロブの活用と対応のパターンを繰り返しトレーニングすることが重要である。このカバーリングは，各種のフォーメーションでも必要となるプレーであることから，フォーメーションごとのカバーリングについても繰り返しトレーニングすることが必要である。

[文献]

・Cayer, L. and International Tennis Federation (2004) Doubles Tennis Tactics, Human Kinetics.
・Kocib, T., Carboch, J., Cabela, M. and Kresta, J. (2020) Tactics in tennis doubles: analysis of the formations used by the serving and receiving teams, International Journal of Physical Education, Fitness and Sports, 9(2), pp.45-50. DOI: https://doi.org/10.34256/ijpefs2026.
・公益財団法人日本テニス協会[編]（2015）テニス指導教本Ⅰ，大修館書店.
・髙橋仁大，岩嶋孝夫（2010）世界トップ女子ダブルスの戦術分析，2009年度日本テニス協会toto助成金対象事業報告書「ジュニア選手及びユニバ選手を対象とした戦術・ゲーム分析」：pp.11-25.

TENNIS COACHING THEORY

4章

テニス指導の実際

4-1

ゲームに基づいた指導

1．ゲームに基づいた指導(Game Based Approach)

従来行われていたテニス指導は，打ち方，動き方などの技術指導がその中核であった。しかしながら，国際テニス連盟（ITF）はPlay & Stayのキャンペーンを始め，各国のテニス指導は，テニスを楽しむことを第一に，技術指導中心からプレーのルールや戦術に基づいた指導を初心者から行う形に変化してきた。しかし同時に，状況に応じた適切な打ち方やフットワークなどの動き方は非常に重要であり，指導者はそれら必要な打ち方の指導も行うことを見過ごしてはならない。

ここでは，打ち方や動き方ではない指導方法の実際について紹介する。テニスプレーでの多くの失敗は，単純な打ち方の失敗だけではなく，プレー中の状況判断やショットの選択ミスによるものも多く，実際のプレーにおけるプレーヤー自身の観察分析能力や問題解決能力などの向上も見据えた効果的な指導について考えることとする。

ルールや戦術に基づいた指導とは，どのようなものであろうか。テニスは，決められたエリア（コート内）に，限られた時間内（ボールが２バウンドするまでの時間）で，ラケットを使用してボールを打球するスポーツである。つまり，空間と時間を利用して，ねらった場所に適切なタイミングで打球するスポーツであり，それはまた，コート内を移動しながら打球し，相手の時間を奪う行為を継続的に行い，相手の打球を困難にするスポーツともいえる。

テニスプレーを分析すると，後述する５つの場面に分類でき，それぞれにおいての理想的な戦術が存在する。また，打球の質に焦点を合わせると５つの要素があり，これもまた戦術指導には欠かせない事項である。さらに，あらゆる競技の構成要素である「攻撃」と「守備」に加え，お互いを探り合う「中立（ニュートラル）」的な場面もテニスプレーの特徴のひとつである。これらの状況に応じて，適切な判断と実行を適切なタイミングで行いながら，前述した相手の時間を奪う行為へと移行する。このような一連のプレーにおいて，適切なタイミングで効果的な打球をするための指導が「ゲームに基づいた指導」であり，打ち方や動き方などとは別視点の指導である。

一例を挙げると，ネットミスをした際に，ネットミスをしないショットの打ち方を指導するのではなく，どうすればネットミスをしない打ち方ができるかを指導するということである。この２つは一見同じことのようであるが，実際はまったく違うものである。前者のネットミスをしないショットの打ち方を指導するとは，その時のショットの打ち方を指導することである。しかし，ゲームでは状況が変化すれば，その状況に合わせて打ち方も変化させなければならない。様々な場面で状況に応じた微妙に違う打ち方を指導することは非常に困難であり，仮に成功したとしてもプレーヤー自身の問題解決能力の向上には有益でない。一方，後者は，どのようにしてネットミスを防ぐかについての指導であり，場面を特定せずにプレーヤー自身がテニスの原理原則を応用して取り組むことができるので，本質的にネットミスを解決する手立てとなり得る。このように，単純な打ち方を指導することは，プレーが高度化する段階においては，プレーヤー自身の応用力や問題解決能力の妨げになる可能性がある。

本来，テニス競技では，指導者がプレー中にタイムアウトやプレーヤー交代などの行為はできないことはもとより，プレー中のアドバイスも禁止されているため，プレーヤーには自分自身による問題解決能力が求められる。得点は基本的に自身のウィナーと相手の失敗からのみ得られるものであり，トッププレーヤーでもプレー中の失敗は避けられない。言葉を換えると，テニスの勝敗はいかに早く自身の失敗を修正し，適切なタイミングで効果的なショットを打ち続けられるかに関わっており，その意味でも「ゲームに基づいた指導」が重要であることが理解できる。

また，テニスプレーでは，前述したように打球の質に着目すると，どこに（方向），どのような高さ（高さ），深さや短さ（距離），どのようなスピン（回転），どの程度のスピード（速度）で打球するかが非常に重要である。これらを「ボールコントロールの５つの要素」（『テニス指導教本Ⅰ』p.42参照）と呼び，ゲームに基づいた指導においては重要な項目である。この５つの要素が適切にコントロールされていない場合にミスにつながるのであるが，それらの失敗は打ち方の問題でもある。自身の意図が打球に反映されない場合は，その技術の練習を十分再現できるまで繰り返す必要がある。しかし，それぞれの状況に応じた打ち方は，ゲーム中の相手ショットの状態や自身のポジション，意図する打球方向，およびその他の要因で変化するものであり，その都度打ち方を微調整しながら，適切なタイミングとねらいどころを考慮しつつ打球する必要が生じる。つまり，上記の反復練習時に一方的にクローズドスキル的な単純な打ち方の練習を積んでも効果は限定的である。状況の変化に対応できる応用力を伴った練習が必要であり，プレー中の有効なショットはそのような条件下で生まれるものである。

2．5つの場面におけるゲームに則した指導

1―サービスの場面

サービスの場面では，相手プレーヤーはリターンであり，すべての動作を自身でコントロールできるサービスの場面は有利と考えられる。この場合の第1条件はファーストサービスを入れることであり，これが失敗し，セカンドサービスに委ねる場面ではサービスの有利性が減退する。つまり，ファーストサービスでは攻撃力が増すため有利にポイントを進められるが，セカンドサービスではレシーバーに攻撃されないようなサービスが必須である。攻撃的なプレーを志向するのであれば，ファーストサービスの確率は大きな指標であり，70％の確率は確保したい（ITF Advanced Coaches Manual, 1998, p.40）。

しかしサービスに関しては，試合中例外的にゲームに基づいた修正の他に，その打ち方の修正または微調整を加えなければならない場合がある。これはサービス動作が相手の直接的な影響を受けづらく，比較的クローズドスキル的な動作であることが大きく関係している。この場合指導者は，プレー中には助言ができないため，サービス失敗の対処を状況を想定しながらプレーヤー自身が修正できるよう，日頃の練習時に指導することが重要である。つまり，プレーヤー自身がサービスの失敗時にその打ち方にどのような修正ができるかを念頭において指導することである。

また，サービスの指導においては，その打ち方や修正能力の向上の他，プレッシャー下での指導も非常に重要である。相手の打球を返球するオープンスキル的なショットが多い中，唯一クローズドスキルとなるサービスは射撃や弓道に近いものがある。緊張を強いられる場面でサービスを成功させるためには，メンタル面を考慮した指導も重要である。具体的には様々な方法が考えられ，セカンドバウンド地点を一定のエリアに指定する練習や，一定の条件下で連続的にサービスを成功させるような緊張感を伴う練習は有効である。また，ここ一番の際に決定力のあるサービスを打てるよう，日頃から様々な視点から練習を積む必要がある。さらに，サービスに続くショットの攻撃性を維持し，有利に展開した上でポイントを取る練習も必要である。

2―リターンの場面

ゲーム獲得の前提はサービスゲームをキープすることであるが，また同時に，相手のサービスゲームを最低1回ブレイクする必要がある。そのためには，相手のファーストサービスに慣れるために，セット前半から攻撃的なリターンにチャレンジすることも，後ほど訪れるブレイクの可能性を生じさせる上で有効である。セカンドサービスのリターンでは，積極的に攻撃的ショットを心がける必要がある。特に相手のファーストサービスが不調な場合は，セカンドサービスのリターンでは大きなチャンスが生まれやすい。

リターンの場面では，相手のサービスを的確に捉えるために，タイミングを合わせることが重要である。そのためには，例えばファーストサービスでは相手を観察し，打球方向を予測することが重要である。この場面での指導はゲームに則した指導そのものであり，ゲームカウントやスコア，リターンサイド，相手サービスの特質，自身の次のプレーへの連携など，あらゆる状況を想定して対応することがリターンゲームでの上達のポイントである。したがって，攻撃的リターンの後も攻撃的なショットを続けて得点する練習も必要であ

る。

また指導者は，リターンの場面だけではなく，あらゆる練習において日頃からプレーヤーの観察を怠らず，プレーヤーの対応力，いわゆる引き出しを増やす指導が望まれる。

3—ラリーの場面

プレーの大半は，ラリーの場面である。ラリーは基本的には中立（ニュートラル）の場面ではあるが，実際にはラリー中にも若干の攻撃的あるいは守備的な打球があり，その中で攻撃的展開に発展，あるいは守備的展開にさせられることがある。もちろん途中でラリーミスが生じてポイントが終了することもあるが，プレーヤーが高度化すれば，そのようないわゆる凡ミス（unforced error）は減少する。ラリーの局面では，自身に有利に展開し，攻撃の足がかりを得られるように打球することが大切である。

さて，攻撃的または守備的とは，どのような状態を示すのであろうか。テニスでは，相手がバランスをくずすようなショットを打ちやすい状況が攻撃的であり，その反対が守備的である。まず，ネットに近い場所からの打球は攻撃的といえ，打てる方向の範囲が広くなる。また，高い打点の打球も攻撃的といえる。しかし，ネットに近くて高い打点でも，自身がバランスをくずすような場面は攻撃的とはいえない。つまり，よりネットに近く，より高い打点で，なおかつ打球時のバランスが良い状態が最も攻撃的であると考えられる。その状態となって初めて，より安全に相手の時間を奪う高速のショットが打てる。

また，相手を大きく走らせたり，逆をつくショットで相手のバランスをくずしたりすることは，ラリーを有利に進められるという点で攻撃的状態であり，その反対が守備的状態である。ラリーの1球1球で多少の攻守の差が生じることもある。その差のまま次の攻撃的局面に動くこともあるが，守備力が上回ると立場が逆転することもある。プレーヤーの個性やプレースタイルによってラリー局面中の展開力は変化するので，指導者はそれぞれのプレーヤーの特徴に応じた指導を心がける必要がある。反面，プレーの戦術は究極的には物理原則（コートの幾何学的特徴など）に則っているので，原理原則（『テニス指導教本Ｉ』p.130～143参照）も非常に重要である。時には原則を無視しても得点する場合もあるが，試合全体では結局，確率論に左右されるため，試合ではスタッツ（統計情報）が重要視されることが多い。

4—攻撃的な場面

攻撃的局面としての最終目的は，相手が返球できないショットでポイントを終了することである。多くの場合，ネットプレーがその典型だが，それ以前に強烈なアングルショットやダウンザラインへのショットで終了することもある。また，ラリー場面を経ないで攻撃的場面となる場合もあり，サーブ＆ボレーの展開がそれである。あるいは，強力なサービスに対しての弱いリターンであれば，その返球に対して相手を大きく走らせたり，逆をつくショットで有利に展開できる。時には浅いサービスに対するリターンから，直接ネットプレーに展開する場面もある。

攻撃的場面では，自身のミスを最低限度に抑えながらより攻撃的展開に持ち込むためには，早い決断と実行が重要である。攻撃とは相手の時間を奪うことであるため，なるべく早い展開で打球し，次の打球に備えなければならない。また，打ち急いでバランスをくずすなどの失敗は避けなければならないが，早い展開のためには，高い打点を確保できるように早めに打球位置へ移動し，万全の体勢で攻撃的ショットを打つ。そして，相手打球の予測を的確に行い，直ちにその返球への準備をすることが必要である。これらの一連の攻撃的な場面では，前述した通り，早い決断と実行がキーポイントであり，一瞬の迷いや躊躇が相手に反撃や守備のチャンスを与えてしまう。つまり，攻撃時には失敗を恐れない姿勢と実行力が必須であり，仮に失敗したとしても感情的にならずに，冷静に原因を突き止めて対策を講ずることが重要である。

5―守備的な場面

ラリーから守備的な場面に展開する場合の他に，セカンドサービス直後から守備的展開になることもある。セカンドサービスを攻撃的に返球されると，一気に守備的打球を余儀なくされる。そのため，セカンドサービスでは相手に攻撃の隙を与えない打球の質が必要となる。ロジャー・フェデラー選手はセカンドサービスの重要性を語っており，非常に攻撃されにくい高いバウンドのサービスを打球している。

守備的ショットの要点は，相手に強打させない状況を作ることである。センターに深い打球をすれば，相手にとって強打のチャンスは低くなり，角度もつけづらくなることから，相手は攻めにくくなる。また，低い打点では強打されにくくなるため，スライスショットの守備的効能はこのような場面では有効である。

守備的な場面でも，相手の観察を怠らず，予測しながら辛抱強くラリーを続けることが大切である。守備的な場面から中立的な場面に，または攻撃的場面に切り替わることもあるが，そのためには，相手ショットの予測と的確な対処が必要となる。また，相手の癖や打球の特徴に配慮し，展開の好転を意図して，じっくりと取り組むことが重要である。

3．指導の実際とその要点

ゲームに則した指導の一例として，ラリー練習においてお互いの役割を規定して，その役割を反復練習する方法がある。例えば，攻撃的場面での

図4-1　ファーストサービスのドリル

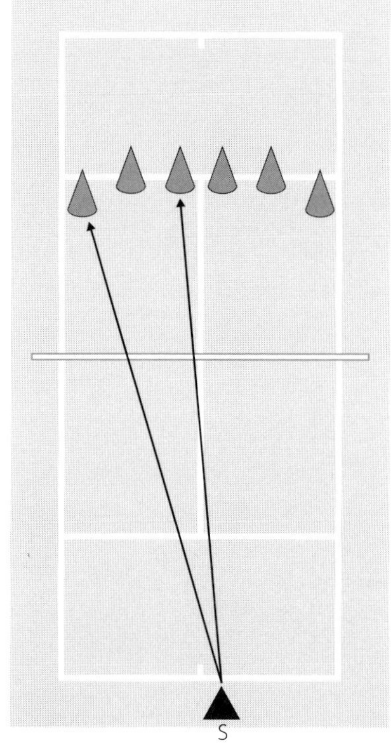

方　法

①サービスエリアにターゲットとしてコーン（大きすぎない）をワイド，センター，ボディーの3つのコースに設置する。
②ファーストサービスを行い，同じコーンに2回連続で当てる。
※同様に，6つのターゲットすべてに各2回連続で当てることができればよいが，プレーヤーのレベルに応じて課題を適宜設定する。

留意点

・ターゲットに命中した時のトスや打点の感覚を記憶し，続けて同様のトスや打点で打つことを意識する（安定したトスと打点の獲得をねらいとする）。

プレーを想定したプレーヤーAと守備的場面のプレーを想定したプレーヤーBとのラリーでは，移動範囲や打球方向およびその他の打球特性などを決めておき，攻撃的ショット対守備的ショットの応酬，または，そこから得点の場面までの実際の攻守のプレーを想定した練習などが可能となる。

この練習では相手の観察を含めた総括的な指導が可能であるが，指導者は，プレーヤーの状況判断や対処の的確さ，タイミングの良しあしなど，実際のプレー中の対応力を適宜指導する。例えば，不適切なプレーでは必ずプレーヤー自身に考えさせ，プレーヤー自らが適切な判断を下せるような

図4-2　セカンドサービス安定のドリル

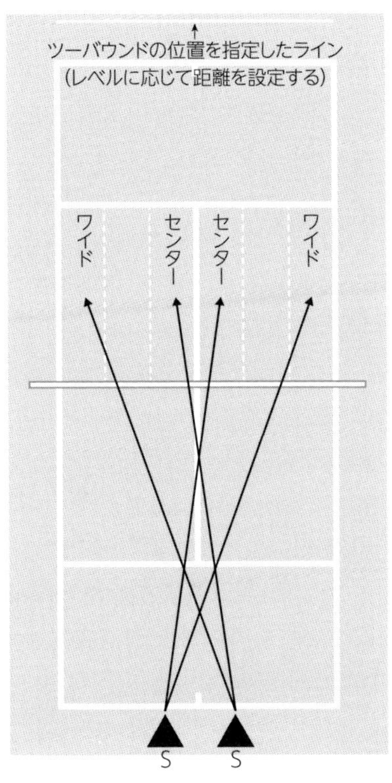

方 法

①デュースサイドとアドバンテージサイドに2球ずつ交互にサービスを行い，10球連続で入れる。プレーヤーのレベルに応じて難易度は以下の手順とする。
(a)サービスエリアに入ればOKとする。
(b)最後の2球はプレーヤーがコースを指定する（コースはワイドまたはセンターとする）。
(c)毎回，プレーヤーがコースを指定する。
②①と同様の方法を行うが，サービスの威力としてサービスのツーバウンドの位置を示すラインを設定し，課題に追加する。
(d)ツーバウンドの位置がベースラインより後方。
(e)ツーバウンドの位置が指定したラインより後方（ラインの距離設定は，プレーヤーのレベルに応じて適宜決める）。

留意点

・プレーヤーのレベルに応じて，難易度は①の(a)〜(c)と②の(d)，(e)の方法を組み合わせて，適宜アレンジする（連続して入れるというプレッシャーを与えることで，メンタル面の強化にもなる）。

図4-3　リターン的当てドリル

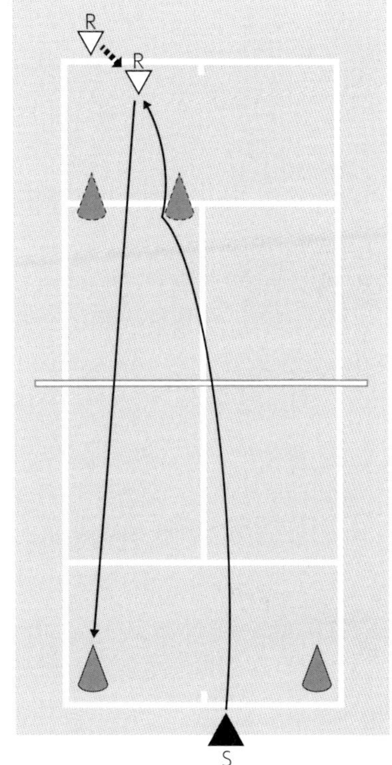

方 法

①サーバー側にターゲットとしてコーンを設置する（ターゲットは複数準備する）。
②サーバーはセカンドサービスをフルスイングで打球する（相手にコースは伝えない）。
③レシーバーはそのサービスをターゲットをねらって打球する。
※オプションとしてレシーバー側にもターゲットを設定し，レシーバーと競争させてもよい。

留意点

・レシーバーは，前方にステップインして打球する。

指導を心がけるべきであり，決して安易に指示するべきではない。また，プレーヤーは自分の不得意なショットに対しての認識が高まり，技術向上のための反復練習に対する姿勢や苦手なショットを克服するための意欲が向上する効果もある。例えば，相手のパッシングショットに対するローボレーの精度が低い場合などは，直ちにその状態が判明するため，ローボレーの反復練習につなげる。はじめに技術練習ありきではなく，プレーの内容からその必然性を見つけるほうが，練習の目的意

図4-4　ベースラインラリー安定のドリル

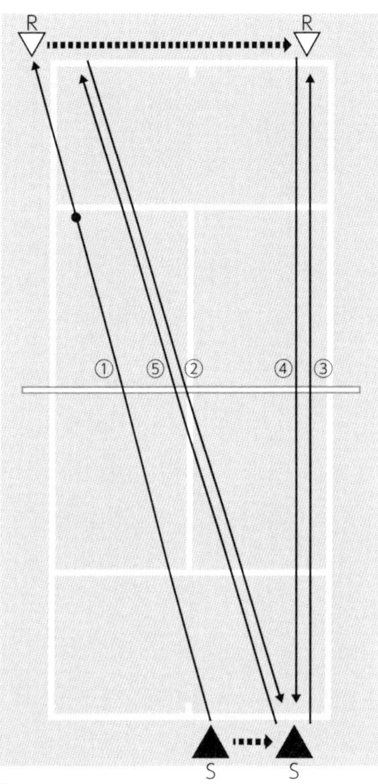

方　法

①サーバーはセカンドサービスを打つ。
②レシーバーは必ずクロスへ返球する。
③サーバーはストレートへ打球コースを変更する。
④レシーバーはストレートへ返球する。
⑤サーバーはクロスへ打球コースを変更する。
▶以降は，同様にコース変更を繰り返し，最低10球以上継続したラリーを行う。
▶浅い返球に対して，アプローチショットからネットプレーに展開してもよい。その場合パッシングショットはセンターへ打ち，ボレーさせる。その後は，フリーでプレーする。

留意点

・コース変更を行うサーバーは，必ずセンター付近にリカバリーすること。
・クロスコートへの角度をつけた返球は禁止する。
・多少のアウトボールはプレーを続ける。
・浅い返球に対しては前方へ動き，高い打点で攻撃的に打球する。

図4-5　ネットプレー対ベースラインの攻守ドリル

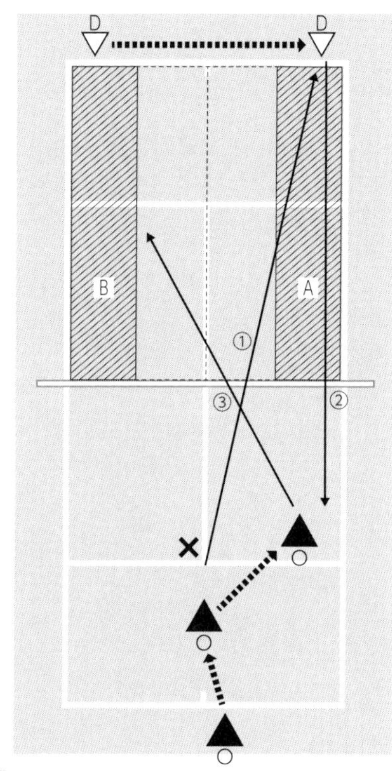

方　法

▶D（ディフェンスのプレーヤー）は，O（オフェンスのプレーヤー）にサービスコートの×の付近にバウンドするボールをフィードする。
①Oは，コートを縦に4分割したエリアのAまたはBへ強打でアプローチショットを打つ（Dのフィード位置が，デュースサイドの場合はAへ，アドバンテージサイドの場合はBへアプローチショットを打つ）。
②Dは，(a)パッシングショット，(b)センターへ沈める，(c)ロブの3つから選択して打球する。
③その後フリーでプレーする。
▶デュースサイドとアドバンテージサイドの両サイドで行う。
▶フリープレー後のポイントをカウントし，どちらかが3連続ポイントを獲得すれば，攻守の入れ替えを行う。

留意点

・Dは，フィードしたボールがバウンドするまではスタート位置から動いてはならない。
・Dのスタート位置は，レベルに応じて適宜変更する。
・アプローチショットは，スライスやドライブボレー（この場合フィードボールはロブとなる）を用いてもよい。

識の向上につながる場合も多い。

役割を想定したドリル練習は，試合中のあらゆる場面での応用が可能であり，指導者には日頃から戦術的指導への視点と創意工夫が強く求められる。

図4-1 ～ 4-5に練習ドリルの一例を紹介する。

［文献］
・公益財団法人日本テニス協会［編］（2015）テニス指導教本Ⅰ，大修館書店.
・国際テニス連盟（1998）ITF Advanced Coaches Manual.
・ITF Web Site TENNIS PLAY AND STAY，https://www.itftennis.com/en/growing-the-game/itf-tennis-play-and-stay/（2021年７月21日閲覧）
・ITF Web Site TENNIS TECH，https://www.itftennis.com/en/about-us/tennis-tech/（2021年７月21日閲覧）

4-2 ジュニアプレーヤーの指導

1．長期的視点によるパフォーマンス育成

テニスでは18歳以下のプレーヤーを「ジュニア」と呼んでいる。下限は特になく，4～6歳から指導を始めるのが一般的である。

1―長期的なパフォーマンス育成の現状

昨今の国際的なスポーツのパフォーマンスの向上（競技力向上）において，各国の統括団体や指導者は，長期的に競技者を育成するロング・ターム・デベロップメントモデル（Long-term Athlete development model：LTAD）（Balyi & Hamilton, 2004）を採用し，プレーヤーの育成に取り組んでいる（Ford et al., 2011）。このモデルは，身体の発育発達の側面を重視したもので，自然な成長と成熟の過程に対して，適切なトレーニング刺激を用い，その身体的な発達を加速させながら育成強化するという考えのものである（Ford et al., 2011）。これは，以前から提唱されている考え方であるとともに，青少年に対して競技結果を重視し過ぎていたことの指摘（Balyi & Way, 1995; Bompa, 1995）を踏まえ，科学的な根拠のもと，効果的なトレーニング方法を組み合わせて構築することで，幼少期から青年期にかけてのトレーニング負荷と競技のバランスが適切なものとなるよう試みたものである（Balyi & Hamilton, 2004; Harre, 1982）。

テニスにおいても同様であり，以前から発育発達に即した指導（Grosser & Schönborn, 2002；日本テニス協会，2002；2011）の重要性は指摘され，定説化している。しかしながら，テニスが早期の専門化が望ましい競技であることや，「10歳以下（U10）」，「12歳以下（U12）」，「14歳以下（U14）」といったユース世代のカテゴリーの部での早熟な

図4-6　テニスパフォーマンス発達過程：異なる発達過程の比較（Grosser & Schönborn, 2002, p.131を著者が和訳および改変）

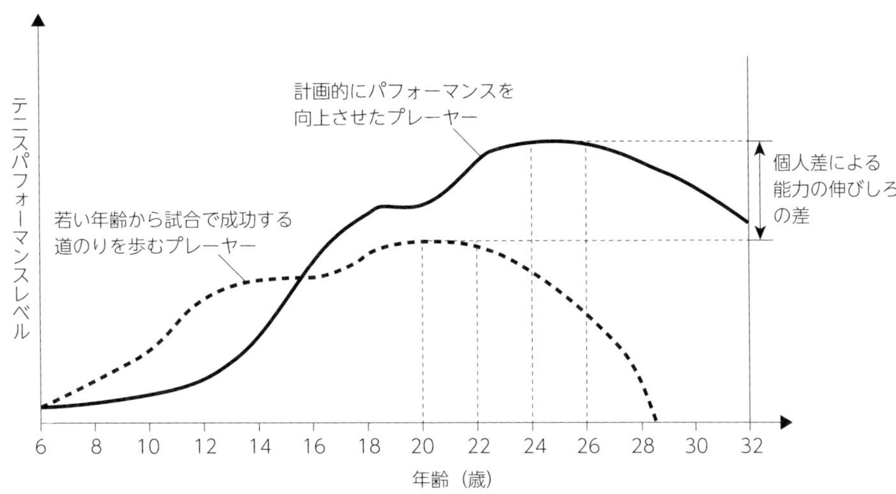

成果がさらなる競技力向上の活動を後押しすること，また，その際の経済的支援を得やすいことなどの社会的また経済的な価値を生み出すことから，適切な心身の発育発達を促すことや長期的な視点からスキルの発達を促すことを十分に実践することが難しい実状がある。

図4-6は，非常に若い年齢から試合で成功する道のりを歩むプレーヤーと遅くにパフォーマンス（競技力）を向上させるプレーヤーの視点から，テニスパフォーマンスの発達過程について示したものである。

前者はテニスを始めた早期から，将来を見据えたテニスパフォーマンスの熟達よりも，各年代での大会結果を追求するといった勝利主義や成績志向のもと，パフォーマンス向上を図ったプレーヤーである。14歳頃まではパフォーマンスレベルが高いものの，その後の向上は緩やかになり，停滞しがちである。これは，ほぼ10代で獲得したテニスパフォーマンスのみでは，次の高いステージで戦うには未開発な部分が多いためである。この未開発なパフォーマンスは，思春期前後の取り組み内容の差から発生することが多い。思春期前の子ども達は，体格，スピード，持久力，体力が比較的同等であり，全般的にボールの速度や回転量の幅も狭く，単調な配球になりがちである。そのため，「ミスを少なくする」といったシンプルな戦術により，勝利数は増加する。この勝利により，プレーヤーの自信はより大きくなり，その後も目の前の大会での勝利を最大目標とした取り組みを継続することとなる。また，このようなプレーヤーは，非常に若い年齢にもかかわらず，週に多くの時間をテニスに費やし，年に何度も大会に出場していることから，すべての基本的なトレーニングに取り組むことや基礎的な知識を学ぶことが時間的に困難な状況にある（Grosser & Schönborn, 2002）。つまり，大会で勝つことに多くの時間を割いているため，総合的なテニスパフォーマンスの向上に必要となる，①コーディネーション，②身体の機能性，③体力・運動能力といった身体面の準備はもちろん，将来求められる④多様な技術，思考力を含んだ⑤多様な戦術のトレーニング，そして，プレーヤー自身の向上と改善のために辛抱強く各種のトレーニングに取り組むための⑥精神力の養成を欠いてしまう。これにより，高いパフォーマンスを要求されることへの準備ができていない状況となり，14歳以降におけるパフォーマンス向上の幅は小さく，けがも含め，能力の高いレベルを長く維持できないこととなる。

一方で，辛抱強く，長い時間をかけて計画的にパフォーマンスを向上させたプレーヤーは，13～14歳頃までのパフォーマンスの向上は比較的ゆっくりとしているものの，14～15歳頃になると，それまでの計画的なトレーニングにより得られた優れた身体的・技術的基盤のもと，パフォーマンスの向上だけでなく，けがをしにくく，回復も早い，また精神的にも強いプレーヤーとなり得る（Grosser & Schönborn, 2002）。

2―テニスパフォーマンスの育成と発育発達の関連性

ジュニアプレーヤーの指導の際には，早期のバーンアウトやドロップアウト，また早期のパフォーマンス低下は，非計画的な育成過程を経た場合に起こりやすく（Grosser & Schönborn, 2002），これらを防ぎながら，よりパフォーマンス向上に臨み，高いパフォーマンスを長く維持できるプレーヤーを育成することが望まれる。そのためには，長期的視点を持ち，計画的に育成することが大切である。

1―身体の発育発達過程

各種のトレーニングに対して，子ども達は成人とは明らかに異なる身体的な反応を示すことから，過剰な負荷をかけないように留意する必要がある（Brewer, 2018）。身体の発育発達の様相（図4-7）では，運動能力の開発や専門的なスキルの習得に関係する神経系の発達は14歳頃までに成人と同レベルまで発達するのに対し，骨や筋量，臓器などの発育発達の度合いは成人レベルに達していないことを十分に理解していかなくてはならない。身体の発育発達の過程における要点を以下にまとめる。

[神経系の発達]

5・6歳頃から12歳頃までに勢いよく発達し，

図4-7　身体と精神の発育発達過程（Grosser & Schönborn, 2002, p.38を著者が和訳および改変）

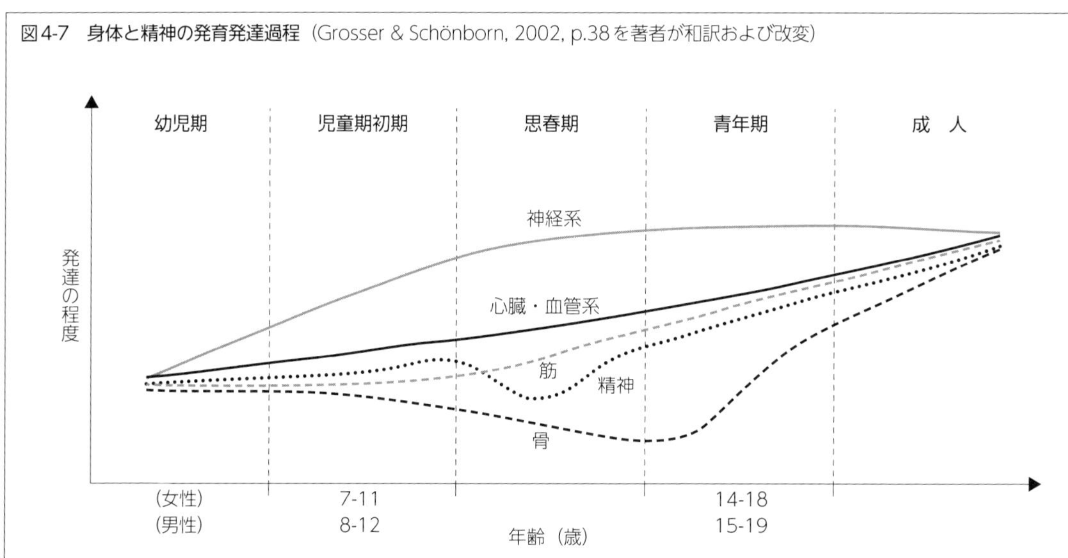

14歳頃には成人とほぼ変わらない程度まで発達することから，様々な運動体験により身体の動作スキルの習得が望まれる。

[筋量の発達（体重あたりの割合）]（Grosser & Schönborn, 2002）

4～6歳：約20%
7～10歳：約23%
10～12/13歳：約25～28%
12/13～14/15歳：約30～35%
14/15～16-19歳：約33～45%

[骨格の発育発達]

骨の成熟過程は複雑である。思春期において急速な伸長が見られるものの，その後停滞もしくは低下し，骨量および骨密度は遅れて増加する。このことから，骨全体の成熟は思ったよりも時間を要する。

2―「身体の機能性」の獲得

スキルの習得には多くの反復練習が必要である。しかしながら，ジュニアプレーヤーにおいては，練習量の過多による障害が起こりやすい。長い時間のトレーニングや反復練習による同じ動作の繰り返し，また疲労した状態での負荷の蓄積は，肩，腰部，脊柱，膝，足首，足部，手首などのオーバーユース障害につながる。成長発育期のプレーヤーは，骨や軟骨の脆弱性（軟骨部分が多く，力学的ストレスに弱いなど）と軟部組織の過緊張（関節を構成している靭帯は骨より強い，筋肉や腱の柔軟性が大きい，骨と関節の発育に対して不十分な筋力）といった特徴がある（日本スポーツ協会，2018）。

ハイパフォーマンスレベルを目指すジュニアプレーヤーにおいては，これらの特徴とオーバーユースの影響を考慮し，ある箇所への集中的な負荷や過度な負荷をかけず，無理のないトレーニングを設定する必要がある。また，各打球動作のみならず，走・跳・投などの基礎的な運動動作において，身体構造的に無理のない合理的・機能的な動作を獲得することと，その基盤となる柔軟性や関節の可動性および安定性といった「身体の機能性」を獲得することが，低年齢から求められる。

3―エネルギーと栄養の摂取

ジュニア期では，練習量の増加や遠征が続いた際に，すぐに体調をくずしてしまうといったことも見受けられる。この原因として，エネルギーや栄養素の摂取不足が考えられる。一般的に成長期には，その日のトレーニングによるエネルギー消費量の他に，筋肉や骨，内臓といった組織増加分および免疫系の発達のためのエネルギーと栄養の摂取が必要となる（日本スポーツ協会, 2018；Grosser & Schönborn, 2002）。そのため，練習量の増加に伴うエネルギー消費量の増加や，遠征先での食環境の変化によるエネルギーと栄養摂取量の不足は，体調をくずすことはもちろん，集中力の低下などの心理的な問題を引き起こし，けがをしやすい状況にも陥りやすくなる。指導者と保護者は，健全な身体の発育発達のために，ジュニアプレーヤーへの食育が重要となる。

3―ハイパフォーマンスなテニスを目指すための長期的視点

ITFや日本テニス協会（JTA）は，これまでも一貫指導プログラム（『テニス指導教本Ⅰ』p.255参照）として，各年齢期におけるトレーニングガイドラインを提示し，長期的な展望を持ち発育発達に見合ったトレーニングを段階的に指導することを啓蒙してきた。ここでは，より競技的なプレーヤーを育成するための長期的視点における一般的な考え方や基準を示す。

図4-8　動作スキルに関するパフォーマンスピラミッド

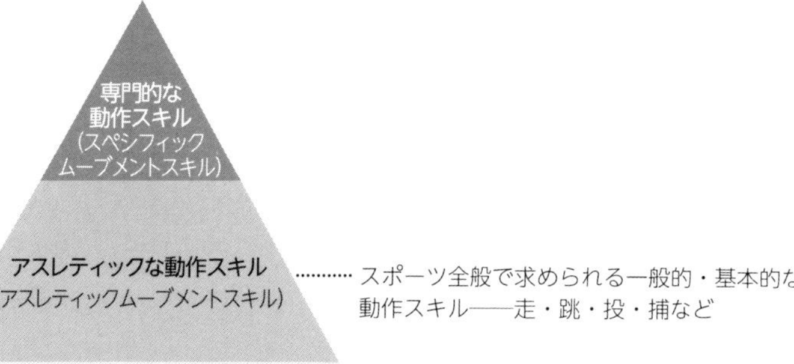

1―動作スキルの高いプレーヤーを目指す

理想的なハイパフォーマンスなテニスを展開するためには，技術的，心理的，体力的，戦術的といったそれぞれの側面から考えていくことは重要であるものの，常にそれらが相互的に関連し合う，複雑的また複合的な視点のもと考えていくことがより重要である。そのような視点に基づいた際に，スポーツパフォーマンスにとって生命線となるのは，戦術的課題を解決するためのスキルであり，そのスキル発揮のための動作の出来映え，つまり動作スキルが重要となる。プレーヤーは，様々な状況での課題達成につながるようにこの動作スキルを高めること，また，エネルギー効率や経済性の面からも動作スキルを高めることが求められる。理想的なハイパフォーマンスなテニスを展開するためには，このような動作スキルに着眼したパフォーマンスピラミッド（図4-8）を強固に築きあげることが重要である。

動作スキルのパフォーマンスピラミッドに即して考えた際，専門的な動作スキルであるテニスの各打球動作やフットワークは，走る，跳ぶ，投げる，捕るといったアスレティックな動作スキル（多くのスポーツ種目に共通する一般的・基本的動作のスキル）の応用，また組み合わせなどの複合的な形で発揮される競技に特異的なスキルといえる。また，アスレティックな動作スキルは，生活や運動における基礎的な動作スキルを，スポーツ場面で効果的になるように応用することが求められる。この基礎的な動作スキルは，「平衡系」「移動系」「操作系」のスキルとして分類できる（表4-1）。

運動学習の原則では，動作の獲得はすでに学んだ動作の上に成り立つとされていることから，生活や運動における基礎的な動作スキルとアスレティックな動作スキルの熟練の程度が，テニスの動作スキルを高める際のトレーナビリティ（伸びしろ）を広げることにつながる。基礎的な動作スキルとアスレティックな動作スキルを獲得し習熟することは，多様な運動感覚を獲得することにもつながる。その多様さは，様々なスポーツ・運動場面に適応するために，様々な感覚や動きを絶えず調整できる能力である「コーディネーション」の発達を大きく促すこととなり，より複雑なスキ

表4-1　基礎的な動作スキルの分類（Brewer，2018，p.3；日本スポーツ協会，2018，p.31；体力科学センター，1980を参考に作成）

スキルの分類	定　義	動　作　例
平衡系の動作 Stability （安定性）	・身体各部位の位置関係を把握してバランスを変える能力。 ・静的あるいは動的なバランスを維持したり回復するといった姿勢制御のスキル。移動系スキル，操作系スキルの基礎。	立つ・立ち上がる，転がる，起きる・起き上がる，渡る，かがむ・しゃがむ，回る，乗る，ぶら下がる，寝る・寝転ぶ，逆立ちする，乗り回す，浮く
移動系の動作 Locomotion	・ある地点から他の地点へ身体を移動させるための全身運動。 ・垂直方向，水平，回旋方向への移動を含む。	登る，下りる，よじ登る，滑り下りる，跳ぶ，跳び下りる，跳び越す，歩く，はう，滑る，スキップ，走る，泳ぐ，ギャロップ，水平ジャンプ，くぐる・くぐりぬける，とまる，かわす，もぐる
操作系の動作 Manipulation	・大きく身体を使って操作するスキル。 ・外的な物体に力を加える，もしくは吸収する（物体から力を受ける）スキル。	持つ・持ち上げる，運ぶ，支える，押す，引く，漕ぐ，下ろす，積む，捕る，受ける，投げる，蹴る，突く，打つ，転がす，倒す，振る・振り回す

ル発揮，つまり「巧みさ」や「動作の豊かさ」をもたらす。

しかしながら，早期専門化の傾向が強いテニスでは，基礎的な動作スキルやアスレティクな動作スキルの獲得と習熟が不十分なうちに，テニスの専門的な動作スキルを獲得し，洗練する過程を経ることが多い。これにより，運動感覚が単一的になり，部位や動作ごとに感覚を分化できず，「コーディネーションの未発達」といった問題が生じる。これが，将来必要となる技術修正を困難にする他，多様な状況下での戦術課題解決に必要となる複雑な身体運動のコントロールをも困難にしてしまう。

コーディネーションの発達（様々な動作や感覚の協調性の熟達）には，運動の経験量が影響していることからも，幼少期に様々な基礎的な動作やスポーツを十分に経験し，動作スキルを発達させることが求められる。

2—各年代におけるトレーニングの段階性

理想的なパフォーマンスピラミッドを獲得するとともに，優れたプレーヤーとして成長を続けていくためには，発育発達における成長過程の特徴を十分に考慮しながら，効果的なトレーニングを積み重ねる必要がある。図4-9はそのための各年代におけるトレーニングの方向性を示したものである。

①総合的な土台づくりの段階

2～6歳頃においては，多くの形式的な指導や練習は必要ではない。家庭や学校といった日常生活や遊びの中で，初歩的な基礎的動作スキルの習得と，身体を動かすことの楽しさを体感することが重要である。そのためには，トレーニングというよりも遊びを追求する中で，意欲的な取り組みと多彩な運動体験を求めることが大切である。

最初はぎこちない動きであっても，徐々に無駄な動きや過剰な動きが減り，その後動作のおおまかな形態を獲得する。正確性のある成熟した動きには至らないことを踏まえておく必要がある。

②基本トレーニングの段階（ベーシックトレーニング）

6～10歳頃においては，基礎的な動作スキルの習得を継続的に行い，その強度を高めていくことが求められる。神経系の発達が著しい時期であることから，「平衡系の動作」と「操作系の動作」に関わる能力を習得し，磨くことはもちろん，アスレティックな動作スキルの習得にも取り組むべきである。しかしながら，早期に神経系が発達する一方で，小さな動きを制御するための小筋群は大筋群に比べて遅く発達することから，熟練度は

図4-9　ハイパフォーマンスを目指すための長期的視点における育成（Grosser & Schönborn, 2002, p.131を改変）

段階	総合的な土台作り	基本トレーニング Play & Stay	トレーニングの増進 競技志向の芽生え	ハイパフォーマンスへの接続 ジュニアアスリート	ハイパフォーマンストレーニング シニアアスリートへの移行
大きなテーマ		テニスに必要な運動能力の開発	テニスに必要な運動能力とテニス技術の開発	個性の伸長と戦術，心理的スキルの養成	テニスに必要な運動能力とテニス技術の完成度の追求
キーポイント		コーディネーション	技　術	コンディション／競技	
開発すべきポイント		打球技術における正しい動作スキルの開発 バリエーションに富んだ打球スキルの開発 戦術的状況の理解 自ら考える力の開発		パワーテニスへの移行・テニススキルの完成度の追求 戦術的バリエーションの増加 攻撃的なテニスの理解と実践 個人のゲームスタイルの確立	
トレーニングに取り組む際のポイント	・総合的な基礎運動能力につながること ・遊び場でのゲーム（制約のない自由さ）	・アスレティックな動作スキル ・コーディネーション ・テニススキルの基礎	・正しい打球動作 ・完成度の高いスキルの追求 ・スピード ・筋力 ・持久力	・コンフォートゾーンの拡大 ・サービスとリターンを重視したプレー ・パワー ・無酸素性持久力	

パフォーマンスレベル

総合的な筋力トレーニング

基礎的な持久力トレーニング

2　4　6　8　10　12　14　16　18　20　22　24

年齢（歳）

低くなる。

また，この時期に，テニスの基本技術を習得する必要がある。それはテニスの打球動作やフットワークを反復練習し，素晴らしいフォームを獲得するということではない。単純な動きから複雑な動き，あるいは動きを組み合わせた一連の動きの中で，反応の速さや動きの素早さ，そしてバランスやリズミカルな動きに取り組ませながら，テニスに必要なハンド・アイ・コーディネーションやフット・アイ・コーディネーションの向上を図ることが重要である。テニピンやPlay & Stayによる練習も効果的な時期である。

③トレーニングの増進の段階（ビルドアップトレーニング）

この段階は，10～14歳の成長期前期から中期にあたる。テニスへの専門化として一歩目の段階であり，競技志向が芽生えるとともに後のパフォーマンス向上に大きく関わる段階である。この段階で誤って習得した技術は，将来的に修正することはほとんどできない（Grosser & Schönborn, 2002）。そのため，基本的なテクニックの質を追求することが求められる。それは，すべての打球技術の基本的な形を確立するとともに，もちろんボレーが活用でき，スライス，トップスピン（厚いあたりのトップスピンも含む）など回転の活用，そして，サービスに関して2種類以上の回転を打ち分けることができるといったことである。

この段階の後半では，テニスの特異的な要素が徐々に重要になってくるが，アスレティックな動作スキルのトレーニングの重要性が低くなるわけではない。テニスの各トレーニングの中にアスレティックな動作スキルを織り混ぜ，前の段階で身につけた様々な動作スキルをさらに応用的に展開し，より巧みに洗練された動作を遂行できるように発展させたい。

また，各打球技術においても運動連鎖を伴った技術発揮ができるスキルの獲得が目標となる。そして，５つのゲーム状況（①サービスをする時，②サービスを返す時，③２人ともバックコートにいる時，④自分がネットにつこうとしているか，またはすでにネットにいる時，⑤相手がネットにつこうとしているか，またはすでにネットにいる時）（『テニス指導教本Ｉ』p.7参照）を理解した上で，「相手を動かす」「ラリーを続ける」「自分でラリーをフィニッシュする（決める）」といったゲーム性を意識したプレーの向上が求められる。

また，プレーヤーとしてのメンタリティや考え方を養成するためには，この段階から自分のことは自分ですることや，他者と物や時間を共有することにより他者との協調と尊重を学ぶことが重要である。そして，指導者は，他者との比較を強調し過ぎず，「自分はできる」という有能さや，「努力すればできるようになる」といった自己効力感が向上するように働きかけ，プレーヤー自身が勝負の楽しさだけでなく，上達の楽しさ，そしてスポーツ自体の楽しさを味わえるようになることが重要である。

④ハイパフォーマンスへの接続の段階（コネクショントレーニング）

この段階は，14～16歳の成長期中期から後期にあたる。将来のハイパフォーマンスレベルでプレーするために重要なステップであり，具体的には，パワーテニスへの移行と大会への参加の重要度が増すことである。

この段階での発育発達における要点は，個人差はあるものの，PHV（Peak Height Velocity）年齢[注1]を過ぎ，その後のPWV（Peak Weight Velocity）年齢[注2]を迎え，身長（骨組織）の増大と筋量を含んだ除脂肪体重も増加し、より大人の身体に近づくことである。これらにより，障害の危険が軽減され，さらに高いトレーニング負荷に耐えられる身体となるため，あらゆる面でのトレーニングが可能になる。

トレーニングの中では，①パワーとスピードがある動作を獲得しながらも，②正確で再現性の高い打球ができるように動作スキルを習熟させていくこと，③個人のゲームスタイルを作ること，④攻撃的なテニスを目指しながら戦術的なバリエーションを増やすことが重要となる。

また，この段階の前期は，発育発達との関連で基本的な持久力トレーニングが効果的な年代であることから（日本テニス協会，2018），定期的なトレーニングや年２回は６～８週間のまとまった持久力トレーニングを実施することも重要である。

15・16歳のカテゴリーでは，試合経験を積むことが大切である。大会への参加が大幅に増える中で，プレーヤーの個性を伸ばしながら，それぞれが持つ技術を個人のゲームパターンに適応させ，戦術的な能力を完成させることが求められる。そのためには，①試合を分析し，プレーヤー個人の特徴を明確にしながらトレーニングを進めること，②試合と同じような状況を設定しトレーニングすること，またサービスとリターンの重要性が増してくることから，③サービスやリターンからラリーをコントロールできるように，サーブ＆ボレー，サービスからの攻撃的なベースラインプレー，攻撃的なリターンなどのバリエーションを学ぶことも必要である。

加えて，切磋琢磨できる対戦相手が多いほど，試合の中では困難な状況が増加してくる。よって，それを解決できる技術と戦術が求められるとともに，試合の運動強度が増すため無酸素性の持久力の向上の他，過酷な状況で自己をコントロールするための試合中の心理的スキルの向上が求められる。このような多くの事柄に取り組み，様々な環境へ対応する力，様々なプレータイプへ適応する力，そしてツアートラベリングを通して，ハイパフォーマンスプレーヤーへの準備として正しい習慣を身につけさせたい。

⑤ハイパフォーマンストレーニングの段階

身体の成熟度は，個別差はあるものの16歳から19歳でピークに達する。この段階では，大会への参加が大幅に増加しているため，トレーニング時間や休息時間の設定など，これまでのトレーニングサイクル全体を見直し，参戦しているツアースケジュールに適応させることが求められる。技術トレーニングはもちろん，身体づくりおよび体力維持のための体力トレーニングは，試合内容やコンディションを把握しながら，大会期間中も実施する必要がある。将来，過酷なツアーにおいて体力トレーニングに継続的に取り組むためには，14歳頃からの遠征や大会において習慣化することが望まれる。

また，ジュニアからシニアのテニスへ移行することに関して，多くの人はシニアで通用するパフォーマンスを計画的にトレーニングすることよりも，ランキングの向上を追い求めがちである。しかしながら，未熟なプレーヤーが成熟したプレーヤーに打ち勝っていくためにはある一定の時間は必要である。特にこの段階では，時間をかけて，新しい相手との対戦に伴うプレッシャーや対戦する相手の様々な巧さを理解することや，テニスの多くのバリエーションを理解することなど，シニアツアーで適応できるテニスプレーヤーとして，心・技・体・知すべての側面において成熟することが求められる。

注1：PHV年齢
思春期の縦断的研究において，身体成熟の指標として最も後半に使われている。身長が最大発育速度を示す年齢のこと（マリーナとブシャール，1995）。

注2：PWV年齢
体重が最大発育速度を示す年齢のこと（マリーナとブシャール，1995）。

4―長期的育成プラン作成に必要な考え方

理想的なプランとしては，プレーヤー個人により成長速度が異なることを考慮し，PHVやPWV，また最終予測身長に対する現在の身長の成熟度といった客観的な生理学的指標から，プレーヤーの成長段階を把握し（バイオバンディング：Cumming et al., 2017），トレーニングプログラムを処方することが望まれる。

しかし実際には，本節で紹介している図4-9のように，長期的育成プランの多くは，プレーヤー全体を考慮することが容易な「年齢」をベースにしたものが多い。それは，２歳ごとに区分されるカテゴリーの要因，トレーニング時のグループやチーム編成における人数の要因，そして学校の就学システム（①小・中・高の在籍期間〈６年・３年・３年〉，②学期制度〈１学期・２学期・３学期，前期・後期など〉）といった社会環境要因を考慮した際，年間計画や練習のプログラムの立案は，年齢や学年を基準としたほうが容易であることが考えられる。

テニスパフォーマンスの高度化が進む昨今において，指導者は，プレーヤーの発育発達の様子と上記の社会的要因を大局的に分析し，プレーヤーに適切なプランを立案できるスキルが求められる。

2．ジュニア時代に開発すべきスキルと考え方

12歳以下から16歳までのプレーヤーに対して，それぞれのカテゴリーで開発すべき要素とそのポイントは，右の①から⑧となる。12歳以下と，13歳から16歳のカテゴリーの大きく2つに区分している。それぞれの項目について，12歳以下では完成を求めず，理解とおおまかな習得が望まれ，その後，13歳から16歳においては，成長期を挟みながらプレーヤーの発育発達の状況やスキルの習得段階に応じて段階的に完成形を追っていくこととなる。

また，各種トレーニングの際には，次のことを意識する必要がある。

▶テニスは相手や環境への対応が求められるオープンスキルが重視されるスポーツである。しかし，技術の向上や修正をねらいとした技術トレーニングの際には，対応事項を少なくし，自身の動作に意識を集中させるといったクローズドスキル的な状況の設定が必要な時もある。

▶習得した技術を試合の中で十分に発揮できるように適応させるため，常に試合で起こり得る様々な状況に対応できるよう，ゲーム・ベースドの意図のもと，トレーニングを設定する必要がある。

▶複雑性が増したトレーニングを設定するには，意識を向けるポイントを明確にしながら取り組むこと，プレーヤーのレベルやトレーニングに計画性を持たせ，様々な状況やスキルのバリエーションをまんべんなくトレーニングすること，また，トレーニングのポイントを段階的に設定することが必要となる（図4-10）。

[12歳以下（PHV前）のプレーヤーに対して開発すべきポイント]

①打球技術における正しい動作スキルの開発
②バリエーションに富んだ打球スキルの開発
③戦術的状況の理解
④自ら考える力の開発

[13歳から16歳（PHV以降）のプレーヤーに対して開発すべきポイント]

⑤パワーテニスへの移行とテニススキルの完成度の追求
⑥戦術的なバリエーションの増加
⑦攻撃的なテニス（時間と空間）の理解と実践
⑧個人のゲームスタイルの確立

1—打球技術における正しい動作スキルの開発

各打球技術における身体の各部位を正しく協調的に動かせるコーディネーションの開発は，12歳以下のプレーヤーに対して最も優先されるべきポイントである。ここでいうコーディネーションとは，動作の正確さと効率の良い動作である（ショーンボーン，2007）。これは，機能的な身体の使い方，つまり無駄のないスムーズな動作，かつ正確な動作，そして打球の精度を伴うようにすることである。そのためには，前述の基礎的な動作スキルとアスレティックな動作スキルの向上はもちろん，各打球技術のフットワークといったテニスの特異的，専門的な動作スキルを高められるようにトレーニングに取り組む必要がある（図4-8，表4-1）。

その際に，最も重要になるのが「運動リズム」である。運動リズムとは動きのコツのひとつであり（金子・朝岡，1990），また，ある動きの速度の抑揚と，その際の力加減から生まれる動作の特徴的な流れのことである（ショーンボーン，2007）。身体の発育発達に伴う打球動作の習熟度

図4-10　スキル特性から見たトレーニング段階とそのポイント例

クローズドスキルの要素大
オープンスキルの要素小
（対応事項少ない）

〈技術トレーニング〉
□リズム
□動作の正確性と再現性
□ショットのバリエーションと再現性

〈シチュエーショントレーニング／スッテプ1〉
□スキル習得（技術の正確性と再現性）のためのエリアとポジションの設定
□技術のバリエーションを習得するための状況の設定
□体力的要素を盛り込む
□ゲーム状況の設定（サービス場面，リターン場面，ニュートラル局面，攻撃局面，ディフェンス局面）
□ショットのコンビネーションの意識が持てるような設定

〈シチュエーショントレーニング／スッテプ2〉
□予測，判断，反応
□コンセプト（戦術展開の目的）に沿ったプレーの反復
□1ポイントの中でいくつかの戦術を組み合わせる

〈マッチトレーニング〉
□相手のゲームスタイルによって戦術を判断・変化させる
□環境によって戦術を変化させる（コートサーフェス，スコア，風など）

クローズドスキルの要素小
オープンスキルの要素大
（対応事項多い，複雑的・複合的）

について考える際，股関節の屈曲位からの伸展動作や体幹の回旋動作といった各部位の動作の習熟度合いは，プレーヤーの発育発達との兼ね合いもあるものの，15歳程度で大人の動作のおよそ80％程度の動作として習熟していると考えられている（Elliott & Reid, 2011）。そのため，身体が成熟していない子どもの筋力レベルでは，残りの20％の習熟を目指して大人と変わらない動作を獲得・修正することは，けがのリスクを高める。このことから，反復練習により，正しいフォームや大人と変わらない動作の獲得および修正を試みたとしても，子どもの筋力などの問題から現実的ではなく，けがのリスクを高める。一方で，前述の運動リズムは，多くの成功したプレーヤーの幼少期のプレー映像からもわかる通り，幼い頃のグラウンドストロークリズムとシニアでのグラウンドストロークリズムはほぼ変わらない。このような点から，テニスを始めた早期から取り組むべきポイントとして，運動リズムに焦点をあてたトレーニングは重要であり（Elliott & Reid, 2011），この取り組みの中で，正しい動作による再現性と効率の良い動作の獲得をねらうことが大切である。

[グラウンドストロークの動作のリズムを段階的に習得する方法]

プレーヤーの動くエリアを狭めてのストローク練習が効果的である。動くエリアとしては，プレーヤーが両手を広げた範囲が適当である。グラウンドストロークのリズムの構築が目的なので，その他の事項に注意力が逸れないようにプレーヤーを動かすことや，プレーヤーへ送るボールにバリエーションを与え過ぎないことなどが重要である。プレーヤーが意識する項目が多くなると，一連の動作が複雑になってしまい，ストロークのリズムからプレーヤー本人の注意力が逸れ，一定のリズム（動作パターン）を習得することが難しくなる。

一方で，リズムを習得する際にも，必ずターゲット（的やエリア）を設定したい。プレーヤーは初期の段階からねらったところに打球するという意識のもと，ターゲットに打球するための「正しい動作」とその「動作の正確性」を習得するために，グラウンドストロークの運動リズムに注意を向けるという意識づけが重要である。

プレーヤーの習得段階に応じて，プレーヤーの意識することを一つひとつ増やしていくことで，最終的には，多様な状況かつプレッシャーのかかる状況下においても，リズム良くねらったところに正確に打つことができるようになる。

2―バリエーションに富んだ打球スキルの開発

様々な状況設定をしたトレーニングに取り組み，各打球技術におけるバリエーションの習得を目指す。バリエーションとは，打球位置，打球タイミング，打点，球種やスピード，方向，深さ，弾道などの適切な打ち分けのことである。将来的に求められる攻撃的なテニス（プレーヤー自身でラリーをフィニッシュできる）につながるよう，特にコート内でのバリエーションの習得が望まれる。実際には図4-11のA，B，Cの各プレーエリアにおいて，それぞれのエリアで必要な技術のトレーニングと，各技術にバリエーションを持てるようにトレーニングすることが求められる。

[バリエーションを高めるための各エリアでのトレーニングのポイント]

①状況に適したスタンス
②状況に適したタイミングの変化
③状況に適したボールコントロール（高さ，速さ，方向，回転，深さ）
④状況に適した切り返しの動作の多彩さ

各エリアで上記のポイントを意識しながらトレーニングすることで，ターゲットをねらうスキルを習得できるだけでなく，コート内での位置感覚が高まり，そのポジションでのプレーに快適さが生まれ，その結果，エリア内の様々なポジションでプレーする際の不安の解消につながる。この

図4-11　バリエーションの開発が求められるプレーエリアと各エリアでのプレーに必要な技術とバリエーション

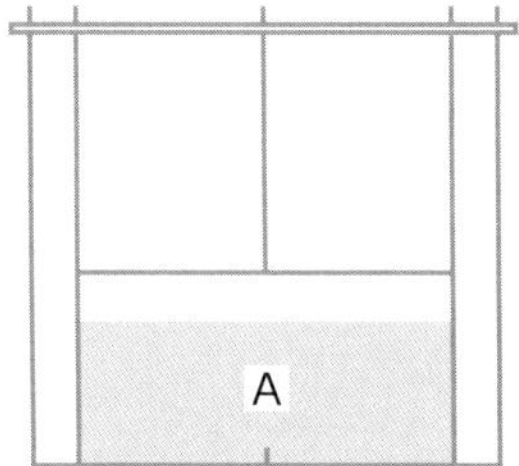

●Aエリア
〈ベースライン内での攻撃的なショットの開発〉
・グラウンドストロークの多彩さ（ライジング，ハーフバウンド，高い打点とバウンドのトップ：肩から目線の高さ）
・ドライブボレー

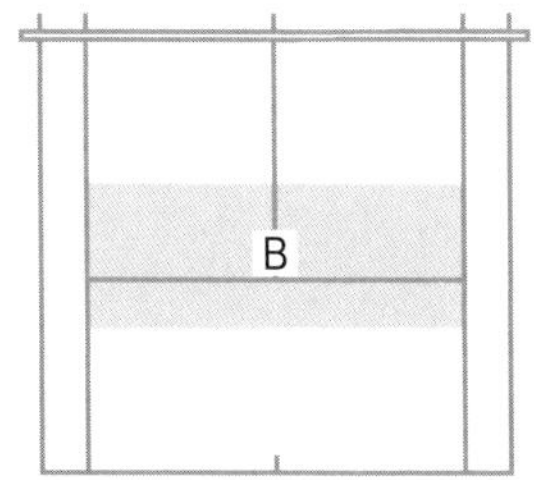

●Bエリア
〈サービスライン付近での攻撃的なショットの開発〉
・ドライブボレー
・カットボレー
・チャンスボールの処理

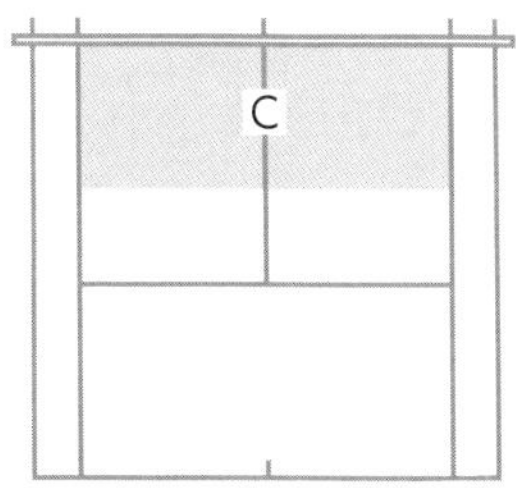

●Cエリア
〈ネットプレーの開発〉
・飛びつくボレー
・ミドルボレー
・ハイボレー
・ドロップボレー

ように様々なポジションに慣れ親しむことは，12歳以下のプレーヤーにとって大変重要な要素となる。

3—戦術的状況の理解

10～12歳頃から，次の3つの戦術的状況を理解できるようにトレーニングすることが求められる。図4-12は戦術的理解を促すためのイメージである。

1—ニュートラル(中立的)な状況

この状況でプレーする際は，相手がコートの中に入って打球するなどして自分との距離を詰めることができないように，コーンよりも奥側をターゲットとして深さを強調すること，そして，コーンの間をターゲットとして打球コースの角度をつけないことにより，相手も角度をつけることができないようにすることが目的である。

プレーのポイントとしては，打球の高さ，回転量などによるボールの軌道や打球のタイミング，打球速度をコントロールし，またペースやテンポをコントロールすることであるが，具体的な戦術的課題としては,「相手を後ろに下げる」「浅いボールを打たせる」「ミスを減らす」「ロングラリーに持ち込む」「自分のリスクを減らしながら相手をくずす（多彩な変化のあるボールの打球で，相手のミスショットを誘う）」などが挙げられる。

2—アタック(攻撃)の状況

この状況でプレーする際は，相手との距離を縮め，相手の時間的余裕や空間的余裕を奪うことが目的となる。特にコートの中で打球することは，物理的に相手との距離を縮められることから，時間的余裕を奪うことができるだけでなく，打球できるエリアが広がり，角度をつけて打球することができ，相手が余裕を持ってプレーできる範囲の外で打球させることが可能となる。体力的に乏しい12歳以下においては，スピードボールで相手の時間を奪うプレーをトレーニングするのではなく，このようなテニスの戦術的特性の理解を促進できるようにトレーニングすることが重要である。

図4-12　3つの戦術的状況のイメージ

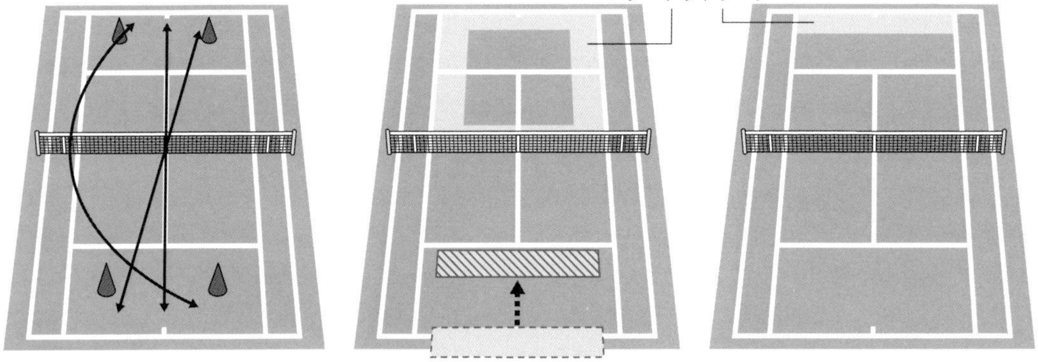

〈ニュートラル〉　〈アタック〉　ターゲットゾーン　〈ディフェンス〉

〈ポイント〉
- ▶角度をつけず（コーン内），深いボールを意識する(コーンの奥)。
- ▶様々なボールやタイミングにより，ペースやテンポをコントロールする。

〈ポイント〉
- ▶ポジションを相手に近づけ，時間を奪う。
- ▶角度をつけるために，ライン近くにボールをコントロールする。

〈ポイント〉
- ▶強さ，回転量の多さ，高さを意識してボールをコントロールする。
- ▶深さを意識する。

3—ディフェンス(守備)の状況

この状況でプレーする際は，薄いあたりのトップスピンでのループボールではなく,「Heavy（回転量の多いボール)」「Hard（ボールを十分につかまえたインパクト感のあるボール)」「High（高い弾道のボール)」の３つを満たすことを意識して，質の高いボールを返すことが重要である。このボールを用いることによりプレーヤーは「攻撃的な守備」について理解することができる。

4—自ら考える力の開発

自ら考える力を開発するために，プレーヤーが戦術的なパターンの習得や様々な状況において正しい判断（ショットの選択とターゲットの選択）ができるように，指導者は様々な状況を設定し，トレーニングさせることが求められる（図4-10：シチュエーショントレーニング／ステップ１・２)。

指導者はプレーヤーに対して，これから「どのような状況でトレーニングするのか」と，その「ゴール（目標と目的)」を伝えること，そして,「How to（行動の仕方)」や「the way（具体的な手段･方法)」はあえて伝えないことが大切である。つまり，答えを教えず，その状況をどのように解決して目標に到達するかを，プレーヤー自身が作り出すことで，問題解決能力や修正能力を開発していくことが一番の目的である。

指導者は，プレーヤー自らが目標を達成していく過程を我慢強く見守り，プレーヤー自らが「Why（なぜ）？」を考えること，それに対して「Try & Error（試行錯誤)」を重ねることに面白さや楽しさを見出せるように，必要なタイミングで「この状況での課題は何か？」の確認や「どのようにしたらよいか？」といった質問により，プレーヤー自らが解決策を導き出せるよう手助けをしていくことが重要である。

また，開発されたスキルや戦術を次の５つのコンセプトを持ってプレーできるようにしたい。それは，これらが試合の各ポイントで目的を持ってプレーする意識の養成と，自分のできることと相手のできることを常に把握し，状況に適した戦術的な選択や判断につながるからである。このような積み重ねにより，過酷なプレッシャーのもとでもやるべきことが明確にできるようになる。

[12歳以下のプレーヤーに重要となる戦術的コンセプト]

①しつこくプレーする（一貫性)。
②相手を動かしてフィニッシュする。
③ショットのコンビネーションでウィナーを取る。
④ニュートラルな状況を意図的に作れる。
⑤できるだけ得意なショットを使おうとする。

[14歳以下の世界基準で求められるスキル]

①コースを正確に変えることができる。
②３球連続でライン際に深いボールをコントロールできる。
③コートの中でフィニッシュする力がある。
④サービスとその次の３球目でウィナーを取れるパターンがある。
⑤セカンドサービスへのリターンの攻撃力。

5—パワーテニスへの移行とテニススキルの完成度の追求

13歳頃では,「PHVを過ぎたプレーヤー」「PHVを迎えている」, そして「PHV以前のプレーヤー」が入り混じるものの, 15歳程度では, 多くのプレーヤーの身長の発育は停滞し，PWVを迎えて体重が増加していることが予想される。このタイミングを見極めることで，筋力トレーニングの実施頻度や強度を上げ，筋量の増加や筋力向上を図ることができ，技術，戦術，コンディションを密接に複合させてトレーニングすることができるようになる。

これまでは機能的な身体の使い方，動作の精度を優先させる指導であり，スピードやパワーを強調し過ぎて，打球動作のコーディネーションがくずれてしまうのを避けることが重要であった。しかし，このPHV・PWV以降の打球技術のトレーニングにおいては，筋量の増加や筋力向上により爆発的に発揮されるようになるパワーを，打球動作における各部位の動作の連動にうまく適応させていくことが求められる。つまり，体力の向上に応じて，新たに打球動作のコーディネーションを高めていくということである。

パワーテニスへの移行とは，パワーに頼ったプレーということではなく，成長やトレーニングで獲得する身体の体力的資源を十分に活用できるプレーへ移行していくことである。筋力やパワーの向上により，打球スキルはより多彩になる。そのため，動作の再現性と打球の正確性（ねらったところへの精度）を追求するため，反復練習により習熟度を高めることが求められる。さらにこの年代では，この反復練習のための体力的資源を高めることも重要となる。

1─体力開発とテニススキルの適応

成長期における，①身体の発育の影響（骨の成長による関節内の隙間の減少や筋のタイトネス）や，②筋・腱の柔軟性や関節の可動性に関わるエクササイズ不足による柔軟性の低下や可動域制限，③サイズアップした身体を支えるための筋力不足，④打球動作の過度な反復による身体バランスのくずれなどの影響により，身体の機能性（関節の可動性，筋・腱の柔軟性，運動動作に必要な各部位の安定性など）の低下や喪失が起こることが多い。また，成長期後の，⑤筋力増加による「力み（りきみ）」の増大や，⑥筋肉トレーニングでの筋量増加による柔軟性の低下などの影響により，同様に身体の機能性の低下が起こることもあり，これらが打球スキルやフットワークスキルの向上を阻むことも多い。よって，成長期前から単なるストレッチエクサイズだけでなく，自重を自身の筋力で支えながら関節可動域を確保するようなエクササイズを頻繁に行い，身体の機能性を確保できるように努めることが重要である。

打球やフットワークで求められる主な各部位の動作と身体の機能性，またスキルとしては，①股関節の伸展動作と②足関節，膝関節，股関節の協調的な伸展動作（トリプルエクステンション），また，③胸椎と④股関節のスムーズな回旋動作，そして，スムーズなオーバーヘッド動作のための⑤肩甲帯の可動性と安定性，加えて，下半身からのエネルギーをラケットまでうまく伝達するための⑥背骨や体幹部の安定性と⑦運動連鎖のスキルが挙げられる。その他，フットワークにおいては，加速のための臀部やハムストリングの筋力発揮と，減速のための大腿前面部の筋力発揮，そして，それらをうまく機能させるための股関節や膝の動きを安定させるスキルなども重要である。身体の各部位に求める機能を簡単にまとめれば，可動性が求められる部位として胸椎，股関節，足関節，安定性が求められる部位として肩甲骨，腰椎，膝関節が挙げられる。

10～12歳においても，上記の動作スキルとそのための身体の機能性を確保しながら，単一的な各部位の動作を全身の動作として連結・協調的に行える（運動連鎖）ように取り組み（動作コーディネーションの習得），PHV・PWV後はこれらを喪失しないようにしながら，パワーとスピードを加えていくように進めることが重要である。

また，身体の発育と筋力の向上により，プレー中に力まかせに打球したり，方向を転換させようとするなど，「力んだ（りきんだ）プレー」が多く見られるようになる。例えばグラウンドストロークでは，ボールスピードは増しているものの，打球動作のリズムや打点がくずれ，正確性や再現性が低下する。よって，打球動作やフットワークにおいても「運動のリズム」や「正しい打点」，動きやすい「足の着き方」など，各部位の動作が協調的に行えるようなポイントを意識しながら練習に取り組むことが重要である。

2―下半身のパワーを生かしてプレーできる範囲の拡大

昨今，オールコートをカバーでき，かつオールラウンドにプレーできるプレーヤーが数多く存在している。そういったプレーヤーの特徴として，余裕を持って打球できる範囲（コンフォートゾーン）が広いことが挙げられる（図4-13）。コンフォートゾーンは，脚の力をグラウンドストロークのパワーやボールコントロールに意図的に活用するために，時間的また体勢的にも余裕のある状態をとれる範囲であると考えることができる(Zmajic, 2012；北村ほか，2017)。ハイパフォーマンスレベルで活躍するためには，この範囲を拡大していくことが求められる。そのためには，あらゆる方向へのスムーズでダイナミックな動き出しと，上半身では打球のための準備動作をしながら距離感をスムーズに合わせられるステップワーク，打球後のリカバリーのための切り返し動作の開発が望まれる。

トレーニングにより習熟したいことは，①多様なステップワーク（サイドステップやクロスステップはもちろん，ステップ名が定められていないような巧みなステップを含む），②加速のためのパワーと適切な動作，③減速のための筋力と適切な動作，④様々な状況に応じた打球時のスタンスやフットワーク，⑤スプリットステップから次のスプリットステップまでのスムーズに連結されたフットワークなどである。完成度の高いフットワークを獲得するためには，ダイナミックな動作の中でのバランスが重要であり，抜重動作や地面をプッシュする動作，次の動きの方向を先取りするためのつま先・膝・骨盤の向きのコントロールにも目を向けてトレーニングをしていくことが望まれる。

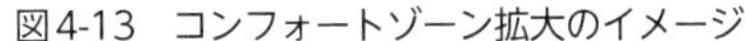
図4-13　コンフォートゾーン拡大のイメージ

❻—戦術的バリエーションの増加

試合数の増加により，様々な状況での自身の強み弱みを体験することとなる。ゲーム・ベースド・トレーニング（ゲーム状況を意図したトレーニング）に基づき，それらへの適応を目指すことで，戦術的バリエーションは自ずと増えていくと考える。特に，サービスとリターンを起点とした戦術的バリエーションを増やしていくことが重要である。なぜならば，パワーテニスへ移行するにつれてサービスの重要性は増し，同時にリターンの重要性も増すこととなる。サービスで優位に立ち，主導権を維持したままフィニッシュするためのバリエーションが求められる。またリターンでは，その後の主導権を獲得するための攻撃的なバリエーションが求められる。

❼—攻撃的なテニス（時間と空間）の理解と実践

攻撃的なテニスについては，12歳以下においてもコンセプトは変わらず，試合の増加に伴う多様な体験を踏まえながら，より発展させていくことが求められる。その中でも，コートの中でのプレーでは，相手との距離を縮めて相手の時間を奪える。また，クロス方向へ角度をつける際には，コートの3/4程度の深さに打球することにより，深く打った際よりもさらに打球範囲を拡大できる（相手のコンフォートゾーンの外で打球させることができる）。時間と空間的な側面から攻撃性を理解し，実践することが重要である。

❽—個人のゲームスタイルの確立

試合の増加に伴う多様な体験を踏まえながら，上記の❻，❼をより発展させていく中で，「個性」を磨き，個人のゲームスタイルの確立を図りたい。そのためにも，指導者は試合を分析するなどして，プレーヤーのプレーの特徴と今後のプレー像をプレーヤーと共有しながら，トレーニングを進めることも重要である。

3．ゲームに基づいたトレーニングを進めるためのガイドライン

ゲームに基づいたトレーニングをするためには，以下の流れに沿ってプログラムを設定し，実践していくことが大切である。実際のゲームを想定したトレーニングを行う際，実戦を想定するほどプログラムに含まれる要素は多くなり，それらが複雑に絡み合う。そのため，プレーヤーが何をトレーニングしているのかを意識できるようにすること，またプレーヤーの能力や状況に応じて，トレーニングプログラムを調整することが求められる（図4-10）。

様々な状況を想定した中でプレーすることで，その際に必要な技術や戦術パターンの理解と，その際に必要な特異的な動作を習得することができる。トレーニングの際には，「何をトレーニングしているのか？」「何を指導しているのか？」を明確にして取り組むことが重要である。

[ゲームに基づいたトレーニングの際のコーチングガイドライン]

Step1：目的と目標をプレーヤーに伝え，トレーニングプログラム（ドリル）を設定する。

Step2：目的とプレーヤーの能力に合うようにプログラムの強度を調整する。

Step3：プレーヤーの感覚や考えを共有できるキーワードを見つける。

Step4：フィードバック（評価）を行う。

[プレーヤーの能力把握やトレーニング強度を調整する上でのポイント]

▶球出しのボールのスピード・方向・距離を変え

る。

▶打球させるボールのスピード・方向・距離を変える。

▶動きの速さや動く方向・距離を変える。

▶打球のターゲットの位置・大きさを変える。

▶コートのサイズを変える。

▶打球数を変える。

▶クローズド／オープンの状況を変え，難易度を変える（図4-10）。

［文献］

・公益財団法人日本テニス協会[編]（2015）テニス指導教本Ⅰ，大修館書店：p.7，181.
・Balyi, I., and Hamilton, A. (2004) Long-term athlete development: trainability in childhood and adolescents: windows of opportunity, optimal trainability. National Coaching Institute British Columbia & Advanced Training and Performance Ltd.
・Ford, P., De Ste Croix, M., Lloyd, R., et al. (2011) The long-term athlete development model: physiological evidence and application. Journal of Sports Sciences, 29(4): pp.389-402.
・Balyi, I., & Way, R. (1995). Long-term planning for athlete development: The training to train phase. BC Coach (Canada), Fall: pp.2-10.
・Bompa, T. (1995). From childhood to champion athlete. West Sedona, AZ: Veritas Publishing.
・Harre, D. (1982) Principles of sports training. Berlin: Sportsverlag.
・Grosser, M., Schönborn, R. (2002) Competitive Tennis for young Players. Meyer & Meyer Sport (UK) Ltd : pp.13-20, 21-40, 71-118, 129-131.
・公益財団法人日本テニス協会［編］（2002）新版テニス指導教本，大修館書店：pp.214-224.
・公益財団法人日本テニス協会[編]（2011）強化指導指針Ⅲ：トップへの道，日本テニス協会：p.45.
・Brewer, C. (2018) アスレティック・ムーブメント・スキル―スポーツパフォーマンスのためのトレーニング，ナップ：pp.1-15，33-53，
・公益財団法人日本スポーツ協会（2018）公認ジュニアスポーツ指導員専門科目テキスト：第4章 動きの発達，第6章 栄養，第7章 スポーツ医学，公益財団法人日本スポーツ協会：pp.30-35，42-47，54-55.
・体力科学センター調整力専門委員会体育カリキュラム作成委員会（1980）幼稚園における体育カリキュラムの作成に関する研究Ⅰ：カリキュラムの基本的な考え方と予備調査の結果について．体育科学，8：pp.150-155.
・ロバート・M・マリーナ，クロード・ブシャール（1995）事典 発育・成熟・運動，高石昌宏，小林寛道［監訳］，大修館書店：p.208，222.
・Cumming SP, Lloyd RS, Oliver JL, Eisenmann JC, Malina RM. (2017) Bio-banding in sport: Applications to competition, talent identification, and strength and conditioning of youth athletes. Strength Cond J 39: pp.34-47.
・ショーンボーン，R.（2007）ショーンボーンのテニスコーチングBook，公益財団法人日本テニス協会［監訳］，ベースボール・マガジン社：p.57，pp.122-123.
・金子明友，朝岡正雄［編］（1990）運動学講義，大修館書店：pp.96-100，266-267.
・Elliott, BC., Reid, M. (2011) Biomechanical factors for consideration in the development of the forehand from U10 to U18. ITF Worldwide Coaches Conference 2011: The Long-term Development of a High Performance Player.
・Zmajic, H. (2012) 最新のテニスに順応できる選手の育成. TTCスポーツ科学セミナー資料.
・北村哲，髙橋仁大，佐藤周平，松本健太郎，村上俊祐，前田明，西薗秀嗣（2017）打球場面に着目した男子トップテニス選手のグラウンドストロークにおける攻撃パフォーマンスの検討，テニスの科学，25：pp.73-90.
・Crespo, M., Grantitto, G., Miley, D. (2002) Developing Young Tennis Players. International Tennis Federation, ITF Ltd.
・ボッシュ , F.（2020）コンテクスチュアルトレーニング：運動学習・運動制御理論に基づくトレーニングとリハビリテーション，大修館書店.

TENNIS COACHING THEORY

5章 車いすテニスの競技力向上

5-1

車いすテニスの動向

1．車いすテニス協会の始まりと現状

日本車いすテニス協会のはじまりについては，日本人プレーヤーが海外で試合をするために，1988年に日本身体障害者スポーツ協会（現日本パラスポーツ協会）の種目別団体をプレーヤーズ協会として改組し，国際テニス連盟（ITF）へプレーヤー登録を行った背景がある。その後，1989年に日本車いすテニス協会が発足し，2015年に一般社団法人日本車いすテニス協会（JWTA）が設立された。現在は，アジアのリーダー国としてITFや国際車いすテニス協会（IWTF），および日本テニス協会（JTA）と連携して，車いすテニスの普及などの国内外の活動に協力している（図5-1）。

また，JWTAとJTAは別団体として活動を実施しているが，合同での活動も多く行われている。実際の役割として，JWTAは強化指定選手および次世代育成・強化指定選手の選定とナショナルチームとしての活動を担い，並行して普及活動や広報，また国際部としての活動全般を担当している。またJTAは，ITFへの窓口として唯一認められている団体であることから，国際大会や世界マスターズ大会などの承認を行い，JWTAの活動をサポートしている。さらに，2021年4月からJTA強化育成本部に車いすテニス委員会を設置し，合同で育成・強化を図りながら環境整備を進めている。

2．わが国の車いすテニスプレーヤー育成と強化

わが国において，車いすテニスプレーヤーを本格的に育成する協会としての取り組みは，2016

図5-1　日本の主要テニス団体

公益財団法人日本テニス協会（JTA）※

加盟団体（定款第７条団体）

都道府県テニス協会
47 都道府県テニス協会

地域テニス協会
9 地域テニス協会

※　国際テニス連盟（ITF），アジアテニス連盟（ATF），（公財）日本スポーツ協会，（公財）日本オリンピック委員会に加盟

※※（公財）日本テニス協会，（公社）日本プロテニス協会，（公社）日本テニス事業協会，日本女子テニス連盟，テニス用品会で日本テニス連合を結成

協力団体（定款第８条団体）

全国テニス事業・専門団体
（公社）日本プロテニス協会（JPTA） （公社）日本テニス事業協会（JTIA）

全国テニス競技団体
日本女子テニス連盟（JLTF） 日本車いすテニス協会（JWTA） （一社）日本ビーチテニス連盟（JFBT）

全国学校テニス団体
全日本学生テニス連盟 全日本学生庭球同好会連盟 （公財）全国高等学校体育連盟テニス専門部 全国高等専門学校体育大会テニス競技専門部 全国中学校テニス連盟 全国専門学校テニス連盟

その他の団体

全国テニス事業・専門団体	全国テニス愛好者団体	全国テニス競技団体
テニス用品会	日本シニアテニス連盟（JSTA） 新日本スポーツ連盟全国テニス協会 日本社会人テニス連盟（JICTF） 官庁庭球連盟	日本ハンディキャップテニス連盟（JHTA）

（2019 年 6 月現在）

年のリオデジャネイロオリンピック以降となる。

それまでは，プレーヤー数自体が少なく，またプレーヤー育成のための予算も十分ではなかったため，活発な活動が十分できる状況ではなかった。つまり，各プレーヤーはそれぞれの地域で自宅近くのテニスコートを個人的に探しながら，かつ指導者を求めながら練習している状況であった。

しかし，このような十分なサポートを得られない中で，個々の熱心な活動が実を結び，2004年アテネパラリンピックの男子ダブルスで国枝慎吾選手・斎田悟司選手ペアが金メダルを獲得した。そして，次の2008年北京パラリンピックの男子シングルスで国枝選手が金メダル，男子ダブルスで国枝選手・斎田選手ペアが銅メダルを獲得。さらに，2012年ロンドンオリンピックの男子シングルスでも国枝選手が２大会連続で金メダルを獲得するという快挙を成し遂げた。2016年リオデジャネイロオリンピックでは，女子シングルスで

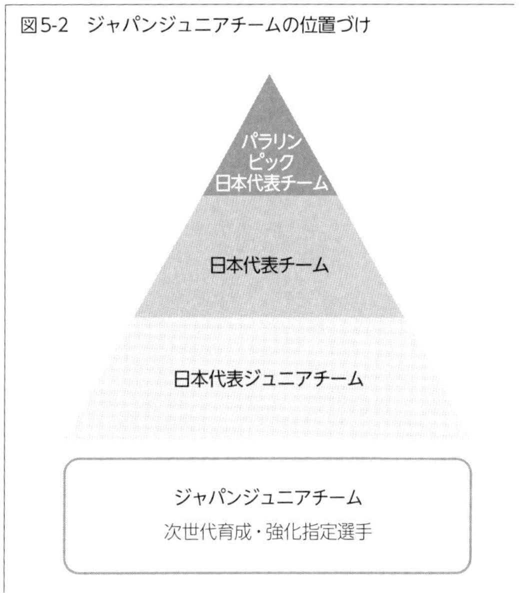

図5-2　ジャパンジュニアチームの位置づけ

上地結衣選手が銅メダル，男子ダブルスで国枝選手・斎田選手ペアが銅メダルを獲得している。特に，国枝選手が2006年アジア初の世界ランキング１位となり，2009年パラスポーツ界として初めてプロ転向を果たした。このように，輝かしい成績を収め，世界ランキングも向上させることができていたにもかかわらず，わが国における育成の取り組みは思い通りに進まない状況であった。

そこで，JWTAはその状況を改善するため，2016年以降，次世代育成・強化に力を注ぎ始め，プレーヤー層をより厚くすることを目指した。

具体的な方策のひとつとして，次世代育成・強化指定選手の枠を設けて，「ジャパンジュニアチーム」を結成した（図5-2）。これは，2016年に2020東京パラリンピック開催へ向けた活動として世界国別対抗戦（ワールド・チームカップ in Japan）が東京・有明の森テニスコートで実施されることが決定した際に，自国開催のメリットを活用するために誕生した。その結果，参加国８ヵ国中７位という結果に終わったが，記念すべき日本代表ジュニアチームの晴れの舞台となったことは間違いないであろう。特に，ここで得られた課題は，世界のジュニアプレーヤーとのレベルの違いとして，テニス技術とチェアーワークに差が見られたことである。

２つ目の方策として，次世代育成・強化指定選手（U-23以下の15名前後）の国内合宿を年２回定期的に開催し，また地域別合宿も実施して，育成・強化を継続してきた。そのような中，2021年９月に開催された世界国別対抗戦（ワールド・チームカップ in イタリア）では，日本代表ジュニアチームが見事世界１位となり，2016年より積み重ねてきた成果が表れた。

試合の形式はシングルス２試合とダブルス１試合で，先に２勝を収めた国が勝利となるが，特に重要な試合は準決勝と決勝戦であった。日本チームは２試合ともにダブルス勝負になる展開となった。決勝戦では，どちらの国が勝利してもおかしくない展開であったが，大切なポイントを日本チームは取り，試合の流れをつかむも，相手も再度流れを変えるほどの実力があり，緊迫する試合展開であった。結果として，最後にわが国が勝利をつかむことができたことは，これまでの国内合宿で信頼関係を築いたチームメイトの存在とチームワークにより成し遂げられたものと思われる。

国内合宿を開催するにあたり，いくつかの問題点も指摘された。

①未成年となるプレーヤーを集めることで生じる学校の問題（および親の理解を得ること）。

②合宿当日に看護師を常駐させること。

③障害を持つ育成世代のプレーヤーにとって，親元を離れた生活を行った経験が少なかったこと。

④排せつ問題・アレルギー問題など，シニア選手は各自で対処できるレベルであるが，次世代育

成・強化指定選手自身では対応できないことがあったこと。

しかしながら，このような国内合宿を契機に，次世代育成・強化指定選手が親元を離れる経験ができるようになったことは，プレーヤー自身のその後の成長へつなげられる第一歩になったといえよう。また，このような取り組みに対する親の理解を得るために，対面にて詳しく説明し，あるいはコロナ禍ではリモートで個々へ連絡していねいに説明することで，理解を求めた。その結果，現在では課題解決を円滑に進めることが可能となり，プレーヤーの家族としても大きなステップになったと思われる。結果として，「ジャパンジュニアチーム」を作ることで，次世代育成・強化指定選手にも「日の丸を背負う」といった責任感を与え，プレーヤー自身が自立する良い機会となった。また，このような環境が整い始めると，各地域の育成レベルのプレーヤーは個人での強化にも意欲的に取り組み，お互いの競争力が芽生え始めた。

最後に，３つ目の方策として，毎年「強化戦略プラン」を作成し実行している。具体的には，短期（４年）・中期（８年）・長期（12年）の強化戦略プランに対して，毎年評価・検証しながら更新を続けている。

特に，2020東京パラリンピックまでは，「強化戦略プランの３つの方策」を具体的に立て，強化を図ってきた。１つ目は，フィジカル強化である。２つ目は，各プレーヤー（チーム）との関係を強化することである。３つ目は，プレーヤーを戦略的にツアー派遣することである。その結果，2020東京パラリンピックの男子シングルスで国枝選手が金メダル，女子シングルスで上地選手が銀メダル，女子ダブルスで上地選手・大谷桃子選手ペアが銅メダル，クアードダブルスで諸石光照選手・菅野浩二選手ペアが銅メダルを獲得した。現在は，2024パリパラリンピックに向けて，新たな方策を打ち立てて臨んでいる。

なお，参考までに，2021年12月14日の時点では，JWTAローカル大会出場者登録数は男子149名，女子40名，クアード27名，ジュニア10名となっている（JWTAのHPより）。

３．諸外国の現状

諸外国における組織はどのようになっているのか。オランダやイギリス，フランス，オーストラリア，アメリカなどは，車いすテニスと一般テニスの協会が統一され，運営されている。特に，グランドスラム大会と呼ばれる４大大会が実施される国では，かなり早い段階で両者の協会が統一された。そのため，車いすテニスと一般テニスにおける育成・強化の良い部分を融合させることで進化を続けている。また各国の協会は，テニスを通じて「共生社会の実現」や「障害の有無にかかわらず，夢を持つプレーヤーとして，多様性を認め，一緒に行う」ことを目指している。

ここでオランダの強化を一例として取り上げる。オランダのテニスナショナルトレーニングセンターでは，健常プロプレーヤーと車いすプロプレーヤーが同じ施設を使用している。現在の日本でも，味の素ナショナルトレーニングセンターをJTAが使用しているが，一部の車いすテニスプロプレーヤーは特別に許可を得て使用することが認められている。JWTAとしては，九州の福岡に車いすテニスの拠点を有しているが，関東付近に在住するプレーヤーにとって，住まいの近くの施設を日々の強化拠点とすることができることは有用である。また，味の素ナショナルトレーニングセンターのコート面数は，ハード２面とクレー

２面であるが，オランダでは，コート面数にも余裕があり，一般テニスの隣のコートで車いすテニスプロプレーヤーが強化を図ることも自然な光景となっている。さらに，オンコートトレーニングのみではなく，トレーニング室の活用や医科学の活用も充実している。コーチ同士の情報交換も日々の練習中にでき，強化方針なども一緒に構築できる点は魅力的であることから，今後，わが国においても参考にしたい。

一方, 車いすテニスを行う上で, 施設の問題（バリアフリー化，トイレ，シャワーなど）は重要な課題である。世界的には，バリアフリーのほうが健常者が使用する場合にも便利であることから，設計段階で配慮し設置している例もある。また海外では，施設が充実できていない時の工夫もされている。例えば，トイレがない施設では近隣のコンビニやスーパーマーケットのトイレを使用できるようにし，また駐車場なども同様に貸し出し可能か交渉することで，可能な限り，施設面の課題をクリアしているケースもある。

また，日本ではなかなか集まらない若者のボランティアを海外では多く集めることができる。その理由のひとつとして，ボランティアを行うと大学の単位として付与される仕組みがある。この仕組みから，初めて車いすテニス（パラスポーツ）を知り，ボランティア活動に専心する大学生が多いことからも，ボランティアをきっかけとして，障害を持つ人々と触れ合う機会を作り出すことは重要な役割でもあろう。わが国においても，若者がボランティア活動に触れる機会を増やし，「障害の有無に関係なく」，一緒にテニスを楽しめる空間ができる環境整備が今後求められよう。

5-2 車いすテニス競技とは

1．車いすテニスの競技特性

車いすテニス競技は，健常者が行うテニスと同じように，ITFの定めるテニス規則が適用される。2バウンドでボールを打ってもよいことや，車いすは身体の一部であるとみなされることから，例えばボールが車いすに触れたら失点となるような独自のルールがあることを理解しておくことが大切である。

また，現在の車いすテニス競技におけるパフォーマンスレベルは成長過程にあることから，車いすテニスの競技特性も十分理解しておくことが重要である。車いすテニスの歴史は日本で40年足らずであるが，当時のプレースタイルとしては考えられなかったネットプレーは，現在のツアーでは誰もが行っている。当初，車いすテニスでのネットプレーは，横に動くことができない競技用車いすにとって弱点であった。なぜなら，競技用車いすは前後の動きが基本であり，健常者のサイドステップと同じようにはいかないからである。また，一度，座面を設定した競技用車いすの高さは制限されるため，健常者のジャンプと同じようにはいかない。しかしながら，世界で勝利を目指すためには，車いすテニス界における常識を破り，巧みなチェアーワークを伴うネットプレーが積極的に行われるように，様々な技術がさらに進化することが予想される。

その進化を支える要因は，①競技用車いすの進化，②体力トレーニングの進化，③車いすテニス特有の戦術の進化，の３点が考えられる。特に，道具の進化が競技レベルに大きな影響を与えるパラリンピックスポーツの中では，競技用車いすの進化は重要である。また同時に，個性に合わせた競技用車いすを操作するための専門的体力の獲得が求められるとともに，残存機能を効果的に高めることがポイントである。さらに，競技用車いすにおける高さの制限と横に動けない制限を十分理解した上で，プレーヤーの競技レベルや特徴に見合った戦術を作りあげていく必要があろう。

2．クラス分け

車いすテニスを理解する上で重要なことは，障害の知識を学ぶことであるが，図5-3は，車いすテニスの障害クラス分けを規定する頸椎と脊損の違いを示している。これらの障害の程度により身体の使用できる範囲が異なるため，それに応じて指導方法も変える必要があろう。一般的には，脊髄のどの部分を損傷したかにより障害(可動範囲)の内容が変わることから，脊髄の損傷箇所によりクラス分けが行われる。

図5-3　障害クラス分けを規定する頸椎と脊損の違い

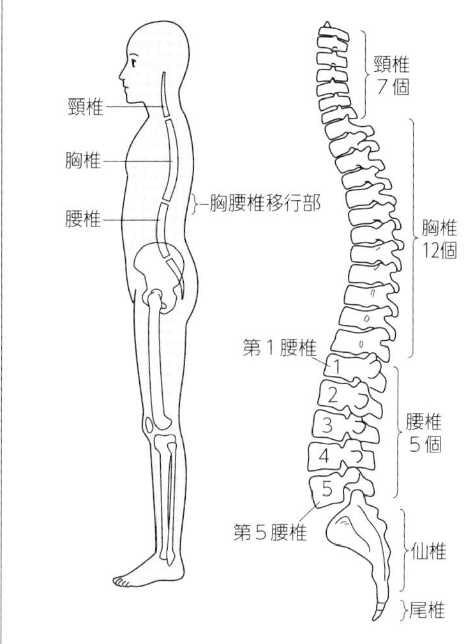

大会におけるクラス分けとしては,男子クラス・女子クラス・クアードクラス（男女混合可）の３クラスがあり，それぞれシングルスとダブルスに分けられている（図5-4，5-5，5-6）。また，別にジュニアを対象とした大会があり，一般的に男女混合で行われている。

障害が重いクアードクラス（クアードは英語で四肢〈両腕と両脚〉麻痺を意味する「Quadriplegia」の略称）は，男女混合で行われ，頸神経８対（C1-C8）-頸椎７個の損傷に分けられる。男女別に行われるクラスは，胸神経12対（T1-T12）-胸椎12個，腰神経５対（L1-L5）-腰椎５個，仙骨神経５対（S1-S5）-仙椎５個，尾骨神経１対（C0）-尾椎３～５個の損傷で分けることが一般的である。

特に，クラスの中でも障害の違いで機能する箇所が異なるため，各プレーヤーの損傷箇所と機能範囲を十分に理解する必要がある。このように，パラリンピックスポーツでは障害の程度に個人差がある点を理解することが最も重要な要素といえる。

3．大会の仕組み

現在，車いすテニス競技における最高グレードの大会は，健常テニスと同様に，グランドスラム大会となっている。またグランドスラム大会以下については，順にITFスーパーシリーズ，ITF 1シリーズ，ITF 2シリーズ，ITF 3シリーズ，ITFフューチャーズシリーズ，とグレード別に分かれている（図5-7）。

４大大会となるグランドスラム大会では，男女世界ランキング７位までが本戦ストレートインとなり，開催国ワイルドカード１枠を加えた８ド

図5-4　大会におけるクラス分け

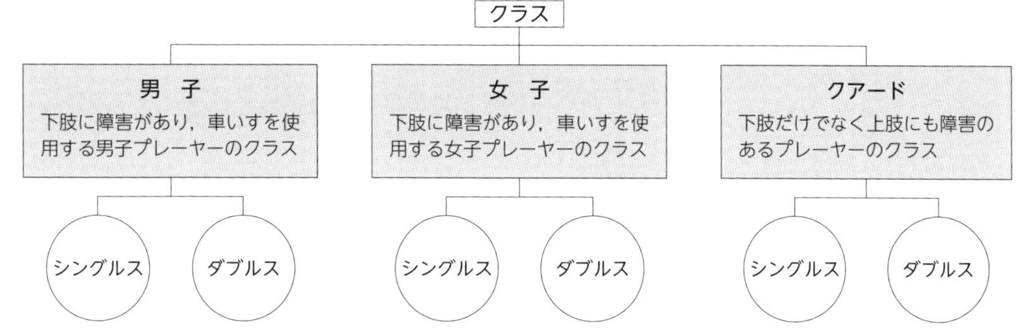

図5-5　男子クラス・女子クラス

〈男子・女子クラスの特徴〉

- 切断の場合は，切断箇所以外は健常者同様。
- 腰椎から下の損傷になる。損傷箇所が尾椎へいくほど使える範囲が広くなることが一般的である。
- 完全麻痺は，残存機能に個人差はないが，不全麻痺では残存機能に個人差が出るため，指導者はプレーヤーの状態を理解して指導に取り組む必要がある。

図5-6　クアードクラス

〈クアードクラスの特徴〉

- 腹筋・背筋が非常に弱い，または機能しない。
- 握力が非常に弱い，または握力がない。
- 発汗機能が弱い，または機能しない（汗がかけない）。

図5-7　国際車いすテニス大会のシステム

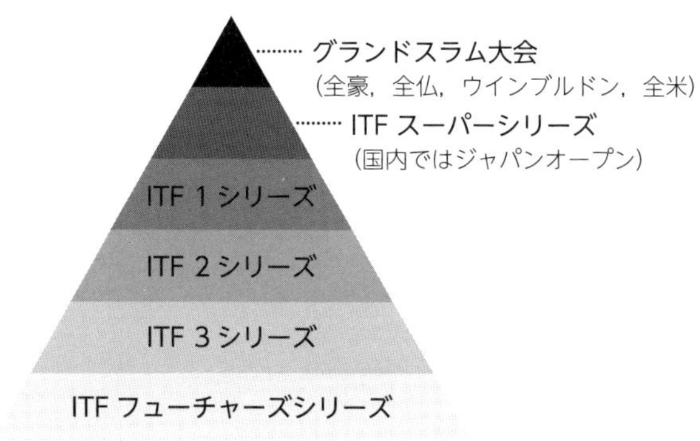

ローで実施される。また，クアードクラスもあり，世界ランキング３位まで本戦ストレートインとなり，開催国ワイルドカード１枠を加えた４ドローで実施される。これらは，まさしく世界最高峰の舞台であり，一般・ジュニア・車いす部門がすべて同じ会場で実施される。世界では，障害に垣根がなく，共生空間が試合会場でも生まれている。

これまでにおける日本人プレーヤーの活躍は素晴らしく，2022年11月時点では，国枝選手が男子シングルスで世界ランキング１位，女子シングルスでも上地選手が世界ランキング２位となっている。

5-3

競技用車いすについて

1．競技用車いすの進化

一般のテニスでは，ボールやラケットの進化が競技力に大きな影響を与えているように，車いすテニスでは，競技用車いすの進化の影響がきわめて大きいことから，これらの進化の過程を十分理解しておくとよい（図5-8）。

当初の競技用車いすは，タイヤの角度がほぼ直角であった。

1985年に制作されたステンレス製の競技用車いすは，日常用車いすと形はほぼ変わらないが，ステンレスを使用して軽量化が図られた。また1988年には，アルミ製の競技用車いすが開発された。さらに，1992年頃には，タイヤの角度が広がることで，旋回性が高まり，前輪を2つに増やしたことで安定感も増した。

2016年リオデジャネイロパラリンピックでは国枝選手のために，スポーツ庁とともに超軽量化を図った競技用車いすが開発された。

2．プレーヤーに応じた競技用車いす

現在では，個人の障害の違いに合わせて，競技用車いすをオーダーメイドすることが多くなっている（図5-10）。パラリンピックの父とも呼ばれているルートヴィヒ・グットマンの「失ったものを数えるな。残されたものを最大限に生かせ」という言葉にあるように，車いすテニスでは（パラスポーツでは），いかに残された機能を上手に使うか，また，どう工夫して使うかが重要なポイントである。

図5-8　過去の競技用車いす

①1985年頃

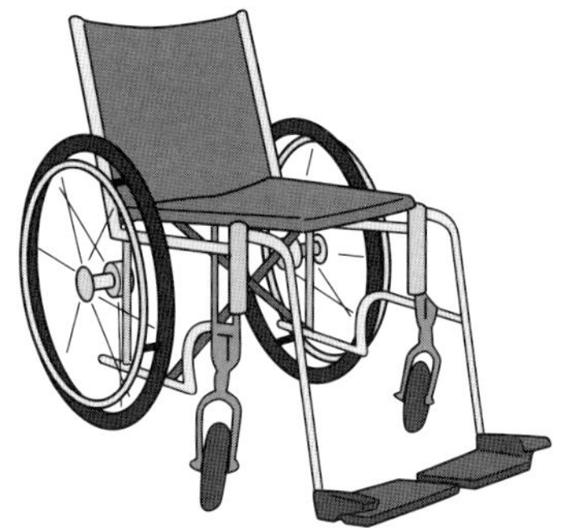

タイヤの角度がほぼ90°で，直進性にのみ機能しやすい初期競技用。

②1992年頃*

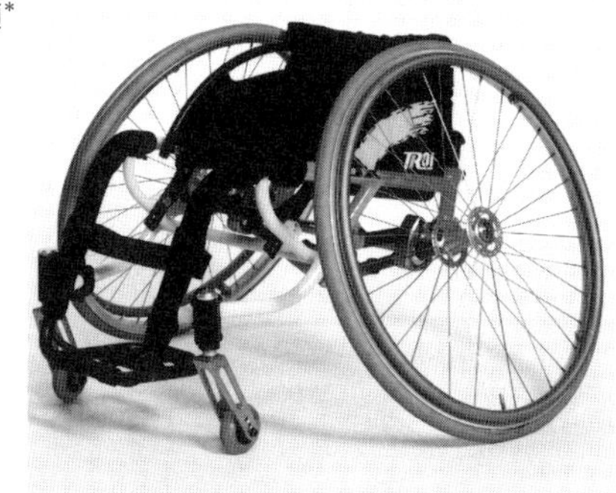

タイヤの角度が広がって旋回性が抜群に良くなり，前輪が2つに増えて安定感も増した。競技用車いすとして当時の最高傑作であった。

③1999年頃*

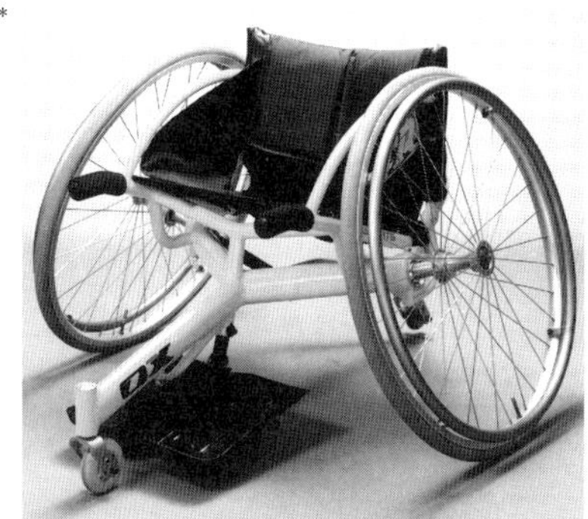

前後にタイヤを1つずつ付けたことで転倒も少なくなり，体重を後ろにかけることが可能となったため，技術習得の面でも大きな進歩となった。

④2002年頃*

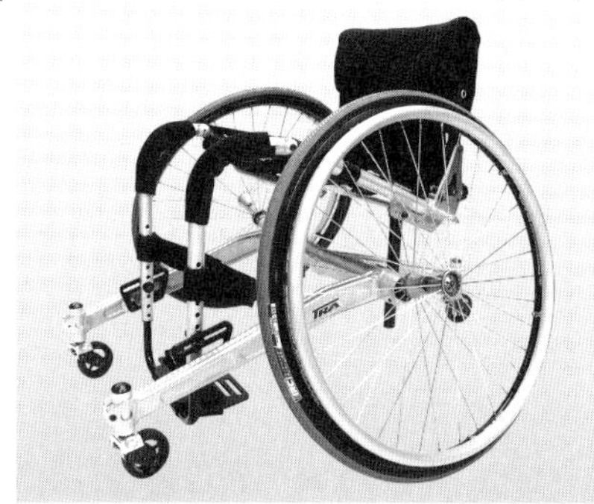

これまでの4輪から試行錯誤を繰り返し，タイヤを前に2つと後ろに1つ付けて5輪となった。安定性が増したことにより，さらに旋回性と直進性の両立が可能になった。

図5-9　国枝慎吾選手の競技用車いす*

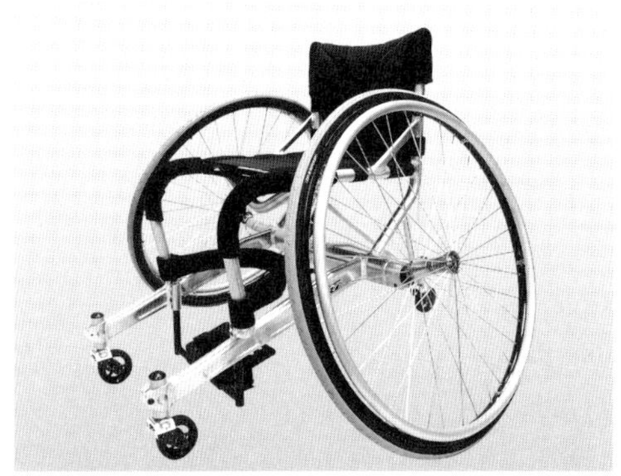

2012年ロンドンパラリンピックで国枝選手の2大会連続金メダルを支えた車いす。国枝選手の声を反映し作り出された。

＊ 写真提供：(株) OX

図5-10　フルオーダーの競技用車いす

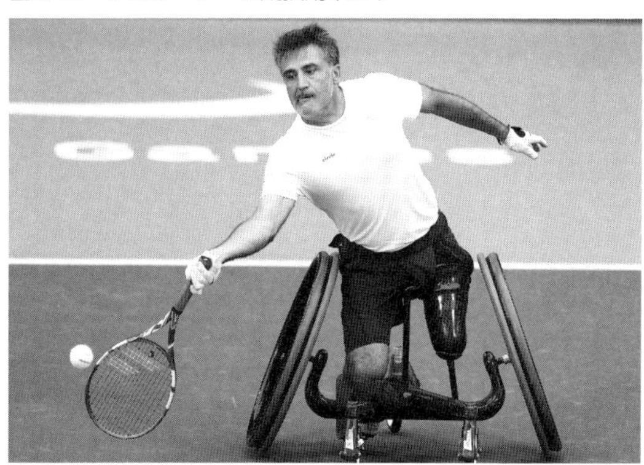

自転車のいすのような部分に座り，股関節の可動範囲を最大限に利用可能にする設計をすることで，立位と同様な身体の使い方が可能になる。予測価格1500万円で，2012年にフルオーダーで作製された。写真は，フランスのステファン・ウデ選手。

5-4 車いすテニス競技の練習法

車いすテニスで用いる技術や使用するコート，ラケット，ボールなどは一般と変わらず，異なるのは２バウンドでの返球が有効なことである。加えて，身体の使用可能な範囲が限定されるため，例えば腹筋と背筋が使用不可能な場合，股関節の動きも困難となることから，プレーにおいては使用可能な範囲を中心に技術を構成しなければならない。また，使用範囲を広げるための練習も並行して行うことが必要である。

1．チェアーワーク（５つのターン）

車いすテニスでは，ボールを的確に打球するために，車いすをコントロールするチェアーワークの技術が不可欠である。車いすの無駄な動きをすることなく，円滑に打球動作に移動できるようになるためには，図5-11の５つの「ターン」を習得することが必要である。

2．ドリル

チェアーワークスキルをレベルアップするためには，以下の基本ドリルを中心に練習する必要がある。

1—バックターンを入れた球出しドリル（図5-12）

目 的　チェアーワークの基本的バックターンである縦の動きを覚える。

留意点　外回りと内回りの両方を練習する。また，指導者は，プレーヤーがターンして前を向いた状態の時に球出しを行う。

図5-11　チェアーワーク（5つのターン）　　写真提供：日本車いすテニス協会

①左手で左側のリムを押さえて内回り

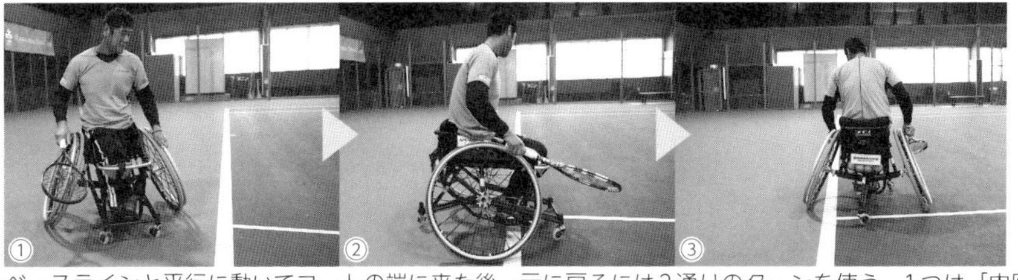

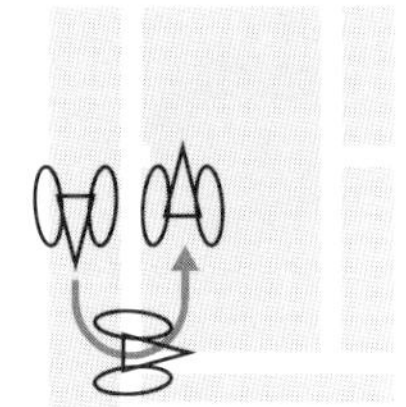

ベースラインと平行に動いてコートの端に来た後，元に戻るには2通りのターンを使う。1つは「内回り」と呼ばれるターン。左手で左側のリムを押さえる（①）。そうすると，左側のタイヤが止まり，右側のタイヤが回り続けるのでターンできる（②③）。

②右手で右側のリムを押さえて外回り

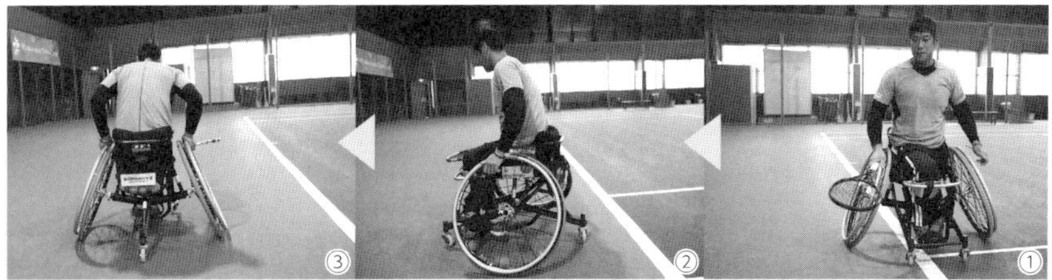

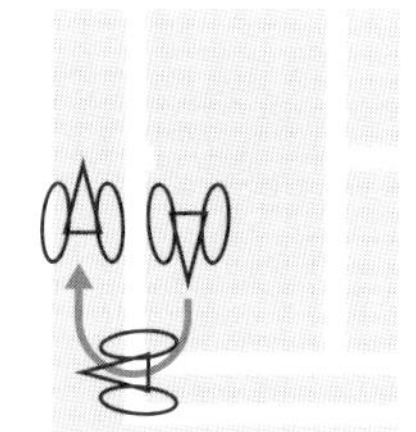

もう1つの「外回り」と呼ばれるターン。右手で右側のリムを押さえる（①）。そうすると右側のタイヤが止まり，左側のタイヤが回り続けるのでターンできる（②③）。

③両手でリムを回して回転する

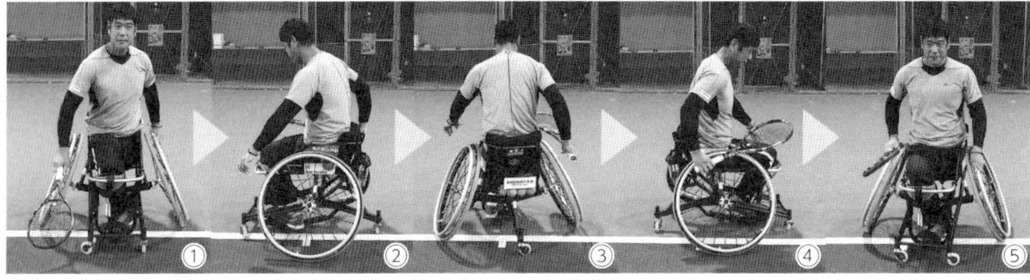

その場で向きを変える時に使うターン。右手でリムのやや前方をつかみ，左手でリムのやや後方をつかむ（①）。この体勢から右手でリムを後方にプッシュすると同時に，左手でリムを前方にプッシュする（②）。そうすると，小さい半径で回転することができる（③～⑤）。

④左手で右側のリムを押さえて外回り

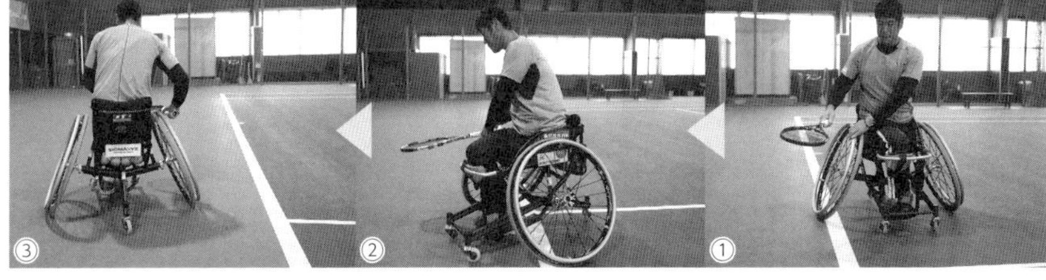

左手で右側のリムを押さえてターンする方法（①）。こうすると右側のタイヤが止まり，左側のタイヤが回り続けるので「外回り」ができる。

⑤腰を動かして内回り・外回り

腰を使った体重移動でターンする方法。ターンしたい方向に腰を使って体重をかける。内回りなら左側に体重をかけ（①），外回りなら右側に体重をかける。

図5-12　バックターンを入れた球出しドリル

ⓐ外回り

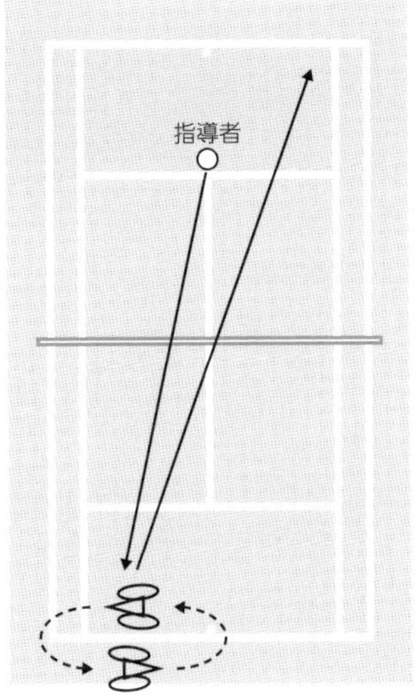

ⓑ内回り

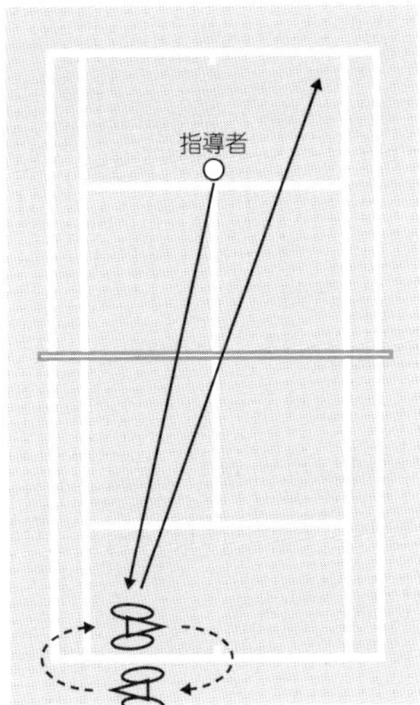

・バックハンドストロークでクロスへ打つ。
・指導者はターンする動きを見て，タイミングを合わせて球出しをする。

図5-13　横8の字ターンを入れた球出しドリル

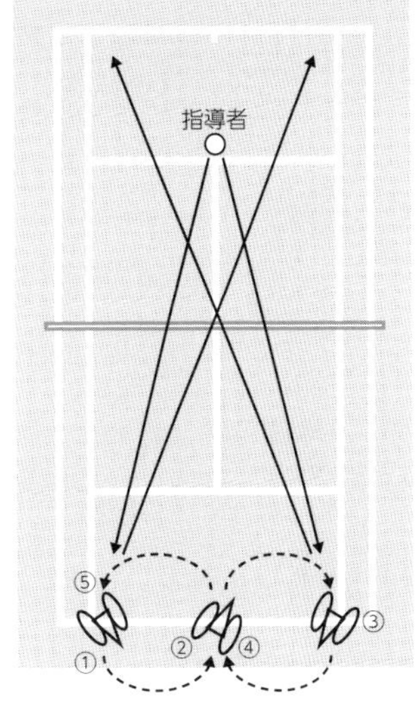

・プレーヤーは①から⑤の順に8の字で動き，フォアハンドストロークとバックハンドストロークでクロスへ打つ。
・指導者はターンする動きを見て，タイミングを合わせて球出しをする。

図5-14　ドロップショットの処理とロブの返球の球出しドリル

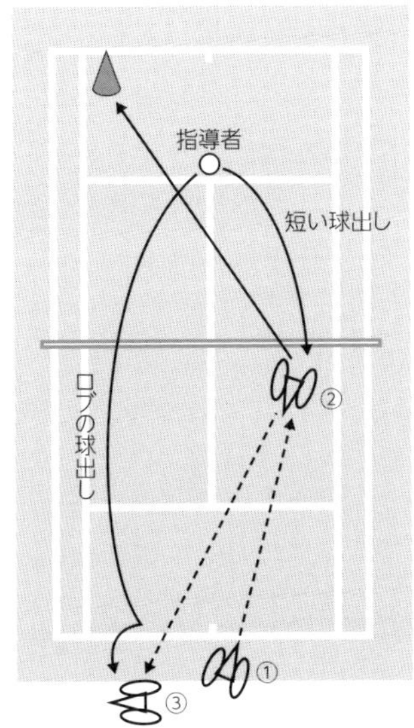

・プレーヤーは①からスタートし，指導者から球出しされたドロップショットを返球する。
・指導者は，その返球したタイミングでロブを送球する。

2―横8の字ターンを入れた球出しドリル(図5-13)

目 的　実践的なチェアーワークである横の動きを習得する。

留意点　指導者はプレーヤーの動きをよく観察し，プレーヤーがターンして前を向いた状態の時に球出しを行う。レベルが上がってきたら，少し早めのタイミングでの球出しで負荷を強くすることも可能である。

3―ドロップショットの処理とロブの返球の球出しドリル(図5-14)

目 的　困難な状況（相手に背を向ける状態）に適応できるようにする。

留意点　ドロップショットの処理は，相手のロブを見越したチェアーワークによる返球が重要である。指導者は，「相手のロブがどのような軌道と回転か」を見て，瞬時に判断しチェアーワークができるように，プレーヤーの対応範囲を注意してロブを上げる。

3．戦術

車いすテニスでの戦術を考えるためには，競技用車いすの①横へは動けない，②高さの制限がある，の２つの制限を理解しなければならない。

1―戦術１

短いボールを利用して，ネットへ出してからのロブ(図5-15)

競技用車いすの特性を利用した戦術として，相手に対してサービスライン内に落ちる短いボールを打つことで，相手は前へのダッシュを行う。ネット近くからベースラインへ戻るためには，ターンを１回して相手に背を向けて戻らなければならない。この作業はかなり時間を要するので，プレーの選択肢としての優先順位は低くなる。プレーヤーはアプローチショットを選ぶことで，相手がネットにつく可能性が高くなり，その後ロブを打つことでポイントに結びやすくなる戦術である。

目 的　車いすテニスの弱点である高さを利用してポイントを取る。

留意点　相手にとって一番長い距離と想定できる場所へドロップショットを打つ。相手の返球後，できる限り早いタイミングでロブを打つことで，相手に時間を与えないようにする。

2―戦術２

バックハンドへトップスピンボールを打って，高い位置でボールを取らせてチャンスボールを引き出す(図5-16)

トッププレーヤーになるためには習得すべき戦術である。車いすテニスのバックハンドは片手打ち（両手打ちは現時点で存在しない）であるため，バックハンドに高く跳ね上がったボールを返球することは非常に難しい技術である。よって，相手に対してバックハンドの高い場所へトップスピンで跳ねさせるボールを打ち，相手のバランスをくずしてチャンスボールを引き出す戦術は有効である。

目 的　車いすテニスの弱点である高さを利用してポイントを取る。

留意点　トップスピンで跳ね上げさせるボールを打つ。相手がバランスをくずした瞬間にチャンスボールを打つ準備をする。

3―戦術３

正面（ボディー）へ打ち込み，相手の動きを止める(図5-17)

競技用車いすは，横への動きができない。よって，サービスやリターン，ラリー中のショットを身体の正面へ打ち込んで相手の動きを止めることは，きわめて有効なショットである。

目 的　速いボールを使い，相手の動きを止める。

留意点　効果的に相手の正面へ打ち込むことができないと，逆に劣勢になる場合がある。

4―戦術４

相手がターンする方向の逆をついてターンさせる(図5-18)

ターンする方向の逆に打つことで，相手は１回多くターンする必要がある。作業が増えたことで，当然ボールへ追いつくまでに時間が必要になる。したがって，相手のターンの方向と逆に打つショットができれば，１回多くターンさせて相手

図5-15　戦術1：短いボールを利用して，ネットへ出してからのロブ

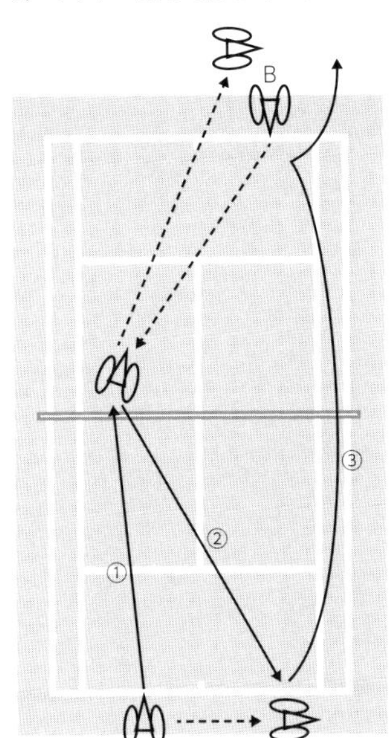

・AはBから一番遠い場所へドロップショットを打つ（①）。
・Bはツーバウンドまでに返球する（②）。
・Bの返球に対してロブを打つ（③）。
・BはAに背を向けて戻らなければならないため，返球が困難になる。

図5-16　戦術2：バックハンドへトップスピンボールを打って，高い位置で取らせる

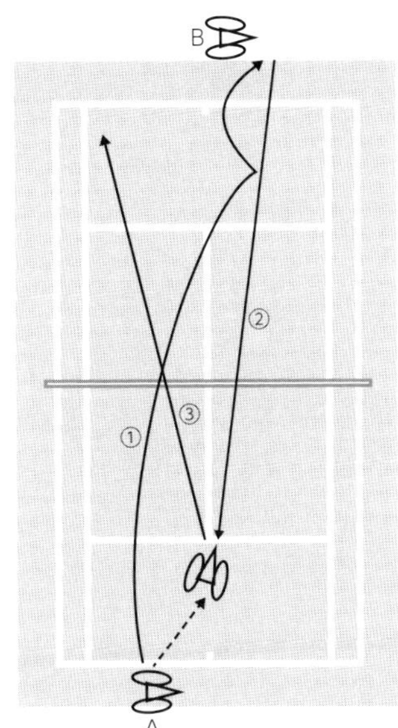

・AはBのバックハンドへトップスピンで高く弾むボールを打つ（①）。
・Bは高さの制限でうまく打てないため，短い返球となる（②）。
・AはBからの返球が短くなることを予測し，短いボールをポイントにつなげる（③）。

図5-17　戦術3：サービスを正面（ボディー）へ打ち，相手の動きを止める

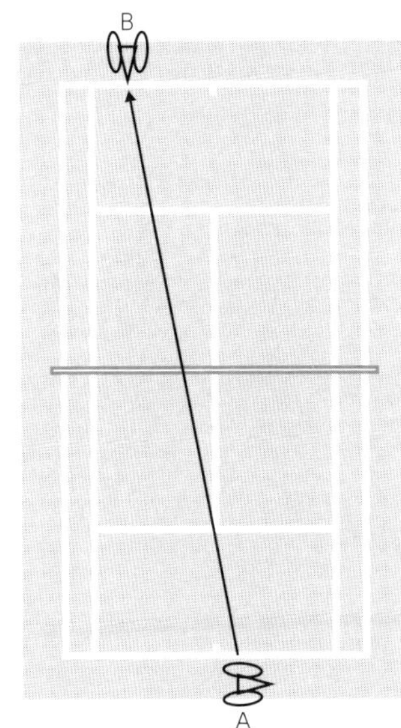

・AはBの正面にサービスを打ち，Bの動きを止める。
・Bは正面に打たれたことで動きが止まり，車いすをゼロから動かさなければならない。

図5-18　戦術4：相手がターンする方向の逆へ打つ

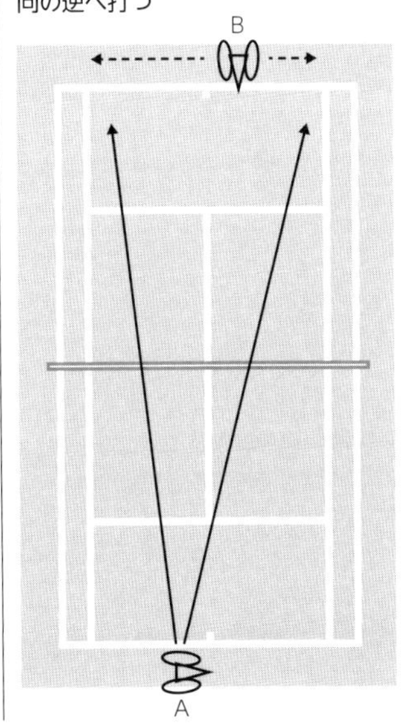

・AはBが左右どちらにターンするか動きを予測し，その逆側へ打つ。
・Bは逆側に打たれることにより1回多くターンすることになり，時間が必要になる。また，バランスをくずす可能性もある。

図5-9　戦術5：チャンスボールは相手の背中側へ打つ

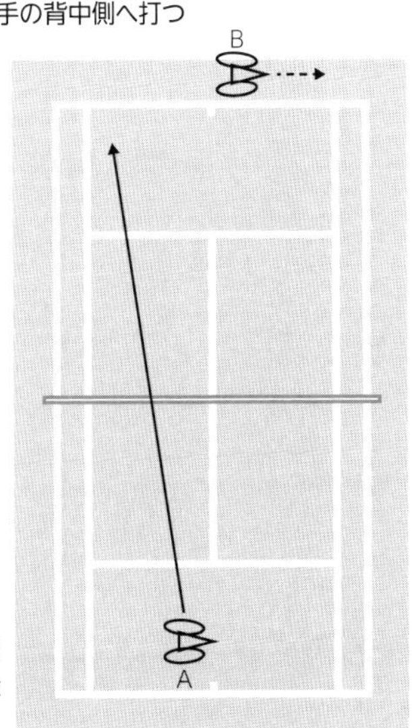

・Bは次のボールを予測して早めに動き出すので，その背中側に打つことで安全にポイントする。

のバランスをくずせる可能性が高まる戦術である。

目 的　相手の逆をついて，運動量を増やさせてバランスをくずす。

留意点　相手の動きをよく観察し，素早い判断を行う。

5—戦術 5

チャンスボールは相手の背中側へ打つ（図5-19）

明らかなチャンスボールが来た時に，相手はこれまでの経験から予測して早めに動き出すことが多い。その時に，相手の動きをよく観察できるレベルにあれば，相手の動きを見て背中側にボールを打つことでウィナーが取れる。この戦術は，競技用車いすは横へは動けない弱点を利用している。ただし，相手も同じ条件であるため，練習を積んで相手を観察できるレベルに達することで，安全にチャンスボールを決めることができる戦術である。

目 的　相手の進行方向とは逆の方向を選び，安全にポイントを取る。

留意点　相手とのかけひきに基づいた状況判断が重要である。

TENNIS COACHING THEORY

6章

テニスのコンディショニング

6-1

コンディショニングとは

1．コンディショニングの重要性

われわれが頻繁に口にする「コンディション」という言葉は，日頃の体調や健康管理の状態を表している。一方，競技スポーツにおけるコンディションは，日本スポーツ協会によれば「ピークパフォーマンスの発揮に必要なすべての要因」であり，コンディショニングの定義は，「ピークパフォーマンスの発揮に必要なすべての要因をある目的に向かって望ましい状況に整えること」，すなわち「競技スポーツにおいて設定した目標を達成するためのすべての準備プロセス」になる。

上記コンディションにおける要因には様々なものがあるため，一義的に１つの要因がスポーツパフォーマンス全体に影響を及ぼしているわけではない。図6-1はスポーツパフォーマンスを構成する様々な要素を示しており，技術をはじめ，心理，体力，戦術といった基本的な要因に加えて，素質，体質，ストレスといった内的要因，環境，職業といった外的要因もスポーツパフォーマンスに関連していることがわかる。

では，なぜコンディションを整えることが大切なのだろうか。表6-1は，オリンピック選手達がどのような要因をパフォーマンスの促進または阻害要因と感じるのか，要因別に示したものである。

表からは，競技者の中でも最高のパフォーマンスを求められるオリンピック選手にとって，様々な要因がパフォーマンスに影響を及ぼしていることが読み取れる。特に阻害要因に関しては，他者との関係や環境など，競技者だけではコントロールしにくい要因もある。これらの要因から受けるストレスを準備段階からある程度予測しかつマネジメントしながら，ストレスを最小限に抑える工夫も広義の意味でのコンディショニングといえる。

図6-1　スポーツパフォーマンスを構成する要素（グロッサーとノイマイヤー，1995，p.6を改変）

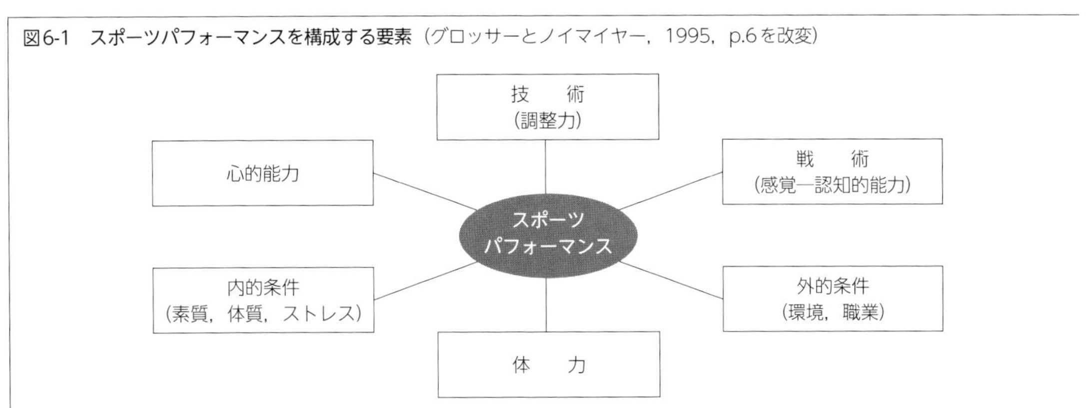

表6-1　パフォーマンスに影響を及ぼす促進要因・阻害要因
(Greenleaf, C., Gould, D., and Dieffenbach, K., 2001を改変)

促進要因	・心理的要因（メンタルの準備，試合に向けた心構え） ・選手サポート ・身体の準備 ・事前対策 ・コーチング ・試合準備／トレーニングのルーティン ・選手村での生活 ・オリンピックの高揚感 ・チームの一体感
阻害要因	・日常のルーティンワークとの乖離 ・指導者との関係 ・メディアとの関係 ・オーバートレーニング ・けが ・代表チームの選出プロセス ・居住空間／選手村 ・チーム内の問題 ・サポート不足 ・トレーニングに関する問題 ・仕事／費用の心配 ・時差ぼけ，移動 ・審判／ジャッジ ・その他

テニス競技でも，競技者になると海外の大会に出場する機会も増えてくるため，異なる環境への適応を余儀なくされる場合があり，国内で活動する時とは異なるコンディショニングの考え方が必要になる場合がある。2016年リオデジャネイロオリンピックの開催時，日本オリンピック委員会（JOC）はオリンピック選手が海外へ遠征する際の留意点として，渡航前後や機内での過ごし方，睡眠効果を高め時差を解消する方法，感染症予防のための方策などをコンディショニングガイド（https://www.joc.or.jp/games/olympic/riodejaneiro/pdf/conditioning_guide_rio2016.pdf）としてまとめている。長距離の移動を伴う競技生活にどのようなコンディションが影響を及ぼすのか，またコンディショニングを行うための具体的な方法を知る上で参考になる。

対照的に狭義のコンディショニングには，ピークパフォーマンスの発揮に必要なメンタル，フィットネス（体力），メディカル，栄養といった日常的に取り組みやすいアプローチが挙げられる。本節では主にフィットネスのパフォーマンス向上について取り上げるため，メディカル面でのコンディショニング（リコンディショニング注1）やメンタル，栄養についてはここでは述べない。

トレーニングとは身体への刺激であり，トレーニング効果は刺激へ適応することによってもたらされる。身体が刺激へ適応する過程では，過負荷（オーバーロード），特異性，可逆性といった3つの原理が影響を及ぼすことが知られている。さらに，トレーニングの実施段階では，全面性，意識性，漸進性，反復性，個別性といった５つの原則が相互に関連しながら学習効果を高める（『テニス指導教本Ⅰ』p.222～224参照）。またエネルギー供給システムの３つの供給過程と基本的なエネルギーの現れ方（『テニス指導教本Ⅰ』p.80～88参照）を知ることで，トレーニングとの関係においてよりテニスに特化したコンディショニングの理解が深まる。

トレーニングの目的は，「テニスパフォーマンスの向上」と「スポーツ外傷・障害予防」の２点に集約される。これらのうちどちらの優先順位が高いかは，プレーヤー個人のコンディション，年齢，目標などによる。例えば，けがの多いプレーヤーの場合はスポーツ外傷・障害予防が優先され，比較的けがの少ないジュニアプレーヤーの場合は中長期的なテニスパフォーマンスの向上が目的となる。他者との接触によって成り立つ競技とは異なり，テニスは練習のし過ぎや身体の使い方が適切でない場合にけがをしやすい。また無計画に中長期間トレーニングを続けても，期待する効果は得られないどころか受傷リスクが高まってしまう。

注１：リコンディショニング
何らかの理由で一時的に低下したメディカルコンディションを元の状態に戻すこと。

２．テニスパフォーマンス向上のためのコンディショニング要因

1―コンディショニングの基本的要因

長期，中期，短期のトレーニング計画をもとに，スポーツ外傷・障害予防とテニスパフォーマンスの向上を両立させるコンディショニングについては次節で説明するが，ここではテニスの技術やテニスに特化した動きを成り立たせている基本的な要因とそのコンディショニングについて考えてみたい。

1―動きの質

理想的な動きは図6-2に示す要因によって構成され，段階的かつ安定したピラミッドになる。より高いテニスパフォーマンスを発揮しつつ，スポーツ外傷・障害のリスクを最小限に抑えるためには，まず動きの質（ピラミッド最下段）が重要とされる。動きの質とは，身体の柔軟性や関節の可動性，身体の各部位の安定性を指す。質の高い動きとは，言い換えれば「身体の機能性」が高いことであり，疲れにくく効率的な動きを可能にする。

動きの質（身体の機能性）を十分に確保することで，筋力，パワー，スピード，持久力，敏捷性といった体力・運動能力の高いパフォーマンスが発揮できる。この段階では，パフォーマンスは立ち幅跳びにおける距離や持久走のタイムのように，計測可能で量的に追求することができる。

ピラミッドの最上段は，テニスにおけるグラウンドストロークやサービスといった個々の技術である。質の高い動き（身体の機能性）を身につけた上で，各体力・運動能力が十分に発揮されると，技術のコーディネーション，動きの正確さや効率，バランスが向上し，その結果，目的に合った安定したプレーが可能になる。テニスにおける最も中心的なコンディショニングは，動きの質を確保しつつ体力・運動能力を最大限に引き出し，安定した技術力を得るといった，ピラミッドを整える作業である。

一方，図6-3は関節の可動性や各部位の安定性が乏しい状態で，高い体力・運動能力が備わったアンバランスな例である。体力・運動能力を発揮するための前段階における動きの質が乏しいため，体力・運動能力や技術を十分にサポートできず，

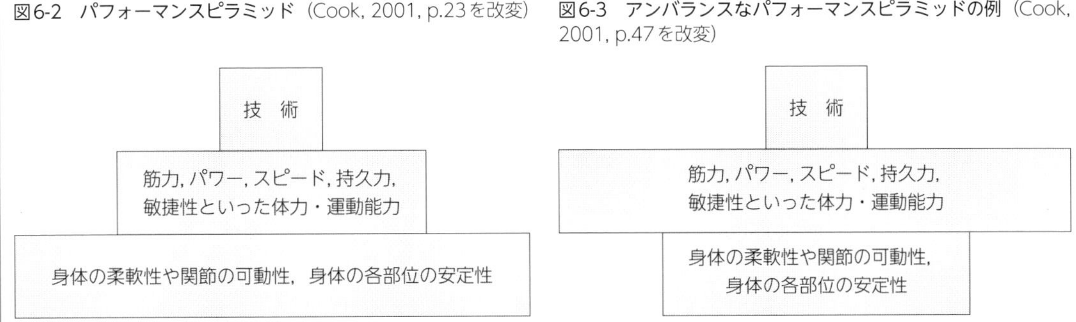

図6-2 パフォーマンスピラミッド（Cook, 2001, p.23を改変）

図6-3 アンバランスなパフォーマンスピラミッドの例（Cook, 2001, p.47を改変）

図6-4 各体力・運動能力間の相互関係（Bompa, 1999, p.317を改変）

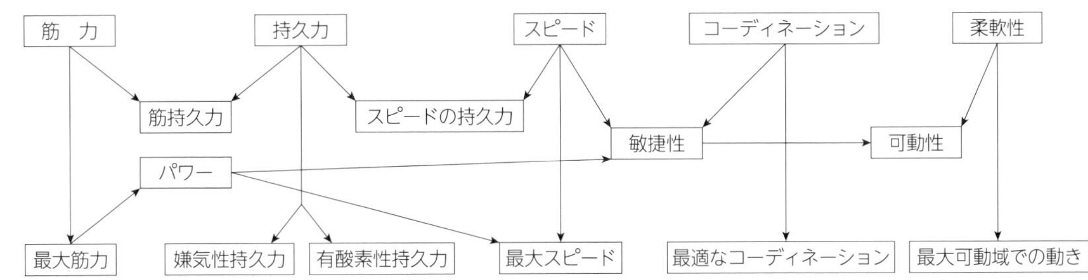

スポーツ外傷・障害発生のリスクも高くなる。こういった状態でのコンディショニングは，身体の機能性を高めるトレーニングが優先される。

2—体力・運動能力間の関係性

テニスパフォーマンスを高めるためには，コーディネーションをはじめ，筋力，スピード，柔軟性，持久力といった個々の運動能力の向上に加えて，体力・運動能力間の関係性（図6-4）に注目する必要がある。理由として，テニスの技術は複合的な体力・運動能力から成り立っており，1つの要因（例：持久力）だけでは技術的向上のための前提条件を満たさない。動きの質と技術とのギャップをできるだけ最小限に抑えるためにも，体力・運動能力の組み合わせを考慮したコンディショニングを考える必要がある。

また，近年の傾向として打球スピードやラリーテンポ，フットワーク，展開の速さが増してきており，技術的にもスピード化へ対応することが迫られている。そのため，敏捷性，スピードの持久力，筋持久力といった複合的な運動能力を高いレベルで向上させる必要がある。

2—トレーニング時の留意点

1—受傷リスクの正しい理解

このような高度なレベルでトレーニングを行う場合，留意する点として，ハイパフォーマンスを追求するあまりトレーニング過多（オーバートレーニング）や，反対にオーバートレーニングを危惧するあまりトレーニング不足（アンダートレーニング）に陥らないことである。オーバートレーニング，アンダートレーニングともに受傷につながることがわかっているため，トレーニングにおける負荷や休息時間といった要因は，受傷リスクの正しい理解のもとにコントロールする。

表6-2　指導における観察項目と不適応の兆候および症状
(Calder, 2003, p.229を改変)

指導における観察項目	不適応の兆候や症状
直接対話	プレーヤーによる以下のコメント ・脚が重い ・気分が良くない ・痛みがある（特に脚部）
身体言語	・表情や顔色 ・姿勢 ・欲求不満のサインなど
パフォーマンス	・技術力の不足 ・スタート後の加速が遅い ・動きが鈍い ・意思決定および反応時間が遅い
心理面	・低いモチベーション ・集中力の低下 ・積極性の欠如 ・自信の欠如
その他	・不健全な食習慣 ・食事の摂取量不足 ・睡眠の乱れ ・外的ストレス

指導者は日常的にプレーヤーを観察し，練習や体力トレーニングに適応できているかどうか，また試合から受けるストレスに対処できているかどうかを見極め，複数の判断基準を持って兆候や症状を見逃さないようにする（表6-2）。

トレーニングに関連する受傷リスクは，定期的なフィットネス（体力・運動能力）およびメディカルチェックに加えて，毎日の検温，安静時心拍数，睡眠時間，トレーニング時の運動量や疲労度を把握することでも回避することが可能である。トレーニング日誌やICT（Information Communication Technology：情報通信技術）を活用するなどして，日々のコンディションをモニターすることが推奨される。

2―疲労からの回復

コンディショニングにおける心理面を含む疲労からの回復（リカバリー）度合いは，継続的に高度なパフォーマンスを発揮，維持することと密接に関係しており，トレーニングの実効性にも影響する。近年，疲労から効率よくリカバリーする方法として様々な方法が考案され試されているが，睡眠，休息，栄養，水分補給といった基礎的要因がすべてのリカバリーの基礎となる（図6-5）。

図6-5　リカバリーピラミッド（Stephens & Halson, 2022, p.356を改変）

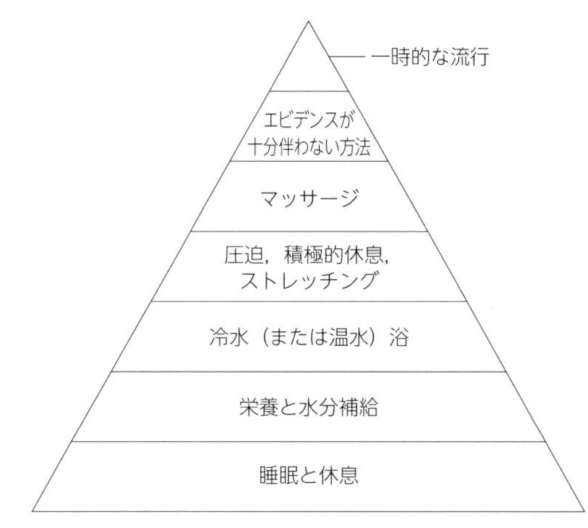

[睡眠]

十分な睡眠時間と質の高い睡眠の確保は，身体面，心理面のリカバリーのみならずスポーツ外傷・障害予防にもつながるため，競技生活におけるストレスを蓄積させない身近なコンディショニングとしてぜひ取り組みたい。

[脱水症状]

コンディションを把握する上で，身体の脱水状態の指標として尿の色を用いることができる（カバー折り返し部分参照）。脱水症状の進行を客観的に知るために，数段階に分かれた指標に照らし合わせて判断する。留意点として，尿の色は食事や水分に含まれる栄養素（例：ビタミン類）の影響を受けやすいため，練習や試合直前，前日の栄養摂取の状況を確認する。脱水症状を避けるためには，練習環境，体力トレーニング時間，運動量・強度，体調といった要因も含めて総合的に判断する必要がある。

3．テニスプレーヤーに必要なセルフコンディショニング

コンディショニングとは，前述の通り，「ピークパフォーマンスの発揮に必要なすべての要因をある目的に向かって望ましい状況に整えること」，すなわち「競技スポーツにおいて設定した目標を達成するためのすべての準備プロセス」である。このコンディショニングは，①チームコンディショニング（プレーヤー以外のまわりのスタッフが環境を整えること）と，②セルフコンディショニング（プレーヤーが自身で行うコンディショニング）に大別できる。ここでは，テニスプレーヤー自身が行いたい，目標としている試合でベストパフォーマンスを発揮するために必要なセルフコンディショニングと，その中でも目標とする試合に向けて日々の練習や試合前後のリカバリーのためのセルフケア（自身での心身への手入れ）について説明する。

1―セルフコンディショニング

プレーヤーそれぞれが掲げる目標は，プレーヤーの置かれている場やその状況によって様々であるとともに，コンディショニングの目的や方法もそれぞれ異なるものの，基本的にコンディショニングを実行する項目は誰にでも共通している。そして，図6-6に示しているセルフコンディショニングの内容や方法を，自身にとって最善となるようにアレンジしていくことが必要である。

セルフコンディショニングの内容は，日常生活の延長上にスポーツがあるという考えに基づき，食事や睡眠などの日常生活に関わる項目から，傷病の予防，痛みに対する考え方，疲労への対処法，熱中症や脱水によるパフォーマンスの低下を防ぐための水分の補給，暑い時や寒い時の対処の仕方，ウォーミングアップとクーリングダウンの正しい知識，トレーニングに対する考え方なども十分に理解しておく必要がある。

図6-6　セルフコンディショニングの内容

1．日常生活
2．食事
3．睡眠
4．病気への対処
5．痛み，けがへの対処
6．疲労（疲れ）への対処
7．水分の補給
8．ウォーミングアップとクーリングダウン
9．トレーニング
10．暑さ，寒さへの対処
11．ドーピングコントロール
12．海外遠征のコンディショニング

加えて，現代はドーピングコントロールに関する知識も重要である。これは自分の口に入るものに対して責任を持つことであり，不測の事態に備えて自己防衛することにつながる。特に，海外を転戦するプレーヤーともなれば，海外遠征で気をつけなければならないことを十分認識し，いつでも，どこにおいてもベストパフォーマンスを出せるように調整していかなければならない。

2―セルフケア

セルフケアとは，セルフコンディショニングの中に位置づくとともに，特にプレーヤーが自身の心身に「手入れ」をすること，つまり，「コンディショニング」の一環として，心と身体の調整や回復をプレーヤー自身で行うことである。そのため，セルフケアは，コンディショニングの土台ともいえ，日々積み重ねることが重要となる。

1―リカバリー

リカバリーとは，回復する，復旧する，取り戻すという意味で，ここでは激しい運動などによって，疲労し傷ついた身体や心の状態を元の良い状態に取り戻す一連の行動を指している。つまりリ

カバリーは，運動後にすべき行動だけではなく，その前段階として，運動によって失われてしまうと予測される栄養（エネルギー）や水分，電解質などの分量を運動前に体内に取り込んで蓄えておかなければならない。また，身体がこわばった状態で急激に過度な運動をすれば傷病につながりかねないため，ウォーミングアップやストレッチングなどでその後に行う激しい運動に対して準備をすることや，運動中に水分や電解質，エネルギーが枯渇することのないように計画的な補給をすることなど，一連の準備行動によって運動後のリカバリーの効果を高めることができる。そして，運動後には，失われたエネルギーや水分，電解質を速やかに補給して，疲労した身体を素早く回復させなければならない。

身体的な疲労回復には，主に激しい運動により硬くこわばった筋や腱に柔軟性を持たせ，筋腱や関節がスムーズに動く状態に戻していくことが必要である。激しい運動後に身体をそのまま放置しておくと，循環が抑制され筋温の急激な低下により，筋腱の硬化や柔軟性の低下，可動域の減少など，運動を阻害する状態に陥ってしまう。そして，その状態が長く続くほど翌日以降の身体動作に影響が出てしまうため，できる限り早いタイミングでのリカバリーが必要である。

2—主なセルフケアの実際

①クーリングダウンとストレッチング

身体的な疲労回復の手段としては，クーリングダウン（軽いランニングや可動域を最大限に動かすなどの軽い体操）を行い，徐々に身体を平常の状態に戻していく。そして，主動作筋に対するストレッチングを短時間で行い，帰宅してゆっくりと入浴した後に暖かい部屋で入念に行うようにする。

ストレッチングで注意しなければならないことは，運動前や運動後においても寒い環境下では，床や地面に座って行うような種目は避け，できるだけ立った状態で主要な筋腱がストレッチできる種目を選ぶとよい。なぜならば，冷たいところに触れる身体面が大きければ大きいほど，体温は奪われ身体が冷える状況を作ってしまうからである。

②アイシング（冷却）・アイスバス

身体を冷やすことは疲労の回復に有効である。また，けがや痛みを抱えているプレーヤーにとって，運動後の部分的なアイシング（冷却）は痛みの悪化を抑える効果がある。さらに，暑熱環境下での練習や試合では，体温の上昇を抑えることが熱中症の予防やパフォーマンスの維持につながる

図6-7　アイスタオルを利用したアイシングの様子

図6-8　アイスバスの様子

ことから，後頸部と腋窩を同時に冷却することができるアイスタオルを使っている場面を見かけることが多くなった。バスタオルを３分割した各部分に氷袋を入れ，それぞれの区切りをテープまたはひもでくくり，中央部分を後頸部に当てて両端を脇に持ってくると，頸部と腋窩を冷やすことができ，体温の上昇を防ぐことができる（図6-7）。

また最近は，試合後に身体全体を冷却する「アイスバス」（図6-8）の使用も増えてきている。アイスバスは，全身または下半身を冷水に浸し，冷却とその後の循環促進効果により炎症症状を抑え，痛みを軽減するとともに，疲労物質をいち早く除去することで，身体の回復を早める効果があるといわれている。特に暑熱環境下では，熱中症予防や救急処置でも使用されるため，必要な機材としての認識が高くなっている。現に，国際テニス連盟（ITF），男子プロテニス協会（ATP），女子テニス協会（WTA）の国際大会およびグランドスラム大会の運営規定には，アイスバスと十分な氷を用意することが要求されていることから，各大会のロッカールームには必ずアイスバスが設置され，新たなスタンダードとなっている。

方法は，運動終了後できれば15分以内に行うことが有用とされており，クーリングダウンやストレッチング終了後に全身または下半身をアイスバスに浸す。アイスバスの温度は，文献にもよるが12℃から15℃の水温に15分間から20分間身体を浸すことが推奨されている（表6-3）。冷たさを我慢できない場合は，温度や時間を調整しても構わないが，７℃以下の水温は推奨されていない。その後，体温がある程度戻ったら，暖かい場所，あるいは帰宅後にゆったりとした状態で，身体が冷えないようにマットなどの上で入念なストレッチングを行うのが効果的である。

表6-3　アイスバスの入浴時間と水温のガイドライン

水温（℃）	時間（分）
18℃以上	30分まで
15～18℃	20～25分
12～15℃	15～20分（推奨）
10～12℃	12～15分
7～10℃	8～10分
7℃未満	回　避

③栄養の補給

栄養の補給は，食事によって栄養物質を身体に取り込み，エネルギーや身体組成要素を身体の隅々に充満させ，身体の疲労や損傷部の回復を促進させるのに効果的である。

水分補給とともに，何をどれだけ，どのタイミングで摂取するべきかは，試合期なのか，トレーニング期なのか，疲れているのか，けがをしているのかによっても，食事の内容を調整することが重要である。

④睡眠の確保

睡眠は，身体の修復時間である。質の高い十分な睡眠は，栄養素を身体の隅々まで運び，疲労物質や老廃物を身体の外に出し，また新陳代謝が活発になれば傷ついた組織を修復させる大変重要な時間である。

プレーヤーには８～９時間の睡眠が必要といわれているが，個人差があるので，自身の最適な睡眠時間を見つけてその時間を確保するとともに，熟睡できる環境を作ることが重要である。夏の暑い日や冬の寒い日の冷暖房のかけ過ぎは，室内を乾燥させ，喉や鼻の粘膜にも悪影響を及ぼすため，冷暖房の使い方にも気をつけなければならない。

以下は質の高い睡眠を得るための実践的なガイドラインである（Pluim & Safran, 2004, p.52）。

▶夜遅くにカフェイン（例:コーヒー，紅茶，コーラ，チョコレート），ニコチン，アルコールなどの刺激の強い食品を避ける。

▶就寝前２時間から４時間の間に，胃に負担がかかる食品や，脂肪の多い食品を避ける。

▶完全な空腹も避けたほうがよい。夜の軽食は有効である。

▶気分が高揚してしまうため，寝る直前に難しく集中力が要求される仕事に取り組まない。

▶すぐに眠れなくても神経質にならない。薬によって気分が悪くなることがあるため，重要な試合の前日は睡眠薬の使用は必要な場合を除き避ける。普段のことができていれば，重要な試合において前日に眠れなかったことを心配する必要はない。オリンピックでは，何日も眠れなかった後に新記録が出ることもある。

▶布団に入って考え込んだり，心配したりする時間を減らす。気持ちの切り替えを学ぶこと。布団に入ったら心配することよりも楽しいことを思い浮かべる。そうすることが眠りやすい落ち着いた時間をもたらす。

▶ストレスを減らすためにリラクセーションの方法を試す。例えば，リラックスするための音楽を聴く，筋肉を弛緩させる所定の動作を繰り返す，呼吸法，視覚化など。温かいシャワーや風呂，または読みやすい本を読むことも有効である。

▶一連の生活習慣を整える。就寝と起床を毎日同じ時間に繰り返すことで，体内時計が起床時間と就寝時間に合うようになり，生活のリズムが整う。

▶寝る時に正しい体勢を選ぶ。横向きの状態で膝を曲げ，両膝の間にクッションを挟むことを試してみる。

▶真っ暗，静か，涼しい，換気が良い部屋が最も眠りやすい。このような環境を整えるのが困難であれば，アイマスクや耳栓を使用する。

▶パジャマなどの寝間着は心地良く柔らかい布地でできたものを着用する。敷布は肌ざわりがよく，体熱を逃がす働きがあるため，清潔で新しい綿素材のものがよい。ベッドカバー(掛布団)は痙攣のリスクを減らすために，ゆったりとした余裕のあるものがよい。電気毛布は筋肉を弛緩させると同時に，脳の温度を上昇させるため，タイマーを使用し，眠りについた後に電源が切れるようにしておくとよい。

3―セルフチェック

コンディショニングにおいて，セルフケアやその他のコンディショニングがうまく進んでいるかを確認すること，また疲労度または体調の変化などを自身が常に認識することが必要である。そのために，セルフチェックを実行し，それを継続的に記録することによって，コンディションを維持するためのツールとして使うことができる。

セルフチェックをする項目は，①安静時体温，②安静時脈拍，③体重に加え，暑い時期には④尿の色などであり（表6-4），これらを随時チェックし，その変化を記録する。

1―安静時脈拍のチェック

朝目覚めた時，床から起き上がる前に，首にあ

表6-4　セルフチェックの項目と要点

①安静時体温のチェック	・朝，目覚めた時，起き上がる前に測る ・グラフをつけてわかりやすくする ・自分の月経周期を知る ・自分の体調や疲労度を知る
②安静時脈拍のチェック	・朝，目覚めた時，起き上がる前に測る ・首または手首の動脈で測る ・自分の体調や疲労度を知る
③体重のチェック	・朝起床後 ・練習の前・後 ・就寝前 ・体重を比較する ・脱水状態，疲労度のチェック ・体調と回復状態のチェック
④尿の色のチェック（暑熱環境下）	・排尿時の色を見る ・普段より濃ければ脱水傾向 ・補水状態，脱水状態を知る

る頸動脈または手首の橈骨動脈で1分間の脈数を記録する（30秒間×2，または15秒間×4でも可）。疲労状態（疲労困憊，オーバートレーニング）や疾病の初期状態では脈は速くなる傾向があることから，早い段階での対処に役立つ。

2—安静時体温のチェック

朝目覚めた時，床から起き上がる前に，脈拍と一緒に計測する。体温の変化は，本人も気づきにくい，わずかな体調の変化を示す。例えば，気分が優れない，身体が重い，だるいなど，疲労の蓄積やオーバートレーニングに陥る前段階を感知することができ，また女性であれば自分の月経周期を知ることになり，体調の変化を事前に予測できるだけでなく，それに対する心構えや月経コントロールにも役立つことがある。

3—体重のチェック

体重を計測して記録することは，スポーツでは従前から行われてきた古典的な体調管理の方法で，習慣化しやすく最もわかりやすい方法のひとつである。体重は，疲労度や脱水状態，体調不良，肥満などにより様々に変化するが，毎日就寝前と朝起床時（ともに排便後）に同じ条件下で量ることで普段の体重の変化を知ることができる。

また，運動前後に量ることは，運動によって失われた水分量を把握することができ，運動中の水分補給が十分にできているか，脱水状態に陥っていないかなどを客観的に評価できることから，脱水症状や熱中症の予防につながる。特に，体重が２％以上減少していればすでに脱水状態であるといわれており，体重の減少が２％を超えないように水分補給を計画的に行う必要がある。

4—尿の色のチェック

尿の色は，水分の補給がうまくできているか否かの指標となる。尿の色がいつもより濃い場合は脱水傾向にあるため，普段の色と同じくらいになるまで水分を多く摂ることが必要である。尿のカラーチャートで自身の尿の色を照らし合わせ，どのくらいの濃さなのかを知ることは脱水症や熱中症の予防に役立つ（カバーの折り返し部分参照）。

セルフコンディショニングは，ありとあらゆる日常生活行動に関係しているため，その内容は膨大であり，すべてをコントロールすることは難しい。しかしながら，ここで取り上げた方法を実践することで，プレーヤーのコンディションは格段に向上するはずである。

無理にできないことをするのではなく，できることから始め，継続することが大切である。セルフコンディショニングとしてのセルフケアの１日の流れを表6-5にまとめた。ぜひ参考にしていた

表6-5　セルフチェックとセルフケアの1日の流れ

起床	脈拍，体温の計測（起き上がる前） 起床時間の記録（睡眠時間） 体重計測①（排便後，食事前） 前日の就寝前の体重との増減を比較し記録
朝食	運動の3時間前 エネルギー，水分，電解質の補給①
移動 到着	水分，電解質の補給② 体重計測② ウォーミングアップ（含むストレッチング）
練習 試合	運動中の水分，電解質の補給③（計画的に）
終了	クーリングダウン（含むストレッチング） 体重計測③（練習前と比較，2％減は要注意） エネルギー，水分，電解質の補給④ シャワー（身体全体の汚れを軽く流す） アイスバスまたはアイシング ストレッチング，マッサージ
昼食 移動 帰宅	練習終了から帰宅までの間，2回の練習を挟む時の昼食は，軽食で消化のよいもの 水分，電解質の補給⑤
夕食	栄養素，エネルギー，水分，電解質の補給⑥ 入浴 体重計測④（または就寝直前）
就寝	就寝時間を記録 （翌日の起床時間により睡眠時間を調整）

だきたい。

4．トーナメントでのコンディショニングの考え方

テニスプレーヤーにとって，重要な大会でピークパフォーマンスを発揮することがコンディショニングの最終的な目的である。しかし，トーナメント方式の大会では１日に数試合行われる場合や，１日１試合または１日おきの試合が勝敗によって数日間にわたることがあるため，１つの試合だけのピークについて考えることは現実的ではない。ここでは試合が連続するトーナメントにおいて，運動時の負荷と休息からコンディショニングを考える。

1―運動負荷を知る

コンディショニングを考える上で，運動負荷は疲労度を知るための中心的な指標のひとつである。運動負荷を普段から記録することで，トーナメント中でも試合以外でどれだけ練習や体力トレーニングを行うことが妥当なのか，ガイドラインを得ることができる。運動負荷は心拍数や乳酸値などから導き出すことはできるが，計測用の器具を使わずに，主観的かつ簡易に主観的運動強度（修正ボルグスケール〈Category-ratio perceived exertion scale，CR-10とも呼ばれる〉）と運動時間を用いて，一定期間の運動負荷を求める方法がある（Foster, 1998）。１日のうち数回に分かれた運動時間にも適用が可能なため，試合，テニスの練習，体力トレーニングの時間が別々の場合でも，それぞれの運動負荷を合算することで全体の運動負荷を知ることができる。

表6-6は，運動中に感じる０から10までの12段階による主観的運動強度を示したものである。10を越えた強度はすべて最大となる。また**表6-7**は，例として練習と体力トレーニングの時間を合算した運動時間（分），主観的運動強度，そしてこれら２要因の積である運動負荷，および６日間の運動負荷の合計と平均を示したものである。

日常的な練習や体力トレーニングは時間の算出が比較的容易なため，主観的な運動強度によって運動負荷が決まる。しかし，トーナメント中は試合時間が定まらないため，試合の他に行う練習や体力トレーニングの運動負荷を知るには，まず試合時間と試合における主観的運動強度から試合の運動負荷を算出した後，運動負荷の平均と比較することで求めることができる。また運動負荷の合

表6-6　修正ボルグスケールによる主観的運動強度

0	何も感じない
0.5	非常に楽
1	かなり楽
2	楽
3	中くらいのきつさ
4	少し強いきつさ
5	きつい
6	
7	非常にきつい
8	
9	
10	最大に近い

表6-7　運動時間と主観的運動強度をもとにした運動負荷（6日間の例）

	練習／体力トレーニング時間（分）	主観的運動強度	運動負荷
月曜日	120	3	360
火曜日	150	4	600
水曜日	120	6	720
木曜日	150	5	750
金曜日	120	4	480
土曜日	150	3	450
		運動負荷の合計	3,360
		運動負荷（6日間）の平均	560

計は，残りの日程においてどれだけの運動負荷であれば許容範囲なのかを判断する指標となる。

表6-7の例で算出されている運動負荷（6日間の平均）560を1日の運動負荷の上限として考えてみる。トーナメント初日に100分の試合時間を主観的運動強度4で終えたとすると，試合の運動負荷は400である。残り160前後の運動負荷をかけた練習または体力トレーニングであれば初日での許容範囲であり，運動負荷の合計から初日を含む6日間のすべての運動（試合,練習,体力トレーニング）における運動負荷は3,000前後まで許容されることがわかる。

トーナメント中のコンディショニングは，トーナメントが始まる前のコンディションが影響する。普段から運動負荷の平均や合計を知ることは，トーナメント中の運動時間や運動強度の設定に役立つだけでなく，休息のタイミングやトレーニング種目をコントロールしたり，オーバートレーニングやアンダートレーニングを避けたりするための基礎データとなる。トーナメント中は疲労をいかに蓄積させないか，また速やかに軽減するかがコンディショニングの鍵となるため，休息，練習，体力トレーニングといった要因をどのようなタイミングでどれだけ取り入れるかを戦略的に考えることは，ピークパフォーマンスを維持する上で必須である。

2―体温調整

運動中における過度な深部体温の上昇はパフォーマンスの低下につながるため，体温調整はコンディショニングにおける重要なテーマである。特に暑熱環境下においては脱水症状や熱中症との関連も考えられるため，電解質を含む水分摂取をはじめ，適切な休息時間の確保や運動強度のコントロールなど様々な対策がとられてきた。

なかでも内部・外部から身体を冷やす身体冷却は，運動中や運動前後に適切に用いられることで有効性と実用性が発揮される（表6-8）。身体冷却は，1つの方法を単独で行うやり方に加えて，複数の方法を同時に行う（例：クーリングベスト

表6-8　身体冷却方法とその特徴（日本スポーツ協会，2019，p.25を改変）

冷却方法		冷却効率		実用性				簡便性	運動能力	備　考
		核心	皮膚	運動前	運動中	休憩時	運動後			
外部冷却	アイスバス	◎	◎	○	—	△	◎	△	○	冷却直後のスプリント運動や筋発揮に負の影響あり
	アイスパック	△	◎	△	△	◎	◎	◎	△	冷却効率はアイスバスの1/10程度
	クーリングベスト	△	◎	◎	○	◎	◎	◎	◎	運動中着用できるが，重量が気になる場合がある
	送　風	△	○	△	—	◎	○	○	△	霧吹き／水噴射との組み合わせ可能，屋外でも使用可能
	頭部・頸部冷却	△	◎	◎	○	◎	◎	◎	◎	運動中使用できるが，核心までは冷えないので熱中症に注意
	手掌冷却	△	○	◎	—	◎	○	◎	○	温熱感覚に好影響，様々なスポーツ競技で実施可能
内部冷却	水分補給	○	△	◎	◎	◎	◎	◎	○	脱水予防やエネルギー補給が可能
	アイススラリー	◎	△	◎	△	◎	◎	◎	◎	電解質／糖質補給と冷却効果を組み合わせることができる

を着用した状態でアイススラリーを飲用）ことも可能である。

留意点として，プレーヤーが体調をくずしたり，冷温の刺激によってフットワークや打球時に違和感を覚えたりする場合は，身体冷却の中断を視野に入れながら，冷却温度，時間，タイミングなどを変化させることが望ましい。トーナメント期間中でも通常のルーティンとして実施できるように，普段から対策を講じる必要がある。

3―トーナメント中の運動負荷の考え方

表6-9は，トーナメントにおける試合日程別に，試合，休息，練習および体力トレーニングの負荷の例を示したものである。表6-7で示した運動負荷の考え方をもとにしているため，練習と体力トレーニングの負荷は幅（低／中，中／高）があり，試合における運動負荷によって変化する。積極的休息は，水泳，ジョギング，ヨガ，サッカーといったテニス以外のスポーツやアクティビティが推奨されているが，リラックスした状態で楽しみながら行うテニスの練習も含まれる。

基本的に短期間で試合が連続するトーナメントでは積極的な休息を取り入れるとともに，日程中盤には試合の運動負荷により高い負荷をかけることもある。一方で，断続的な試合日程や週末だけ試合のある大会では，大会の前半から後半にかけて，試合の運動負荷によっては低度から高度までの負荷で練習または体力トレーニングを行うこともある。これは運動負荷の少なさからくるアンダートレーニングを避けることと，運動負荷の単調さを防ぐためである。

トーナメント中のコンディショニングを考える上で，具体的なトレーニングプログラムをはじめ，食事の質や食べる量，睡眠の質と睡眠時間の長さといった基本事項の理解は必須である。理由として，トーナメントは日常の練習環境から離れた場所，異なる環境で行われることがほとんどであり，移動や環境に適応することへの労力に加えて，日常とは異なる刺激が多すぎると，プレーヤーにとって余分なストレスになるからである。トレー

表6-9　試合日程別の試合，休息，練習および体力トレーニング負荷の例

〈毎日試合〉

	1日目	2日目	3日目	4日目	5日目	6日目
試　合	○	○	○	○	○	○
休　息		積極的		積極的		
練習・体力トレーニング負荷	低／中		中／高		低／中	

〈断続的に試合〉

	1日目	2日目	3日目	4日目	5日目	6日目	7日目	8日目
試　合	○		○		○	○	○	○
休　息					積極的		積極的	
練習・体力トレーニング負荷	低／高	中	低／高	中		低／高		

〈週末だけ試合〉

	1日目	2日目	3日目	4日目	5日目	6日目	7日目	8日目	9日目
試　合	○	○						○	○
休　息	積極的		完全					積極的	
練習・体力トレーニング負荷		低／高		中／高	中／高	低／中	低／中		

ニングも身体への刺激であり，トーナメント期間中は筋力，パワー，持久力などの基礎的運動能力は維持またはわずかな向上だけに留め，それまでに行ったことのない動きやドリルは避けるほうがよい。

プレーヤーは普段の生活のルーティンにできるだけ近づけるために，自分でコントロールできること（トレーニング量や質，食事，睡眠時間など），できないこと（試合開始時間，サーフェス，天候など）を理解した上で，コントロールできることには対応し，できないことに関しては適応すべく対策を講じる必要がある。

［文献］

・Bompa, T.O. (1999) Periodization: Theory and Methodology of Training (Fourth edition). Champaign, IL: Human Kinetics.
・Calder, A. (2003) "Recovery" in Reid, M., Quinn, A., and Crespo, M. (ed.) Strength and Conditioning for Tennis. London: International Tennis Federation, ITF Ltd.: pp.227-239.
・Cook, G. (2001) "Baseline Sports-Fitness Testing" in Bill Foran (ed.) High-Performance Sports Conditioning. Champaign, IL: Human Kinetics: pp.19-48.
・Foster, C. (1998) "Monitoring training in athletes with reference to overtraining syndrome" Med. Sci. Sports Exerc., Vol. 30, No. 7: pp.1164-1168.
・Greenleaf, C., Gould, D., and Dieffenbach, K. (2001) "Factors Influencing Olympic Performance: Interviews with Atlanta and Nagano US Olympians" Journal of Applied Sports Psychology, 13: pp.154-184.
・公益財団法人日本スポーツ協会（2019）スポーツ活動中の熱中症予防ガイドブック第５版.
・Kovacs, M.S. (2010) "Heat and Hydration Recovery in Tennis" in Kovacs, M.S., Ellenbecker, T.S., Kibler, W.B. (ed.) TENNIS RECOVERY A Comprehensive Review of the Research. A United States Tennis Association Sport Science Committee Project. USTA.
・マンフレート・グロッサー，アウグスト・ノイマイヤー（1995）選手とコーチのためのスポーツ技術のトレーニング，朝岡正雄，佐野淳，渡辺良夫［訳］，大修館書店.
・Pluim, B. & Safran, M. (2004) From breakpoint to advantage: a practical guide to optimal tennis health and performance. Vista, CA: Racquet Tech Publishing.
・Stephens, J.M. & Halson, S.L. (2022) "Recovery and Sleep" in French, D. & Ronda, L.T. (ed.) NSCA's Essentials of Sport Science. Champaign, IL: Human Kinetics: pp.355-364.
・財団法人日本体育協会［編］（2007）コンディショニングとは，公認アスレティックトレーナー専門科目テキスト，第６巻予防とコンディショニング，文光堂：p.3.

6-2 ピリオダイゼーション

1. トレーニング計画の基本的な考え方

1―ピリオダイゼーションとは

前節で見たように，コンディショニングの定義は「競技スポーツにおいて設定した目標を達成するためのすべての準備プロセス」であった。科学的根拠に基づいた準備プロセスを，周期と目的によって区切ることを「ピリオダイゼーション（期分け）」と呼ぶ。ピリオダイゼーションは，体力トレーニングのみならず，オンコートの技術練習や試合を含むすべてのテニス活動が対象であり，トレーニング計画立案時の基本的かつ統合的なコンセプト[注2]である。

競技スポーツの分野では，これまで数々の異なる理論に基づいたピリオダイゼーションが編み出され，テニス以外のスポーツでもその競技に則したピリオダイゼーションに基づくトレーニングが行われてきた。ここでは新奇性の高い理論について網羅的に紹介するのではなく，応用範囲が広いと思われる伝統的なピリオダイゼーションをテニスに適用する形で取り上げる。

注2
ピリオダイゼーションはコンセプト（概念または考え方）であり，トレーニング量，強度，頻度といった要因から構成されるトレーニングプログラムと同義ではない。

2―周期（サイクル）の設定

ピリオダイゼーションの主目的は，①オーバー（またはアンダー）トレーニングを避ける，②最適なタイミングでピークパフォーマンスを獲得する，③トレーニング計画の無駄を省く，の3点である。

コンディショニングが準備プロセスであることから，ピリオダイゼーションではプロセスをより明確化するために，「周期（サイクル）」ならびに目的別の「期分け（ピリオド）」といった時間軸を設定する。周期の長短は，取り組む課題やトレーニングに費やす期間に応じて，長期（マクロ）サイクル，中期（メゾ）サイクル，短期（マイクロ）サイクルといった区分があり，各周期の長さはおおよそ以下のように考えられている。

▶長期（マクロ）サイクル：１年以上
▶中期（メゾ）サイクル：数週間から１年未満
▶短期（マイクロ）サイクル：数日から数週間

オリンピック・パラリンピックなどの数年に一度の大会は長期，１年に一度のグランドスラム，全国大会などは中期のトレーニング周期として考えることができる。

長期的な視点から考える場合，短期，中期の周期はそれぞれ単独では準備プロセスが整いにくいため，短期のトレーニング周期は中期の，中期のトレーニング周期はより長いトレーニング周期に組み込まれることで機能する。短期，中期の周期を連続的，段階的に組み合わせることで，効果的，効率的にピークパフォーマンスが発揮できることを目指す。

[根拠となる病理モデル]

ピリオダイゼーションには，根拠となる病理モデル（Selye, 1936）が存在する。身体が普段とは異なる刺激を受けると，身体組織が警告を発してパフォーマンスは低下する（警告反応期）。その後刺激に適応するために，しばらくの間身体は抵抗し続け，一定期間パフォーマンスは向上する（抵抗期）。一方，最初の刺激と同等かそれ以上の刺激が加わり続けた場合，身体組織は限界を超えて抵抗できなくなり，パフォーマンスは再び低下してしまい，結果として病気やオーバートレーニングに陥ってしまう（疲弊期）。抵抗期において休息または刺激の変化といった対策が講じられることで，身体組織は回復し最初に受けた刺激よりも高いレベルの刺激に対応できるようになる。こういった一連の身体的反応は「全身適応症候群」（General Adaptation Syndrome：GAS）（図6-9）と呼ばれる。

GASのモデル図からは，トレーニング効果を得るためには刺激の変化が重要であること，刺激

図6-9　全身適応症候群（GAS）のモデル図（Haff，2004を改変）

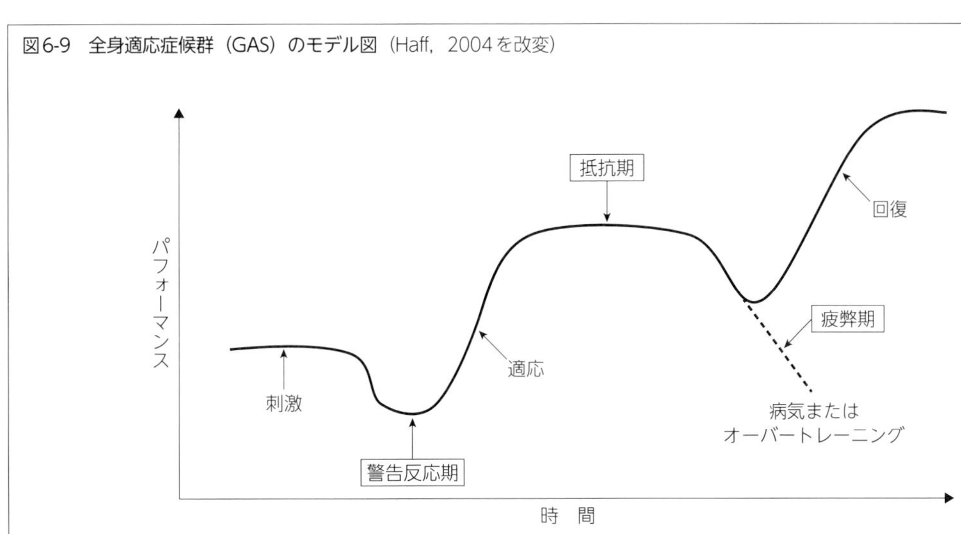

への適応過程でパフォーマンスが向上すること，パフォーマンス向上には適切な休息が不可欠であることがわかる。これらの基礎的要因はピリオダイゼーションの立案時に，後述するように異なる目的を持った段階的な期分け[注3]につながる。

注3：段階的な期分け
期間の名称，区分，変化要因にも様々な種類がある。近年ではトレーニングのみならず，栄養，心理，技術，リカバリーといった要因を平行かつ複合的に考えることもある。(Blumenstein & Orbach, 2019)

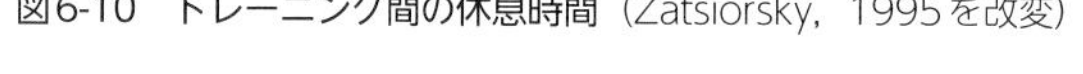
図6-10　トレーニング間の休息時間（Zatsiorsky，1995を改変）

①休息時間が短過ぎる場合

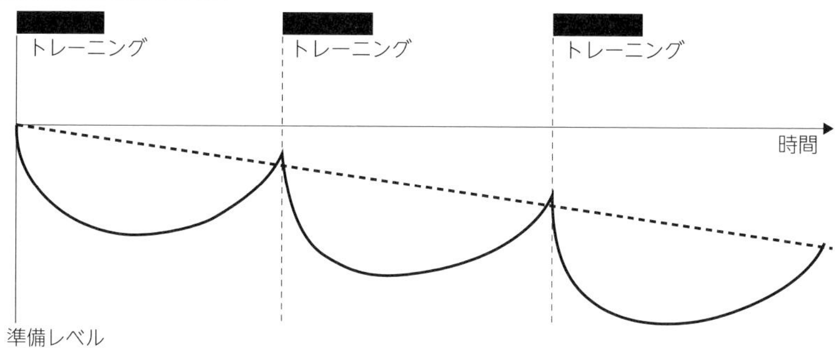

②休息時間が適切な場合

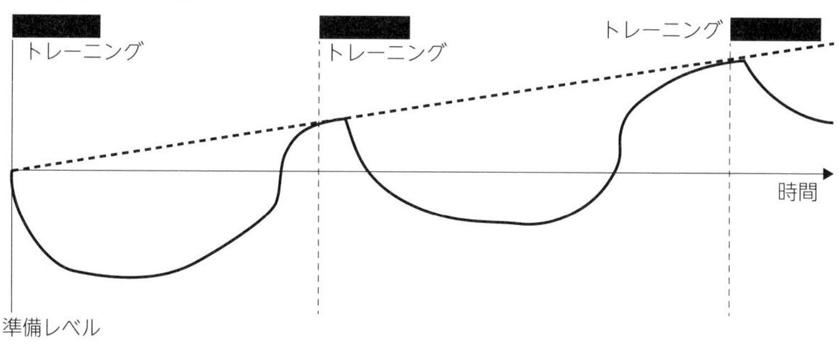

③休息時間が長過ぎる場合

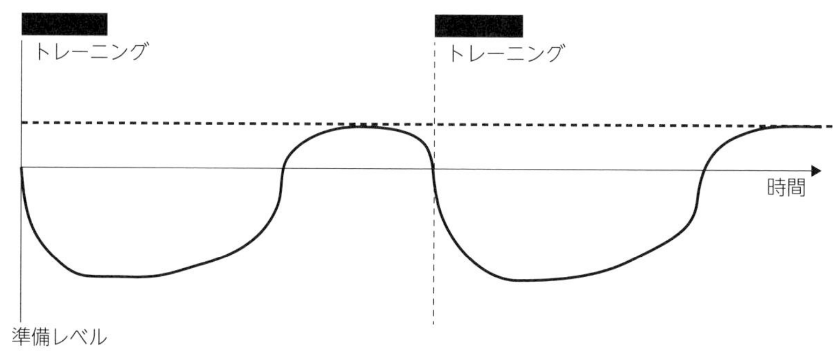

3—休息時間の確保

適切な休息を取り入れることの重要性はすでに述べたが，どのようなタイミングで休息を取ればよいのであろうか。Zatsiorsky（1995）は，連続するトレーニング間の休息は短過ぎても，長過ぎても良好なパフォーマンス発揮のための準備が整わないことを述べている（図6-10）。

トレーニング終了後の休息時間が短く，次の運動負荷がかかるタイミングが早すぎる場合（図6-10①），心身の回復が十分でないまま次のトレーニングを行うことになる。この状態が継続すると，パフォーマンスの低下やオーバートレーニングの一因になる。一方，休息が十分に確保される場合は，通常のパフォーマンスレベルを超えて回復（超回復）するが，休息が長過ぎる場合（図6-10③），次の運動負荷によって効果が得られるタイミングを逃してしまい，長期的に見てもパフォーマンスの向上は望めない。適切な休息時間（図6-10②）によって，超回復の適切なタイミングで新たな運動負荷を加えることが可能となり，これを連続して繰り返すことでパフォーマンスは向上する。

4—期分け

一般的な期分けは，ピークパフォーマンスを達成したい大会に向けて，目的別に数週間から数ヵ月の「準備期」と大会期間の「競技期（ピークパフォーマンス）」に分けられる。競技期終了後は，心身の休息のために「休息期」が設けられる。より段階的な順応を促すためには準備期を二分し，一般的な準備期とより競技に特化した「競技準備期」に分けるなど，期分けを細分化することで，より個別，目的別のコンディショニングに対応することができる。表6-10は代表的なピリオダイゼーションにおける各期の目的を表したものである。

表6-10　期分けの種類と目的

期分け	目　的
準備期	・トレーニング開始前の基礎的動作の習得 ・苦手動作の改善 ・テニスに必要なエネルギー供給システムへの適応準備
競技準備期	・テニスに特化した運動動作の完成 ・テニスに必要なエネルギー供給システムの向上 ・ピークパフォーマンスの獲得
競技期	・ピークパフォーマンスの維持
休息期	・完全休息か積極的休息または両方 ・パフォーマンスの低下を最小限に抑える

試合の勝敗や大会スケジュールなどの要因により，ピークパフォーマンスを達成したい２つ以上の大会が短い期間を挟んで行われる場合は，休息期において完全休息のための期間は設けず（設けたとしても極短期間），他のスポーツや低・中程度の運動強度のトレーニングを行う積極的休息の選択もできる。

このように，期分けの設定とトレーニング内容については，心身のコンディションや大会スケジュール，トレーニング環境などを考慮することでより現実的なピリオダイゼーションとなる。

5—トレーニングによる運動負荷との関係

ピリオダイゼーションでは，目標とする大会でピークパフォーマンスを得られるように，身体面ではとりわけ体力トレーニングによって意図的に身体への刺激を変化させる。各期分けにおいて，量や強度といった多様なトレーニング要因（表6-11）を変化させることで，異なる刺激に対して身体が順化できるようにする。

ピリオダイゼーションと運動負荷との関係は，トレーニング効果を追求する上で，量，強度，頻度，密度といった要因は過負荷の原則に従うものの，各期分けにおける運動負荷の総量は一定になることが望ましい。図6-11は，オンコートでの

表6-11　ピリオダイゼーションで考慮する主なトレーニング要因
(Reid, M. & Crespo, M. "Needs Analysis" ITF Level III Coaches Courseを改変)

要因	内　容
量	単なるトレーニング時間の長短ではなく，質の伴ったトレーニング量
強　度	心拍数，主観的運動強度，スピード，乳酸値，負荷などで評価
頻　度	一定期間内のトレーニング回数
密　度	トレーニング時間と回復時間の比率
個別性	筋骨格系，生理的組成，障害歴，プレースタイルなど
回　復	運動負荷によって刺激を受けた後，恒常性を保つ状態に戻る
多様性	テニスの特異性を考慮して，様々な種類のトレーニングを行う

トレーニング（テニスの練習，試合）およびオフコートでのトレーニング（運動能力の向上，障害予防）の負荷の変化を期分け別に表した概念図である。それぞれの負荷の割合は段階的に変化するが，準備期からピークまで一貫してオーバートレーニングにならない範囲で，負荷の総量がコントロールされていることに注目したい。

2．トレーニング計画立案の手順

1―トレーニング計画立案の手順

トレーニング計画は，ピリオダイゼーション（期分け）と表6-11で掲げたトレーニング要因をもとに立案する。

表6-12は，年間に１回以上の大会でピークを迎える場合の手順である。手順の概要は，周期の長さを念頭に置きながら，ピークパフォーマンスを発揮したい大会を選び，逆算して数週間から数ヵ月単位で期分けを行うとともに，休息期間を設定する。続いて，これらの手順を盛り込んだ年間計画表を作成し，週単位で強化する体力的項目（持久力，パワーなど）と技術的・戦術的項目を決める。

手順４から５にかけて，トレーニング計画はより具体的な内容になり，日々のトレーニングメ

図6-11　ピリオダイゼーションとトレーニング負荷の総量（Chandler & Chandler，2003を改変）

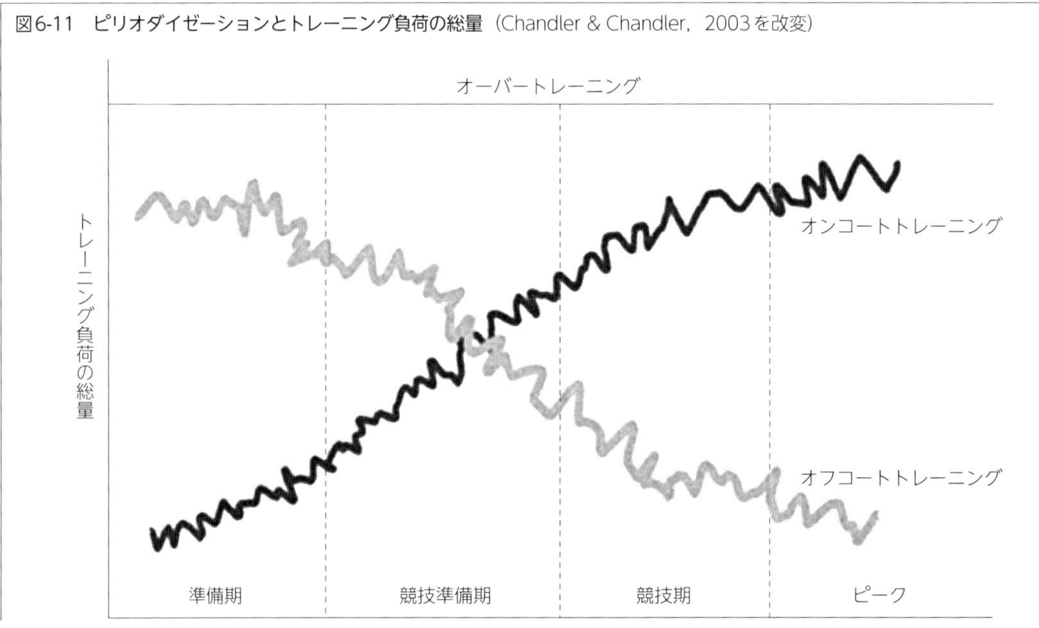

表6-12　トレーニング計画立案の手順（Kovacsら，2016を改変）

手順1	年間の中で最も重要な大会を設定（1大会以上）
手順2	重点的にトレーニングを行うための期間（6週間から8週間）を複数回設定
手順3	テニスから離れて積極的休息を行う期間を複数回設定
手順4	年間計画表の作成
手順5	手順4よりもさらに細分化した日ごとのトレーニングの概要，セット数，回数を設定

表6-13　トレーニング計画立案時の検討事項と個人的および環境要因（Smith，2012を改変）

要因	トレーニング計画立案時の検討事項
個人的要因	・過去に実施したトレーニングプログラムの評価 ・測定結果をもとにしたトレーニング目標と傷害リスク ・エネルギー供給システム ・筋力発揮のタイプと優先順位 ・体力トレーニングをする際の筋群の順番 ・筋活動のタイプ ・強度と頻度 ・トレーニング動作の速度 ・プレースタイル
環境要因	・大会会場のトレーニング用器具とトレーニングジム ・サーフェスの変化 ・気候の変化 ・時差 ・高度差

ニューと同様な精密さも求められるようになる。手順5の段階ではトレーニングにおいて調整する要因も増えるため，あらかじめどのような要因があるのかを知っておく必要がある。

表6-13は，トレーニング計画立案時の検討事項と，個人およびテニスを取り巻く環境要因を示している。

表中の要因の他にも，定まったオフシーズンがないこと，試合の勝敗によって次の試合までの時間が決まることなど，テニス競技特有の変化要因が存在する。このように，テニスにおいては考慮すべき要因が多く，日々のトレーニングにおいてもコンディションによって計画とは異なるトレーニングメニューを実施することが頻繁に起こる。そのため計画立案時の注意点として，初期段階から時間と内容について詳細かつ固定したトレーニング計画を求めるのではなく，トレーニング方針が盛り込まれた数週間から数ヵ月の予定を把握できるようにする。

2—中期サイクル（1年間）のモデル例

図6-12は手順4の段階で，1年間の中期サイクルと数週間から数ヵ月にわたる短期サイクルを組み合わせ，4月，7月，9月の最終週における大会期間中（競技期）にピークパフォーマンスを得られるようにしたピリオダイゼーションのモデル図である。中期サイクル全体において，競技期を含む準備期，競技準備期，休息期から構成される1つの短期サイクルが，周期性をもって3回繰り返されている。

図6-12　ピリオダイゼーション（中期サイクル）のモデル図

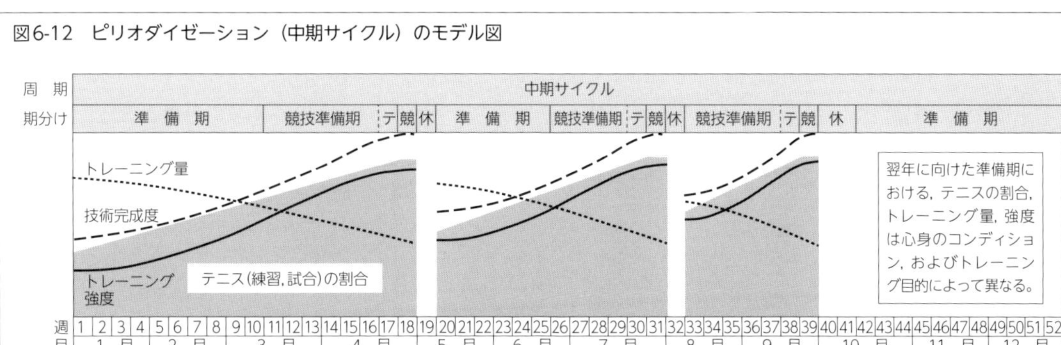

※テ：競技準備期におけるテーパリング，競：競技期，休：休息期

期分けの長さは，プレーヤーのコンディションやトレーニングの目的，ツアースケジュールによって変化する。競技期終了後の休息期は運動をまったく行わない完全休息，そしてテニス以外の運動を続ける積極的休息のどちらか，または両方を混合したものとして考える。9月最終週の競技期を終えると，年内における主要な大会への参加は終了したものとして考え，4月，7月の大会時よりも長い休息期間（2週間）となっている。どの休息期においてもパフォーマンスの低下は最小限に抑えるようにする。

表中のグレーの部分は，パフォーマンス向上のための取り組み全体におけるテニス（練習，試合形式の練習，試合）の割合を示しており，競技期に向けて高くなることを表している。トレーニング量の割合は準備期の初期には多いものの，競技期に向けて減少する。一方で，トレーニング量と相反する形でトレーニング強度は競技期に向けて徐々に高くなる。テニス技術の完成度は準備期，競技準備期を通じて漸増し，大会でピークを迎える。

[テーパリング]

トレーニング量の変化で特徴的なのは，競技準備期の後半における「テーパリング」の重要性である。テーパリングとは，トレーニングにおいて「フィットネスレベルを低下させることなく，疲労やトレーニング効果を減じる要因を取り除くこと」（Bompaら，2019）である。すなわち，疲労回復のスピードを速めることで，パフォーマンスの低下を抑制すると同時に，トレーニング効果をより長く残存させることができる。方法としては，プレーヤーのコンディションを考慮しながら，疲労の原因となっているトレーニング量，強度，頻度のうち1つ以上を減少させ，ピークパフォーマ

表6-14　期分けにおける体力トレーニング，リカバリー，技術トレーニングの変化（Mujikaら，2019を改変）

	準備期	競技準備期	テーパリング	競技期	休息期
体力トレーニング	・量：多 ・強度：低〜中 ・特化せず，複合的（例：レジスタンストレーニング，体幹トレーニング，クロストレーニング）	・量：中〜多 ・強度：高（試合と同等） ・特化したトレーニング ・特別な状況のトレーニングを含むこともある（例：高度，暑熱） ・国内外の大会出場も考慮	・量：低 ・強度：高 ・特化の度合：高	・1日／数日の競技 ・1日複数試合	・休息，リカバリー（再生） ・調整のためのトレーニング（例：軽度のトレーニング，クロストレーニング，転移トレーニング）も可能
リカバリー	・準備期のトレーニングに適応するための適切な休息 ・トレーニングへの適応を最大限にするために休息を控えることもある	・質の高い技術を発揮した後，またはトレーニング後の特別なリカバリーサポート ・鍵となるトレーニングを行うために，疲労や筋肉痛を取り除くためのリカバリー	・疲労を最小限に抑えるためのリカバリー。これによりテーパリングを短く，効果的に終えることに役立つ ・リカバリーの適切な適用は高強度のトレーニングを維持することに役立つ	・疲労を最小限に抑え，競技能力を最大限に高めるためのリカバリーサポート ・移動と時差による疲労へのサポート	・身体面およびメンタル面のリカバリー ・受傷後または障害予防のための理学療法によるケアを含む
技術トレーニング	・練習量が多く，多様性に富んだ繰り返し練習 ・技術的不安定さは残る ・積極的に上達を志向するが，目標設定はプレーヤーにとって適正な調整を行う	・実際の競技プレーに即した技術や特化した技術の練習 ・重要な技術練習に負荷をかけ，実際のプレーへの適応力や負荷への抵抗力を養う	・一定の負荷による可逆性と過負荷によるパフォーマンスの逓減のバランスを考慮 ・（必要であれば）プレーヤーの自信を助長するため，種目，種類がより限定された練習	・試合が1日または数日間に及ぶ場合，次の対戦相手や予想される状況に適応できるように試合と試合の間の練習回数を維持する	・該当しない

ンスを発揮しやすいように調整する。なお，テーパリングは8～14日間の日数を設けることが有効（Bosquetら，2007）であるといわれている。

9月最終週の競技期終了後，翌年に向けた新たな周期が始まる（図6-12右端）。この段階の準備期では，トレーニングとテニスの割合，トレーニング量と強度，技術的完成度は翌年に向けた課題（技術・戦術・動作改善，メンタル面の回復・強化，栄養面の改善など）によって異なるため，未定となっている。

3―休息の取り方

競技力の高まりや年間の大会参加数の増加とともに，重要な大会に向けてのコンディショニング

図6-13　体力・運動能力別トレーニング計画

①1週目から19週目までのスケジュール

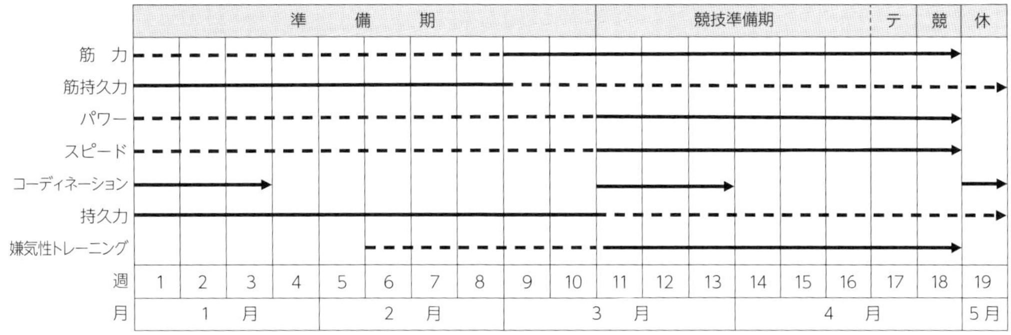

②20週目から32週目までのスケジュール

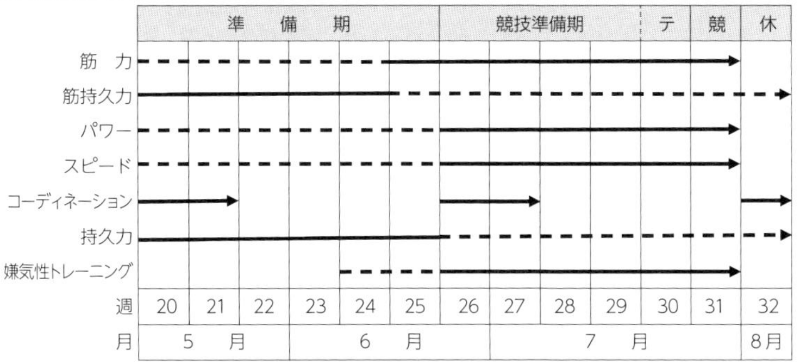

③33週目から41週目までのスケジュール

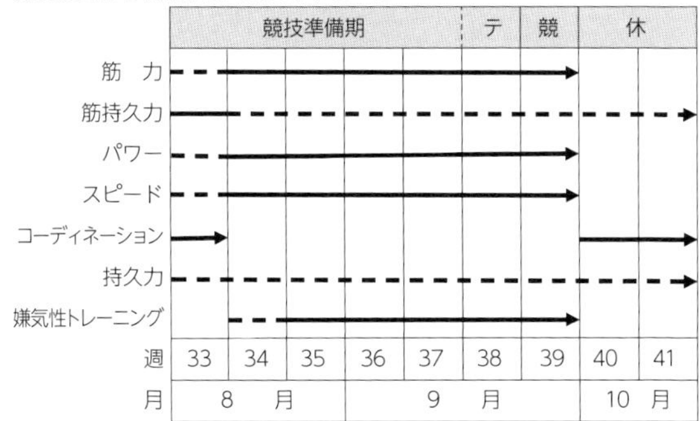

※テ：競技準備期におけるテーパリング，競：競技期，休：休息期

は必須となりつつある。とりわけ，心身の回復を目的とする休息の取り方については，大会時のみならず普段のトレーニングにおいてもピリオダイゼーションの原理原則を考えると，休息は単なる回復のための手段というよりも，トレーニングの主要因であることを明確に認識する必要がある。**表6-14**は，各期分けにおいて休息を含む体力トレーニング，技術トレーニングの各要因の変化を示している。

4―具体的なトレーニング計画の作成

図6-12をもとに，より具体的なトレーニング計画を作成する。**図6-13**は年間計画をピークごとに３分割し，トレーニング対象となる運動能力と取り組み度合いを表している。図中の破線は補助的または次のステップのための準備的位置づけ，実線は集中して取り組むことを示している。

以下，図6-13の各体力・運動能力について簡潔に述べる。

まず，筋力とは筋肉が生み出す力のことである。筋力が向上することで動作に力強さが増し，筋肉の持久力が向上することで力のロスを最小限にして同じ動作を継続することが可能になる。また，筋力を素早く発揮することをパワーと呼ぶ。パワーは筋力の向上に加えて，動作の効率化によって獲得できる。

スピードは動作の速さを意味する。一般的に，スピードは走力と同等であると考えられることが多いが，テニスの場合もテニスに特有なフットワーク（動き始めの１歩，方向転換，リカバリーなど）の移動スピードを指す。コーディネーションとは巧みさのことであり，リズム，バランスとともに全身を協調させながら目的とする動作を行う複合的な能力である。

テニスは，瞬発的な動作（嫌気性）が休息を挟んで間欠的に行われるスポーツである。瞬発的な動きは短時間で身体のエネルギーを枯渇させるため，休息時に有酸素エネルギー供給機構によるエネルギーの補給が必要となる。有酸素エネルギーの指標は最大酸素摂取量（１分間に身体に取り入れることができる最大酸素量）であり，持久力のトレーニングはこの最大酸素摂取量の向上を目的とする。

5―計画の見直し

ピリオダイゼーションの特徴は，トレーニングのスケジュールを期分けし，各期分けにおいてトレーニング量と質の変化を繰り返すといった周期性にある。そのため一連の手順を経てトレーニング計画を立案した後は，ピリオダイゼーションが周期性を保ちながら健全に機能しているか否かを見極め，必要であれば改善する。計画全体の運行を見直す方法としては，改善プロセスとして一般的なPDCAサイクルを応用した，Plan「計画」―Do「実行」―Study「学習」―Act「行動」（Deming, 2018）が有効である。

3．体力トレーニングのプログラムデザイン

1―基本的ガイドラインの確認

前項で確認した手順をもとに，体力トレーニングのメニューの作成を行うが，作成にあたり，基本的なガイドラインを確認する。

1―体力トレーニングの順番

まず，体力トレーニングを行うタイミングであるが，１日のトレーニングスケジュールのうち，タイミングは午前と午後どちらに行ってもよい。ただし，オンコート練習も考慮した上で，以下の

順番を大きく逸脱しないようにする。

〈1日のトレーニングスケジュール〉

1．ウォーミングアップ／ストレッチング
2．コーディネーション，敏捷性
3．パワー
4．筋力
5．筋持久力，全身持久力
6．クーリングダウン／ストレッチング

例えば，午後に体力トレーニングを行うことを考えてみる。午前中全力で動く練習をオンコートで行っていると，筋腱組織や神経系の疲労が十分に回復できず，反応や敏捷性といった運動能力に影響を及ぼす。また，パワー向上のための体力トレーニングは全力かつ最大のスピードが求められるため，疲労度が高い状態では目標とする結果が得られないだけでなく，安全性も確保しにくくなる。したがって，オンコートやオフコートでの過剰な負荷を避けるためには，テニスの練習量，強度を含む運動負荷全体をコントロールするトレーニング計画が大切である。

2―ストレッチング

ウォーミングアップにおけるストレッチングは基本的に動的ストレッチング（Dynamic Stretching），クーリングダウンでは静的ストレッチング（Static Stretching）を推奨する。ただし，柔軟性の向上が課題である場合は，ウォーミングアップにおける20秒以下の静的ストレッチングや，必要であればオンコート，オフコートを問わず，1日のスケジュールにおいて必要に応じていつでも実施する。

3―筋力トレーニング

筋力トレーニングは，1回に持ち上げられる最も重い重量（最大挙上重量：1RM）を基準にして負荷が決まる。実際に重りを持ち上げて最大挙上重量を求める方法は直接法と呼ばれ，以下の方法で知ることができる。この他に，計算式とチャートを用いて間接的に求める方法もあるが，ここでは割愛する。

[最大挙上重量の求め方]（Hoffman, 2014を改変）

①ウォーミングアップとして，推測する最大重量の40～60％の重量で5～10回持ち上げる。
②1～3分間休憩。
③再びウォーミングアップとして，推測する最大重量の60～80％で3～5回持ち上げる。
④3～5分間休憩。
⑤最大重量と思われる1回だけ持ち上げられる重さを持ち上げる。
⑥3～5分間休憩。
⑦⑤が成功した場合，若干の重量を加えて1回だけ持ち上げられる重さを再び探す。
⑧持ち上げられた最高の重量を1RMとして記録する。

2―体力トレーニングの強度の把握

過負荷の原則に従って体力トレーニングを行う場合，行っている体力トレーニングがどれだけの強度で行われているかを知ることは重要である。心拍数は主観的にも感じやすく，かつ測定も容易であるため，強度を知る指標のひとつとして活用されてきた。目標とする心拍数は，カルボーネン方式と呼ばれる方法で知ることができる。なお，安静時心拍数は，起床前に横になったまま測定をする。1分間安静にした状態で行うが，30秒間測定した結果を2倍にするやり方もある。

〈カルボーネン方式による目標心拍数〉

（220－年齢－安静時心拍数）×目標とする運動強度（％）＋安静時心拍数

前節でも述べたように，普段の練習においても

表6-15　主観的強度から見た最大心拍数および最大挙上重量の割合（Garberら，2011を改変）

主観的強度	相対的強度	
	最大心拍数の割合	最大挙上重量の割合
非常に楽	57%未満	30%未満
楽	57～63%	30～49%
普通	64～76%	50～69%
非常にきつい	77～95%	70～84%
最大か最大に近い	96%以上	85%以上

運動負荷を把握することは，コンディショニングの管理を容易にすると同時に，計画立案時にも基礎データとして活用できるといった利点がある。**表6-15**は，主観的強度から見た最大心拍数と最大挙上重量の割合である。

3―プライオメトリックトレーニング

パワーの向上を目的とする体力トレーニングに，「プライオメトリックトレーニング」がある。このトレーニングは生体が本来持つ伸張反射を利用したトレーニングであり，ジャンプやメディシンボール投げなど極短時間に筋腱の伸張性・短縮性収縮が発生し，爆発的なパワーを生み出す動作が該当する。プライオメトリックトレーニングでは5秒以内に1つの動作が終了することが多く，動作と休息の比率は1対5または1対10といわれている。比較的強度の高いトレーニングであるため，身体への負荷も大きいことから，**表6-16, 6-17**のようなガイドラインが設定されている。

表6-16　プライオメトリックトレーニングの量（年齢別）（Chu, 2003を改変）

年齢（歳）	トレーニング種目の数	回数／種類	セット数
8～10	3	5～10	1
10～12	3～4	8～12	2
12～14	4～5	12～15	3
14～16	5～6	12～15	3
16～18	6～8	10～15	4
18以上	8～10	10～20	4～5

表6-17　プライオメトリックトレーニングに使われるメディシンボールの重量（Chu, 2003を改変）

年齢（歳）	ボールの重さ（kg）
8～10	1.5～2
10～12	2～2.5
12～14	2.5～3
14～16	3～3.5
16～18	3.5～4.5
18以上	4.5～5.5

4―準備期・競技準備期におけるトレーニングメニューの具体例

ここまでのガイドラインを踏まえた上で，トレーニング経験があまりない成人男子のプレーヤーを対象として，図6-13①第1週から第19週までのスケジュールに挙げた，準備期第1週（**表6-18**），競技準備期第1週（全体の第11週，**表6-19**），同第7週テーパリング（全体の第17週，**表6-20**）におけるトレーニングメニューを提案する。

なお，トレーニング計画立案以前の評価で，プレーヤーのニーズはコート上のフットワーク（反応，敏捷性，スピード）および持久力であるという前提のもと，トレーニングの頻度は，準備期，競技準備期は1日おきに週3回，テーパリングの週は週2回とし，体力トレーニング時間は，準備期と競技準備期は1日60分，テーパリング時は1日30分と設定した。体力トレーニング時間にはウォーミングアップ，クーリングダウンの時間は含めないこととした。

5―トレーニングプログラム立案時に考慮したいこと

ピリオダイゼーションは語彙の響きから難解なイメージを持たれることがあるが，その本質は期分けという時間軸をもとに，パフォーマンス向上プロセスにおいて周期性を設けることである。時間軸の設定に加えて，体力トレーニングを安全かつ実用的な内容にすることで，トレーニングプロ

表6-18① 準備期第１週

［1日目］

	トレーニングメニュー	や り 方	強度	回数／時間／距離	動きのテンポ	セット数	セット間の休息時間	参考URL
コーディネーション	縄跳び (様々な跳び方を試す)	・リズム跳びをベースに，片足跳び，ツイスト，横跳び，ダブル跳びなど行う	低／中	5分	普通	1	1～3分	
	スタッタリング＆ボールキャッチ（2球）	・スタッタリングをしながら，ボールを左右交互にキャッチする	中	10秒	やや速い	2	30秒	
	ドッジボール（メディシンボール）を使ったボールキャッチ＆オーバーヘッド投げ	・前からワンバウンドでキャッチできるように投げてもらう ・動きながらキャッチし，助走してオーバーヘッドする ・左右の足を交互に出して投げる ・遠くへ投げるよりも，全身を使って投げる動作を行う	中	5回／各サイド	普通	2	1～3分	
	反復横跳び	・アレーを使用し，中心や外側に線を引いて3本線を作る	中	10秒	普通	2	30秒	
	ミニクロスオーバーステップ	・コート上のラインを使用する						
	①前クロスオーバーステップ	・狭いクロスオーバー（前側）をしながらラインを越す	中	10秒	やや速い	2	30秒	
	②後ろクロスオーバーステップ	・狭いクロスオーバー（後側）をしながらラインを越す	中	10秒	やや速い	2	30秒	
スピード（準備）	ランニングフォーム (ベースライン～ネット間)							
	①マーチング （腕振りなし）	・姿勢を正し，膝上げと反対足のつま先立ちで歩いて前進する	低／中	1往復	ゆっくり	1	任意	
	②マーチング （腕振りあり）	・マーチングに腕振りを加える（肘角度は約90°をキープ）	低／中	1往復	ゆっくり	1	任意	
	③ハイニー（腕振りなし）	・膝上げをしながら，ややペースを速めてテンポよく前進する	低／中	1往復	ゆっくり	1	任意	
	④ハイニー（腕振りあり）	・ハイニーに腕振りを加える（肘角度は約90°をキープ）	低／中	1往復	ゆっくり	1	任意	
	⑤グルートキック	・両手を臀部後ろにあて，踵を両手に交互にタッチさせながら前進する	低／中	1往復	やや速い	1	任意	※1
	⑥Aスキップ	・ハイニーでスキップしながら前進する	中	1往復	やや速い	1	任意	※2
	⑦Bスキップ	・Aスキップで，膝を上げた状態から膝伸展を行い前進する	中	1往復	やや速い	1	任意	※2
筋力	プランク腕立て (膝支点，自体重)	・肘をついた姿勢から，肩甲骨を内転（背骨に引き寄せ）させながら体幹を下制，体幹挙上時に外転（背骨から離す）	中	10回	3秒下制 →1秒静止 →3秒挙上	2	1～3分	
	腕立て (膝支点，自体重)	・肩甲骨の内転，外転を意識した動き	中	10回	3秒下制 →1秒静止 →3秒挙上	2	1～3分	
持久力	スロージョグ (または自転車，水泳)	・ジョギングよりゆっくりした速度で走る（通常会話ができる強度）	低／中	20分	ゆっくり	1		

※1：https://www.youtube.com/watch?v=RC1XrzI2MBk ※2：https://www.youtube.com/watch?v=A7r6yCpmSrA

表6-18② 準備期第1週
［2日目］

	トレーニングメニュー	や り 方	強度	回数／時間／距離	動きのテンポ	セット数	セット間の休息時間	参考URL
コーディネーション	縄跳び（様々な跳び方を試す）	・リズム跳びをベースに，片足跳び，ツイスト，横跳び，ダブル跳び，など	低／中	5分	普通	1	1～3分	
	立ち幅跳びの動作	・股関節の伸展を使いながら，ジャンプする動作を覚える ・距離よりも股関節屈伸の動きづくりを重視する	低／中	10回	普通	1	任意	
	バランスサーキット	・以下，4種類×2ローテーションを連続で行う						
	①スケーターランジズ	・片脚立ちでスケートの姿勢をとり，片脚スクワットの要領で姿勢を下げる	中	20秒／片脚	普通	1	10秒	※3
	②スケーターホップ	・連続して左右にジャンプしながら，反対側の手でつま先にタッチする	中	20秒	普通	1	10秒	※3
	③シングルレッグデッドリフト	・片脚立ちになって，デッドリフトの要領で身体を前傾する	中	20秒／片脚	普通	1	10秒	※3
	④エアスクワットニーレイズ	・スクワットの要領でしゃがみ，立ち上がりで片脚立ちになる	中	20秒／片脚	普通	1	10秒	※3
スピード	コーンドリル	・8つのコーンを等間隔に並べる（2足分間隔）						
	①コーンランニング	・リズム感を大切にしながら，コーンの間を小走りする ・腕振りもしっかりと行う	中	8コーン	普通	3	歩き戻り	
	②コーンランニング＆ダッシュ	・コーンランニングを行った状態から前方向にダッシュする	中	8コーン	普通	3	歩き戻り	
	③ケンケン脚入れ替え	・コーンの横を片脚でケンケンしながら，2回ケンケン両脚入れ換え（シザーズ）を繰り返す ・片側が終わったら，反対側も行う	中	片脚／8コーン	普通	3／各	歩き戻り	
	④ケンケン脚入れ替え（バンザイ）	・バンザイした状態でケンケン脚入れ替えを行う ・ケンケンする軸足が地面から離れた時に，両手を軸足側に下げる（斜め下）	中	片脚／8コーン	普通	3／各	歩き戻り	
筋力（準備）	体幹（腹圧の高め方）	・仰向けに寝て，両手は耳の横に伸ばす ・深呼吸した後，すべての息を口からゆっくり吐き出す ・吐ききった後に顔と胸を真上に持ち上げ，10秒間キープする 注意：この時，背中を丸めず，背中と床の空間は保つ						
	①膝立て90°	・膝を90°の角度に曲げて，両足裏を地面につける	低／中	10秒	ゆっくり	5	20秒	
	②腰曲げ90°	・膝立て90°の姿勢から腰を屈曲させ，両脚を上半身側へ引き上げた状態（膝は90°を保ったまま）で行う	低／中	10秒	ゆっくり	5	20秒	
	③腰膝伸展	・腰，膝を伸展させた状態で行う	低／中	10秒	ゆっくり	5	20秒	
持久力	ジョグテニス	・スロージョグ／ジョギングのペースでラリーを行う	低／中	20分	ゆっくり／普通	1		

※3：https://www.youtube.com/watch?v=wa8tRyxofu4&t=72s

表6-18③　準備期第１週
［３日目］

	トレーニングメニュー	や　り　方	強度	回数／時間／距離	動きのテンポ	セット数	セット間の休息時間	参考URL
コーディネーション	縄跳び (様々な跳び方を試す)	・リズム跳びをベースに，片足跳び，ツイスト，横跳び，ダブル跳び，など	低／中	５分	普通	1	1～3分	
	ドッジボール（メディシンボール）を使ったボールキャッチ＆投動作	・相手に前からワンバウンドでキャッチできるように投げてもらう						
	①ボールキャッチ＆ スクワット投げ	・動きながら両手でボールをキャッチする ・ボールを持ったまま，股関節屈曲とともにボールを両脚の間に入れる ・股関節伸展とともに，前方向にボールを投げる ・全身を使って投げる動作を行う ・メディシンボールの重さは1kg以下とする	低／中	10回	普通	2	1～3分	
	②ボールキャッチ＆ 横投げ	・ストロークをイメージしながら,体幹をターンさせて返球する ・メディシンボールの重さは1kg以下とする	低／中	５球／各サイド	普通	2	1～3分	
筋力	モンスターウオーク（横） (エクササイズバンド使用)	・エクササイズバンドを膝上につけて，横方向にサイドステップの動きでアレー間を移動する	中	２往復	普通	1	1～3分	※４
	モンスターウオーク (ジグザグ前後) (エクササイズバンド使用)	・エクササイズバンドを膝上につけて，斜め前方向にジグザグ移動し，帰りは後ろ向きのジグザグで戻る	中	２往復	普通	1	1～3分	※４
	スクワット（自体重）	・両腕を胸の前でクロスし，しゃがむ時に膝がつま先を越えないようにする ・太腿は地面と平行になるまで下げる ・立ち上がった時に，膝は伸ばしきらないようにする	中	10回	３秒下制 →１秒停止 →３秒挙上	2	1～3分	
	ラテラルスクワット (自体重)	・両脚を左右に開脚し，両腕は胸の前でクロスする ・片脚に体重をかけながら，股関節，膝関節を屈曲させていく ・歩幅は屈曲時に前膝がつま先を越えない広さとする	中	10回／片脚	３秒下制 →１秒停止 →３秒挙上	2	1～3分	
	ドンキーキックス (自体重)	・両手両膝をついた状態から，片脚の膝を屈曲させたまま伸展する	中	10回／片脚	３秒挙上 →１秒停止 →３秒下制	2	1～3分	※５
持久力	ファルトレクトレーニング (または自転車，水泳)	・スロージョギングとジョギングのスピードを混合させながら，高低差のある場所を走る（または自転車）	低／中	20分	ゆっくり ／普通	1		

※４：https://www.youtube.com/watch?v=GoKWXHF2NJY　※５：https://www.youtube.com/watch?v=SJ1Xuz9D-ZQ

表6-19① 競技準備期第1週

［1日目］

	トレーニングメニュー	や り 方	強度	回数／時間／距離	動きのテンポ	セット数	セット間の休息時間	参考URL
コーディネーション	ストロークプロダクション（トリプルエクステンション）	・パートナーと向き合い，利き腕にエアボールを持つ ・お互いにエアボールを押し合う状態でスタートする ・ベースライン上を横移動をしながら「踏み込み」—「トリプルエクステンション」（股関節，膝関節，足関節の屈曲，伸展）を繰り返す						
	①オープンスタンス	・オープンスタンスでベースライン上を移動する（往：フォアハンド／復：バックハンド）	低	1回／各	普通	1	任意	
	②スクエアスタンス	・スクエアスタンスでベースライン上を移動する（往：フォアハンド／復：バックハンド）	低	1回／各	普通	1	任意	
パワー	ポゴジャンプ	・コート1面分のアレー間を移動						※6
	①前後方向	・両脚をそろえた状態で，膝関節，股関節の屈伸を抑え，足関節を使って連続ジャンプしながら前後に移動する	中	1往復	普通	1	1～2分	
	②横方向	・両脚をそろえた状態で，膝関節，股関節の屈伸を抑え，足関節を使って連続ジャンプしながら左右に移動する	中	1往復	普通	1	1～2分	
スピード（注）	ストレートレッグ（前）	・両膝を伸ばした状態で行う ・片足で地面をプッシュすると同時に，反対側の脚を前方へ大きく振り出しながら前進する（以下繰り返し）	中	1往復	速い	1	1～3分	※7
	ストレートレッグ（横）	・両膝を伸ばした状態で行う ・片足で地面をプッシュすると同時に，反対側の足を横方向へ大きく振り出しながら横移動する	中	1往復	速い	1	1～3分	
	ハイニーキャリオカ	・キャリオカステップをしながら，前側の膝をできるだけ高く，速く上げる（下げる）	中	1往復	速い	1	1～3分	※8
筋力	ブルガリアンスクワット（ダンベル）	・ダンベルを持った状態で，前後に開脚する ・後ろ脚を椅子または台（30cm前後高）に乗せる ・動きをコントロールしながら下がり，膝はつま先を越さないようにしながら，体重はやや前方向にかける	中／高	5回／片脚	普通	3	2～3分	
	ダンベル・ラテラル・スクワット（ダンベル）	・両腕でダンベルを持ち，肩の上で支える ・両脚は左右に開脚し，片脚に体重をかけながら股関節，膝関節を屈曲させる ・歩幅は屈曲時に前膝がつま先を越えない広さとする	中／高	5回／片脚	普通	3	2～3分	※9
	カーフレイズ	・片足つま先を段差（階段など）に乗せて，踵がつま先よりも低くなる位置からスタートする ・背伸びをする要領で，踵をつま先よりも高く上げる						
	(a)つま先正面	・セット終了後は下腿のストレッチングを行う	中	10回／片脚	2秒底屈→3秒背屈	2	1～2分	
	(b)つま先内側	・セット終了後は下腿のストレッチングを行う	中	10回／片脚	2秒底屈→3秒背屈	2	1～2分	
	(c)つま先外側	・セット終了後は下腿のストレッチングを行う	中	10回／片脚	2秒底屈→3秒背屈	2	1～2分	
嫌気性・持久力	インターバルトレーニング	・テニスコート1面（または2面）使用						
	コート外周スプリント	・ベースラインに沿って全力の80%でダッシュし，サイドライン側をジョギングすることを4回繰り返す ・ベースラインに沿って全力でダッシュし，サイドライン側をジョギングすることを6回繰り返す ・終了後はジョギング／スロージョギングを数周行う	中／高	全力80%×4回 全力×6回	やや速い／速い			

注：必要であればコート2面分のアレーを使用する。

※6：https://www.youtube.com/watch?v=e46cp0nJIAU　※7：https://www.youtube.com/watch?v=Hm-Nhvvnc-c（5分25秒から）

※8：https://www.youtube.com/watch?v=KVcnhmo3-QY　※9：https://www.youtube.com/watch?v=k9ovih2Eguk

表6-19② 競技準備期第1週
［2日目］

	トレーニングメニュー	や り 方	強度	回数／時間／距離	動きのテンポ	セット数	セット間の休息時間	参考URL
スピード	ラインドリル							
	①ライン左右跳び	・両足をそろえて，ラインを左右にできるだけ速く跳ぶ	中／高	5秒以内	速い	2	15～30秒	
	②ライン前後跳び	・両足をそろえて，ラインを前後にできるだけ速く跳ぶ	中／高	5秒以内	速い	2	15～30秒	
	③ライン前後入れ替え跳び	・ラインを前後にまたぎ，足を交差しながら入れ替える	中／高	5秒以内	速い	2	15～30秒	
	④ライン右足前，左足後ろ左右跳び	・ラインを左右にまたぎ，右足前，左足後ろの状態からラインを左右方向に越しながら入れ替える	中／高	5秒以内	速い	2	15～30秒	
	⑤ライン左足前，右足後ろ左右跳び	・ラインを左右にまたぎ，左足前，右足後ろの状態からラインを左右方向に越しながら入れ替える	中／高	5秒以内	速い	2	15～30秒	
	⑥ライン前後左右跳びコンビネーション	・④または⑤の体勢から前後に足を入れ替え，合図で左右移動に切り替える ・再び合図で前後の入れ替えに戻り，以下これを繰り返す	中／高	15秒以内	速い	2	45秒～1分	
	バーティカルステップ	・片足ずつ前後のステップでラインを越す	中／高	15秒	速い	3	45秒～1分	※10
	サイドステップ	・片足ずつ左右のステップでラインを越す	中／高	15秒	速い	3	45秒～1分	※11
パワー	プライオメトリックホッピング	・1足分間隔で並べた10個のマーカー上をホップしながら前進する（接地時間をできるだけ短くする） ・マーカー通過後はそのまま走り抜ける	中／高	マーカー10個	速い	3	歩いて戻る時間	※12
	プライオメトリック・ワイド・ホップ	・3足分間隔で左右前後に並べた10個のマーカー上を左右斜めにホップしながら前進する（接地時間をできるだけ短くする） ・マーカー通過後はそのまま走り抜ける	中／高	マーカー10個（4つの正方形）	速い	3	歩いて戻る時間	※13
筋力	ダンベルフライ（ダンベル）	・ダンベルを持った状態でベンチに仰臥する ・肘は約90°に曲げて，そのまま上に押し上げる ・最上位でのダンベルの位置は，スタート時の肘あたりとする	高	5回	普通	3	3分	
	ダンベル・ベンド・オーバーロウ（ダンベル）	・姿勢を正して前傾し，ダンベルを持つ ・肩甲骨を使い，ダンベルを左右の脇腹方向に引き上げる	高	5回	普通	3	3分	
	インクライン・ダンベル・プレス（ダンベル）	・背もたれが後方に傾いたインクラインベンチに座る ・姿勢を正してベンチに座り，肘を屈曲した状態でダンベルを身体の左右に持つ ・ダンベルを真上方向に挙上し，ゆっくりと下げる	高	5回	普通	3	3分	
	プルアップ	・バーなどにつかまってぶら下がれる場所を探す ・肩幅よりもやや広めのグリップでバーをつかむ ・肩甲骨を使って身体を引き上げる	高	5回	普通	3	3分	
	エクササイズボール							
	①エクササイズボール・トランク・ツイスト	・エクササイズボール上に仰臥となり，膝を90°屈曲する ・両腕を真上に伸ばし，バランスをとる ・ボールから落ちないようにしながら，体幹を90°回旋する ・再び元の位置に戻り，反対側へ回旋する ・簡単にできるようであれば，重りを持って行う	中	10回／片側	普通	3	1～3分	
	②エクササイズボール・アッパーボディー・ツイスト	・両足は肩幅よりもやや広いスタンスで床につける ・エクササイズボールの上に伏臥になる ・バランスをくずさないように体幹を回旋する ・再び元の位置に戻り，反対側へ回旋する ・簡単にできるようであれば，重りを持って行う	中	10回／片側	普通	3	1～3分	
	③エクササイズボール・ツイスティング・トランク・カール	・両足は肩幅よりもやや広いスタンスで床につける ・エクササイズボールの上に仰臥になる ・バランスをくずさないように上体を起こしながら，回旋とともにクランチを行う ・元の姿勢に戻り，次は反対側に回旋とクランチを行う ・簡単にできるようであれば，重りを持って行う	中	10回／片側	普通	3	1～3分	
	④エクササイズボール・ツイスティング・バック・アーチ	・エクササイズボール上に覆いかぶさるように伏臥になり，全身をリラックスさせる ・全身を反らしながらバランスを保ちつつ，片側に体幹を捻り，一度静止する ・再び元の位置に戻り，全身を反らしながら反対側へ回旋する ・簡単にできるようであれば，重りを持って行う	中	10回／片側	普通	3	1～3分	

※10：https://www.youtube.com/watch?v=4sTFq62Z_WY&list=RDCMUCpCPdd5kgu-1pK2oZQLGfpA&start_radio=1&t=139（29秒から）
※11：https://www.youtube.com/watch?v=4sTFq62Z_WY&list=RDCMUCpCPdd5kgu-1pK2oZQLGfpA&start_radio=1&t=139（1分15秒から）
※12：https://www.youtube.com/watch?v=L3CBatc67RI&list=RDCMUCpCPdd5kgu-1pK2oZQLGfpA&index=3（55秒から）
※13：https://www.youtube.com/watch?v=L3CBatc67RI&list=RDCMUCpCPdd5kgu-1pK2oZQLGfpA&index=3（1分55秒から）

表6-19③　競技準備期第１週
［3日目］

	トレーニングメニュー	や　り　方	強度	回数／時間／距離	動きのテンポ	セット数	セット間の休息時間	参考URL
コーディネーション	メディシンボールドリル	・500g以下のメディシン（スポンジ）ボールを使用						※14
	①ボールへの入り方の確認	・前から投げられたボールに対して，片手または両手でメディシンボールをキャッチする ・ラケットワークに見立てて，フットワークとともに打点への入り方を確認する	低	任意	普通	任意	任意	
	②メディシンボールストローク	・投げられたボールを片手または両手でつかむ ・ラケットワークに見立てて，フットワークとともに「動き始め」「移動」「ボールへの入り方」「打点」「フォロースルー」「リカバリーステップ」などの確認を行う						
	(a)オープンスタンス（フォア／バック）	・フォア側，バック側にトスされたメディシンボールへの対応を確認する	低／中	任意	普通	任意	任意	
	(b)スクエアスタンス（フォア／バック）	・フォア側，バック側にトスされたメディシンボールへの対応を確認する	低／中	任意	普通	任意	任意	
	(c)セミスクエア（フォア／バック）	・フォア側，バック側にトスされたメディシンボールへの対応を確認する	低／中	任意	普通	任意	任意	
	(d)コンビネーション	・フォア側，バック側にトスされたメディシンボールへの対応を確認する	低／中	任意	普通	任意	任意	
パワー	メディシンボール							
	①ラテラルトス	・長座で座り，上体を約60°の角度まで後ろに傾ける ・メディシンボールを横から投げてもらう ・体幹を捻りながらボールを受け取り，全力で投げ返す	高	4kg×10回／各サイド	速い	3	1～3分	
	②パワードロップ	・マット上で仰臥になり，腰を120°，膝を90°に屈曲する ・メディシンボールを真上から胸に落としてもらう ・チェストパスの要領でできるだけ高く速く返球することを繰り返す	高	4kg×10回／各サイド	速い	3	1～3分	
	③ショットプット	・砲丸投げの要領でメディシンボールを投げる ・立位でも座位でもどちらでもよい ・メディシンボールを高く速く飛ばすようにする	高	4kg×10回／各サイド	速い	3	1～3分	
	④プルオーバー	・マット上で仰臥になり，腰を120°，膝を90°に屈曲する ・両腕を床と垂直に伸ばした状態で待機する ・メディシンボールを足下から床と平行に投げてもらう ・投げられたメディシンボールをキャッチし，両腕を伸ばしたままできるだけ遠くに速く投げる	高	3kg×10回	速い	3	1～3分	
嫌気性・持久力	高強度インターバルトレーニング	・以下，4種類×2ローテーションを連続で行う						
	①その場ランニング	・膝を高く上げてその場でランニング	高	20秒	速い	2	10秒	
	②腕立て伏せ	・できるだけ胸を床に近づけるようにする	高	20秒	速い	2	10秒	
	③ジャンピングランジズ	・前後交互に脚を入れ換えながらジャンプする	高	20秒	速い	2	10秒	
	④腕立て横ホップ	・腕立ての姿勢のまま両脚をそろえて左右にホップする	高	20秒	速い	2	10秒	

※14：https://www.youtube.com/watch?v=jY9DFLCsB2k

表6-20① 競技準備期第7週テーパリング
[1日目]

	トレーニングメニュー	や　り　方	強度	回数／時間／距離	動きのテンポ	セット数	セット間の休息時間	参考URL
スピード	ハーネス	・ハーネスで後方から負荷をかけた状態で，3～4mダッシュする						
	①スプリント							
	(a)ウオームアップ	・正面方向へのダッシュ（60～80%の強度）と戻り（正面を向いたまま）	中	5～6回	普通	1	1分	
	(b)全力	・正面方向へのダッシュと戻り（正面を向いたまま）	高	5～6回	速い	2	1～3分	
	②2方向	・マーカーをVの字に置いて，左右方向へのフットワークを使い分ける	高	5～6回	速い	2	1～3分	
	③3方向	・マーカーを3ヵ所に置いて，正面，左，右方向へのフットワークを使い分ける	高	5～6回	速い	2	1～3分	
筋力	ブルガリアンスクワット（ダンベル）	・ダンベルを持った状態で，前後に開脚する ・後ろ脚を椅子または台（30cm前後の高さ）に乗せる ・動きをコントロールしながらしゃがみ，膝はつま先を越えないようにしながら体重はやや前方向にかける	高(3RM)	3回／片脚	普通	3	3～5分	
	ダンベル・ラテラル・スクワット（ダンベル）	・両腕でダンベルを持ち，肩の上で支える ・両脚は左右に開脚し，片脚に体重をかけながら股関節，膝関節を屈曲させる ・歩幅は屈曲時に前膝がつま先を越えない広さとする	高(3RM)	3回／片脚	普通	3	3～5分	※15

※15：https://www.youtube.com/watch?v=k9ovih2Eguk

表6-20② 競技準備期第7週テーパリング
[2日目]

	トレーニングメニュー	や　り　方	強度	回数／時間／距離	動きのテンポ	セット数	セット間の休息時間	参考URL
パワー	ジャンプ							
	①タックジャンプ	・立位から真上にジャンプし，空中で膝を抱えることを繰り返す	高	6回	速い	3	1～3分	
	②スプリット・スクワット・ジャンプ	・前後に両脚を開脚する ・前脚の膝と股関節は90°に屈曲させる ・真上にジャンプしながら，空中で前後の脚を入れ換える	高	6回	速い	3	1～3分	
嫌気性・持久力	オンコート振り回し（コート全面）	・ランダムに球出しをする ・ラケットでの打球，手でボールタッチのどちらでもよい ・球出しの球数，スピード，タイミングはプレーヤーのフォームがくずれない範囲とする	高	数球から10数球	速い	8～10	20秒	

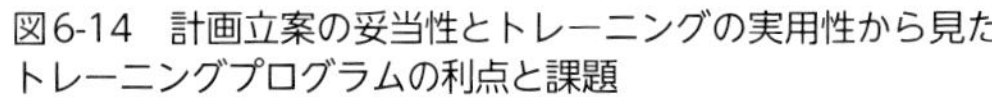

図6-14　計画立案の妥当性とトレーニングの実用性から見たトレーニングプログラムの利点と課題

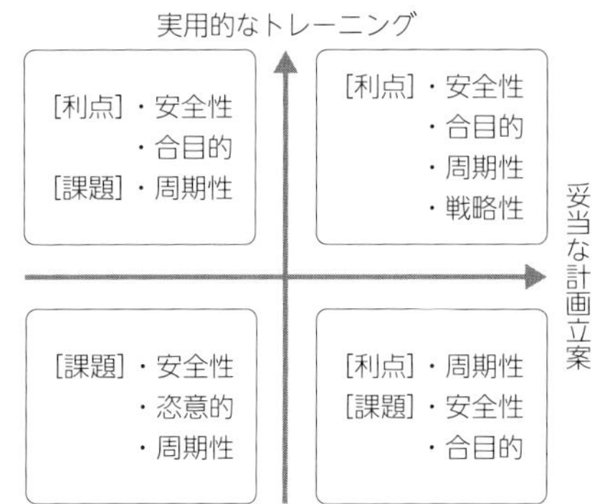

グラムの方針と方向性が明確になる。

図6-14は，妥当な計画立案と実用的なトレーニングを基軸としたマトリックスである。体力トレーニングのプログラムデザインに関わるすべての段階において両者を確認することで，パフォーマンス向上の障壁を安易に精神論や技術論に還元しない，より再現性の高いトレーニングプログラムになると思われる。

ピリオダイゼーションの改善には，「計画」「実行」「学習」「行動」のプロセスが有効であることはすでに述べたが，改善プロセスを繰り返す過程では成功・失敗事例が数多く蓄積される。蓄積された事例はピリオダイゼーションの適正化に向けた情報，知識であり，指導者は日頃から情報の収集に努めるとともに，情報を読み解くリテラシー，ならびに分析した情報を現場に生かす指導力の向上に努めたい。

[文献]

・Blumenstein, B. & Orbach, I. (ed.) (2019) Integrated Periodization in Sports Training & Athletic Development. Maidenhead: Meyer & Meyer Sports (UK) Ltd.

・Bompa, T., Hoffmann, J., Blumenstein, B., Orbach, I. (2019) “Tapering and Peaking for Competitions” in Blumenstein, B. & Orbach, I (ed.) Integrated Periodization in Sports Training & Athletic Development. Maidenhead: Meyer & Meyer Sport (UK) Ltd.

・Bosquet, L., Monpetit, J., Arvsals, D., & Mujika, I. (2007) “Effects of tapering on performance: A meta-analysis.” Medicine & Science in Sports & Exercise. Vol. 39: pp.1358-1365.

・Chandler, T.J. & Chandler, W.B. (2003) “Training Principles” in Reid, M., Quinn, A., and Crespo, M. (ed.) Strength and Conditioning for Tennis. London: International Tennis Federation, ITF Ltd.

・Chu, D. (2003) “Increasing Power in Tennis” in Reid, M., Quinn, A., and Crespo, M. (ed.) Strength and Conditioning for Tennis. London: International Tennis Federation, ITF Ltd.

・Deming, W.E. (2018) The New Economics for Industry, Government, Education (3rd ed.). MIT Press.

・Garber, C.E., Blissmer, B., Deschenes, M.R., Franklin, B.A., Lamonte, M.J., Lee, I-Min, Nieman, D.C., Swain, D.P. (2011) “Quantity and Quality of Exercise for Developing and Maintaining Cardiorespiratory, Musculoskeletal, and Neuromotor Fitness in Apparently Healthy Adults: Guidance for Prescribing Exercise.” Medicine & Science in Sports & Exercise, Vol. 43(7): pp.1334-1359, July.

・Haff, G.G., Kraemer, W.J., O’ Bryant, H.S., Pendlay, G., Plisk, S., and Stone, M.H. (2004) “Roundtable Discussion: Periodization of Training-Part 1.” Strength and Conditioning Journal: February, Vol.26(1). pp.50-69.

・Hoffman, J. (2014) Physiological aspects of sport training and performance (2nd ed.). IL: Human Kinetics.

・Kovacs, M.S., Roetert, E.P., Ellenbecker, T.S. (2016) Complete conditioning for tennis (2nd ed.). IL: Human Kinetics.

・Mujika, I., Halson, S., Burke, L.M., Balagué, G., Farrow, D. (2018) “An Integrated, Multifactorial Approach to Periodization for Optimal Performance in Individual and Team Sports” International Journal of Sports Physiology and Performance. Vol. 13(5): pp.538-561.

・Reid, M. & Crespo, M. "Needs Analysis" ITF Level III Coaches Course.

・Selye, H. (1936) “A syndrome produced by diverse nocuous agents.” Nature, 138: p.32.

・Smith, B.J. (2012) “Periodization and Resistance Training in the Elite Female Tennis Player: the WTA Perspective” Journal of Medicine and Science in Tennis. Vol. 17(2): pp.55-63.

・Zatsiorsky, V.M. (1995) Science and Practice of Strength Training. Champaign, IL: Human Kinetics.

6-3 体力テストの実施と評価

1．体力テストの目的と効果

体力テストを実施する目的は，現時点におけるプレーヤーの身体状況ならびに運動能力を把握することである（日本テニス協会，2015）。具体的には，①成長をモニタリングすること，②トレーニングの効果を把握すること，③コンディションの現状把握と新たなトレーニング課題を見つけること，そして，④スポーツ外傷・障害の予防のための課題を探索すること，などが挙げられる。また，数値や映像などは，指導者やプレーヤーの主観的な評価を客観的に補助することができるとともに，コンディションの微小な変化を正確に把握することにつながる。さらに，トレーニング効果を可視化することにより，プレーヤーの競技意欲を喚起するといった効果をもたらす。

2．テニスパフォーマンスに求められる体力・運動能力要素

1―テニスの競技特性と求められる体力・運動能力要因

テニス競技では，短時間の高強度運動（4～10秒）と短時間の休憩（ポイント間25秒以内）が交互にあり，エンドの交代の際にやや長い休憩（90秒以内）がある（Fernandez et al., 2006; Kovacs, 2007）。またシングルスゲームにおいて，男子のエリートプレーヤーでは1ショットあたりの移動距離は平均3 m，1ポイントあたりでは約9～11m移動し，1時間あたりハードコートでは3,200m，クレーコートでは3,600mも移動するというデータが報告されている（Murias et al., 2007; Fernandez et al., 2009）。これらのことから，

テニス競技は，比較的狭い範囲内での移動と切り返しを含むフットワークとヒッティングを，高強度間欠的かつ長時間行う種目であると考えられる。本章１節で示されたように（p.117図6-4参照），テニスパフォーマンスには，筋力，コーディネーションをはじめ，スピード，柔軟性，持久力といった個々の体力要素と，それらを複合的に組み合わせたパワー，敏捷性，スピード持久力，筋持久力などの体力・運動能力要素のすべてが求められる。さらに上記の各報告を踏まえると，全身のパワー発揮能力や持久力（全身持久力および間欠的持久力）が特に求められる競技である（小屋ほか, 2014；Kovacs, 2010）。加えて，様々な状況に対応しながら意図したボールを打つためには，適したスピードやパワーで打球できるような体勢を調整しなくてはならず，高いコーディネーションが求められる。そのため，身体構造的に無理のない合理的な身体運動と，その基盤となる柔軟性や関節の可動性および安定性といった身体の機能性が重要となる。これは，パフォーマンス向上およびスポーツ外傷・障害予防には欠かせない要因ともなる。ここで挙げられたパワー発揮能力，持久力，コーディネーション，身体の機能性は，テニスに特異的な体力要因である。

❷──一般的体力・運動能力と専門的体力・運動能力

測定を実施する際，身長や体重，身体組成といった体格に関する項目を除いては，どのような動き（運動様式）で測定するかは重要な視点である。測定項目で用いる運動様式には，何かしらの体力要因が関連する（高松，2019）。例えば立ち幅跳びは，大きく反動をつけて両脚で前方に跳び出す運動であり，跳躍距離を通してパワー発揮能力を測定するものであるが，その他に脚の筋力，動作のスピード，体幹部の安定性（身体の機能性），そして立ち幅跳びという動作における優れた技術が必要となる。つまり，立ち幅跳びは，パワーという体力要素の他，技術である調整力などが複合して発揮されるパフォーマンスを，跳躍能力という運動能力として測定しているという理解が必要である。

このような測定に用いる運動様式について着眼すると，テニスに限らず多くのスポーツ種目に共通した運動様式（走・跳・投）で把握することができる運動能力を「一般的運動能力」，ある種目の特徴的運動様式で把握することができる運動能力を「専門的運動能力」として区別できる。これに前述したテニス競技に特異的な体力要素の考え方を組み入れると，体力・運動能力は「一般的体力・運動能力」と「専門的体力・運動能力」に分類することができる。

このような分類のもと実施した測定は，競技者としての一般的な能力が優れているのか，テニスプレーヤーとして専門的な能力が優れているのかを評価することを可能にし，トレーニング内容の計画立案に大きく役立つ。なお，**表6-21**は，これまで日本テニス協会（JTA）が様々な現場で実施してきた体力テストの測定項目と，それに関わる体力要素および運動能力をまとめたものである。各体力要素と運動能力の列について，グレーで示された部分はテニスの専門的体力・運動能力であり，その他は一般的体力・運動能力であるといえる。

3．体力テストの項目の選定

体力テストの項目を考える場合，測定者は目的とターゲットとなる体力・運動能力要素を明確に

表6-21　日本テニス協会で実施している体力テスト項目と体力要素および運動能力の関係

	測定形態		測定項目	備　考	体力要素								運動能力				
	ラボラトリーテスト※	フィールドテスト			体格	身体の機能性	筋力	パワー	スピード	敏捷性	コーディネーション	持久力	疾走能力	跳躍能力	投能力	フットワーク	ストローク動作系
フィールドテスト		○	立ち幅跳び			○	○	◎	○		◎			◎			
		○	上体起こし				○		○			◎					
		○	5方向走			○	○	○	○	◎	◎	○				○	
		○	長座体前屈			◎											
		○	往復走				○	◎	◎		◎		◎				
		○	シャトルスタミナ			○	○	○	○	○	◎	◎	◎			○	
フィールドテストオプション種目		○	メディシンボール投げ上方投げ			○	○	◎	○		◎				○		◎
		○	メディシンボール投げ側方投げ	左右それぞれで実施											◎		◎
		○	アクティブSLR			◎											
		○	ヘクサゴン			○	○			◎	◎						
都道府県トレーニングセンターで実施されているテスト	○		身　長		◎												
	○		リーチ長		◎												
	○		体　重		◎												
	○		体脂肪率		◎												
	○		除脂肪体重		◎												
	○	○	最大屈曲・伸展関節角度	肩，股関節，膝，足		◎											
		○	立ち幅跳び			○	○	◎	○		◎			◎			
		○	片脚立ち三段跳び	左右それぞれの脚で実施		○	○	◎	○		◎			◎		○	
		○	膝立ちメディシン2kg上方投げ			○	○	◎	○		◎				○		○
		○	膝立ちメディシン2kg側方投げ	左右それぞれで実施		○	○	◎	○		◎				○		○
		○	片脚切り返し走	左右それぞれで実施		○	○	○	○	◎	◎		○			◎	
		○	サイドステップ			○	○	○	○	◎	◎	○				◎	
		○	Figure 8 footwork			○	○	○	○	◎	◎	○				◎	
		○	3分間ダブルスライン切り返し走			○	○	○	○	○	◎	◎	◎			○	
ナショナルチームで実施されているテスト	○		身　長		◎												
	○		体　重		◎												
	○		体脂肪率		◎												
	○		除脂肪体重		◎		○	○									
	○		推定筋肉量	各部位	◎		○	○									
	○		座高	PHV年齢の推定	◎												
	○	○	機能性テスト（姿勢チェック）	オーバーヘッドスクワット，ドロップジャンプ，片脚スクワット，片脚立ち，前後屈，足首等		◎	○	○	○	○	○	○	○	○	○	○	○
	○	○	握力	左右それぞれで実施			◎										
	○		等速性筋力	体幹部，大腿部			◎	○			○						
	○		スクワットジャンプ	反動動作・腕の振込み動作なし		○	◎	◎	○		○			◎		○	
	○		カウンタームーブメントジャンプ	反動動作あり・腕の振込み動作なし		○	○	◎	○		○			◎		○	
	○		垂直跳	反動動作・腕の振込み動作あり		○	○	◎	○		○			◎		○	
	○		片脚での垂直跳	左右それぞれの脚で実施		○	○	◎	○		○			◎		○	
	○		リバウンドジャンプ			○	○	◎	○		○			◎		○	
		○	立ち幅跳び			○	○	◎	○		○			◎		○	
		○	片脚立ち幅跳び			○	○	◎	○		○			◎		○	
		○	立ち三段跳び			○	○	◎	○		◎			◎		○	
		○	メディシンボール投げ後方上投げ			○	○	◎	○		◎				◎		
		○	メディシンボール投げ上投げ			○	○	◎	○		◎				◎		◎
		○	メディシンボール投げ側方投げ	左右それぞれで実施		○	○	◎	○		◎				◎		◎
	○		自転車ペダリングテスト	ピークパワー,平均パワー,低下率			○	◎	○	○	○	◎					
		○	5m走				○	○	◎		○		◎			○	
		○	20m走				○	○	◎		○		◎			○	
	○		5秒間ステッピングテスト						○	◎	◎					○	
		○	Tテスト				○	○	○	◎	◎	○				○	
		○	サイドステップからの側方切り返し	左右それぞれで実施			○	○	○	◎	◎					◎	
		○	サイドステップからの前方切り返し	左右それぞれで実施			○	○	○	◎	◎					◎	
		○	10m加速走からの切り返し	左右それぞれで実施			○	○	○	◎	◎		○			◎	
		○	20mシャトルランテスト	推定最大酸素摂取量の算出					○			◎	○			○	
		○	Yo-Yoテスト間欠性回復力テスト						○			◎	○			○	
	○		トレッドミルでの全身持久力テスト	最大酸素摂取量,乳酸性作業閾値等					○			◎	○				

濃いグレーの背景列：テニスの専門的体力・運動能力
※専門的機材を使用するものを含む。

しておく必要がある。例えば，ストロークのパワー向上を目的とした場合には，そのパワー発揮に関わる運動能力と体力要素を測る項目を選ぶべきである。スポーツ外傷・障害の予防が目的であれば，テニスで起こりやすい外傷・障害の危険因子と関連が深い項目を選ぶべきである。さらに，高い精度での評価が必要な場合は「ラボラトリーテスト」（日本テニス協会，2015）を実施するなど，目的に応じた測定項目を選定すべきである。

一例を挙げると，近年ナショナルチームのシニア世代のプレーヤーでは身体組成や有酸素性能力の測定など，オーダーメイドのようにチェックしたい項目のみを限定的に測定するケースがある。これは過密なツアースケジュールにおいて，測定にかかる時間と手間を最小限にし，体力評価を効率的に実施するためであるが，トレーニングの目的や方向性が明確である場合には効果的な流れにつながる。

一般的に，テニスパフォーマンスには多くの体力要因が関係しており，プレーヤー個人の身体的特性や総合体力レベルがコート上のパフォーマンスを反映していると報告されている（Perry et al., 2004）。さらに，ジュニアからシニア世代までの国内男子エリートプレーヤーにおいて，測定した項目を総合的に評価した値とランキングとの間に関連性が報告されていることから，１つの体力要因に優れていることよりも，バランスよく体力を培う意識を持つことが競技力向上につながる可能性が指摘されている（小屋ほか，2015）。方向性や目的が未確定な場合は，総合的に構成された体力テストを実施するほうがよいだろう。

これまでJTA編『新版テニス指導教本』（2005）および『テニス指導教本Ⅰ』（2015）で紹介しているフィールドテストは，テニスに必要な基礎的な体力とテニスの特異的な体力を，どこでも，誰でも，簡便に測定し，客観的に評価するためのテストとして考案されたものである。一般的に，フィールドテストの測定は運動パフォーマンスから体力を評価するものであり，テニスコートでの測定ができ，多人数を比較的短時間に測定できるという簡便性に優れている。このフィールドテストは，簡易に総合的な評価が可能である他，測定項目は測定評価のみならず，トレーニングとしての活用が可能である。しかしながら，競技に取り組み始めたプレーヤーの体力評価としては優れているものの，測定種目数が少ないこと，またテニスの専門的動作を含んだ専門的運動能力を測定する項目を扱っていないことから，テニスパフォーマンスとの関連性は低いことがうかがえ，より高いレベルを目指すプレーヤーにとっては不十分な場合がある。

ナショナルチームの場合，ツアー終了後，新しいツアーが始まるまでの準備期間に，身体組成，身体の機能性，一般的体力・運動能力，専門的体力・運動能力について総合的に構成された測定を実施し，コンディションや体力・運動能力レベルを把握するとともに，テニススキルとの関連性から新しい課題を抽出し，今後のトレーニング計画の立案に活用しているチーム（プレーヤーと指導者，その他のサポートスタッフ）もある。ジュニアチームも同様で，総合的な測定を実施し，成長段階の把握と体力・運動能力の縦断的変化を確認している。テニススキルの乱れや停滞の要因が発育発達や体力面の変化であるかについて，指導者の評価も含めながら分析し，改善や向上のための課題を抽出している。ここでの測定は項目が非常に多く，時間と場所を要することはもちろん，測定により得られる情報も大量にならざるを得ない。得られたデータの解釈や実際のトレーニングへの活用は，測定評価者の専門的分析スキルと，プレーヤーおよび指導者を含めたスタッフのデータを解釈するスキルが求められることから，一般的に実施するには難しいだろう。

本節では，以下に，全国の都道府県トレーニングセンター（以下，ブロックトレセン）を中心に実施している総合的な体力テストについて紹介するとともに，測定内容とテニスに関連する体力要素の説明，そして実施のポイントや評価結果の活用方法について解説する。

4．ブロックトレセンでの体力テスト

ブロックトレセンで実施している体力テストは，前述のフィールドテストおよびナショナルチームにて実施されてきた体力テスト（小屋ほか，2015；2014；2011），そしてITFホームページに掲載されている「Fitness testing」を参考に，一般的体力・運動能力およびテニスの専門的体力・運動能力を少しでも簡便に測定し，客観的な評価とブロックトレセンレベルで比較できるように構成したものである。現在，ブロックトレセンを中心にこの測定を行い，プレーヤー個別にフィードバックを行っている。測定の内容は以下の通りである。

1―同意・問診

体力テストは慣れない運動も含まれており，測定による外傷のリスクが含まれる。そのため，体力テストの目的や意義，そしてプレーヤーにとって不利益な点について，プレーヤー自身はもちろんプレーヤーが未成年者の場合は，その保護者に理解と参加同意を得ることが倫理的観点から必要である。過去や現在のスポーツ外傷・障害の履歴についても，測定時の外傷リスクを減らすことにつながることから確認が必要である。

2―身体特性および関節の柔軟性

身長，リーチ長（指極），体重，体脂肪率，除脂肪体重を身体的特性の評価項目としている。身体の機能性の評価では，関節の柔軟性の評価のために，スマートフォンの水準器アプリを活用して関節最大角度を測定している（図6-15）。関節が最大に動く角度が減少するということは，筋力により関節を回転させる距離を減少させることになり，力の発揮および吸収能力の減少につながることから，現状を把握し，改善が必要であればその取り組みが必要となる。

3―関節最大角度の測定

スマートフォンアプリを使用して測定を実施する。iPhoneなどのiOS端末には標準で計測アプリが入っているので，「計測」アプリを使用する（図6-15(a)）。Android端末はGoogle Playから「水準器」アプリをダウンロードすることで使用可能となる（図6-15(b)(c)）。今まで，関節角度の測定で使用されていたゴニオメーターとは異なり，特別な技術がなくても測定が可能となっている。

1―肩関節最大内旋角度（図6-15①）

目的 肩関節の外傷・障害予防。

方法 ①プレーヤーは脱力した状態で立つ。
②測定員はプレーヤーの肩を図の位置に移動させる。
③測定部位は尺骨部で，水平面に対する尺骨長軸の角度を計測する。
［実施上の注意点］腕の力を抜き，身体をまっすぐに保つ。

2―股関節最大屈曲角度（図6-15②）

目的 肉離れや腰痛の外傷・障害予防。

方法 ①プレーヤーは仰向けになる。

図6-15　スマートフォン水準器アプリを活用した関節最大角度の測定

0°……水平（黄緑色）にして１回タップ！ 0°を定義！

①肩関節

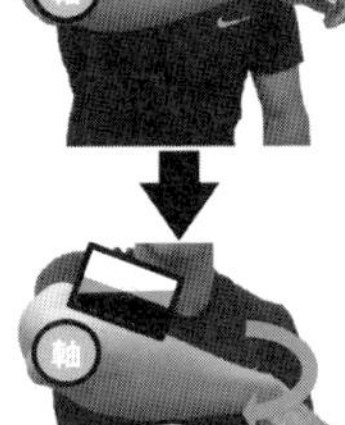

②股関節

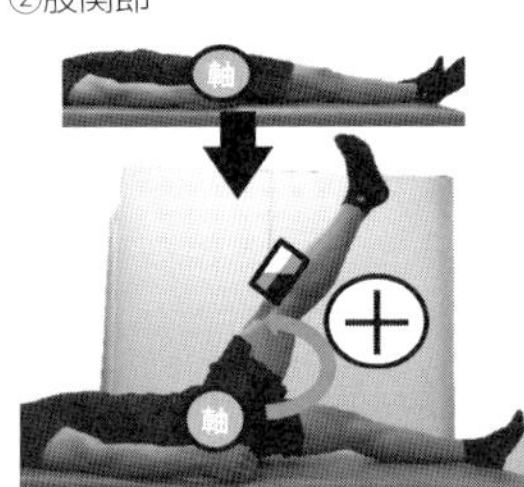

③膝関節

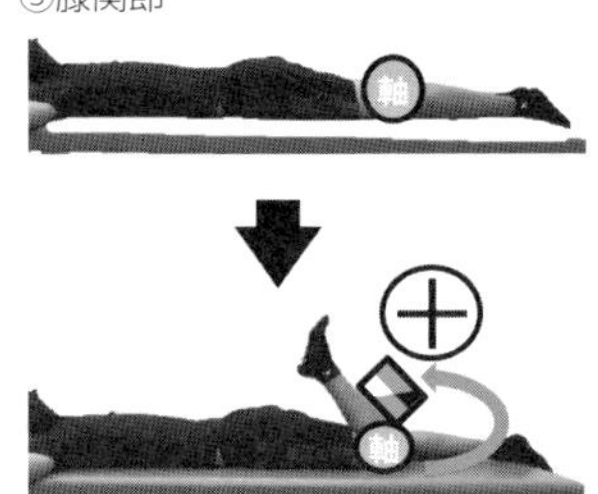

④足関節

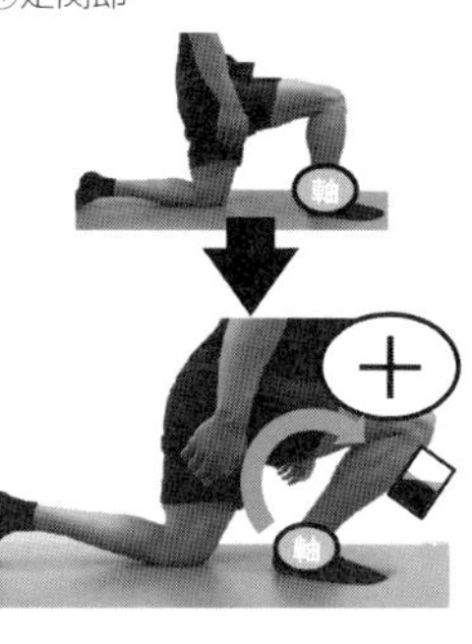

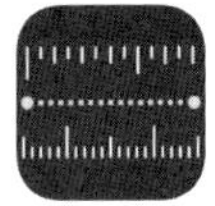

(a)iOS「計測」アプリ

(b)Android「水準器」アプリ

(c)Google Play「水準器」アプリ QRコード

②膝を完全に伸ばした状態で股関節最大屈曲を行い，静止する。

③測定部位は脛骨粗面の下で，水平面に対する脛骨長軸の角度を計測する。

［実施上の注意点］膝を曲げない。

3—膝関節最大屈曲角度（図6-15③）

目的　膝の成長痛や腰痛の予防。

方法　①プレーヤーはうつ伏せになる。

②膝関節最大屈曲を行い，静止する。

③測定部位は脛骨粗面の下で水平面に対する脛骨長軸の角度を計測する。

［実施上の注意点］身体をねじったり，尻を浮かせたりしない。

4—足関節最大背屈角度（図6-15④）

目的　肉離れや捻挫の予防。

方法　①プレーヤーは図のように片膝をつく。

②前方の足に体重を乗せ，静止する。

③測定部位は脛骨粗面の下で，垂直面に対する脛骨長軸の角度を計測する。

［実施上の注意点］・踵を浮かさない。

・つま先を外に向けない。

4—一般的体力・運動能力

ブロックトレセンで実施している測定では，テニスに特異的に必要となるパワー発揮能力に焦点をあてながら，一般的な運動様式にて，また，下肢と上肢・体幹に分類して評価することで，どこを，どのように，トレーニングすべきか，そのターゲットを明確にすることをねらいとしている。

下肢のパワー発揮能力は，「両脚立ち幅跳び」と「片脚立ち三段跳び」の距離を測定することで評価する。テニスは，動き出す，止まる，切り返す，そしてオープンスタンスで打球するなど，片脚でのパワー発揮が求められる場面が多く出現することから，片脚でのパワー発揮能力を評価することは有用である。なぜなら，下肢のパワー発揮能力の左右差は，フットワークにおける加速減速能力や打球スキルに影響を与えている可能性があるためである。この評価結果は，その判断の一助となる。体幹や上肢の最大パワー発揮能力の評価として「膝立ちメディシンボール投げ」を設定している。全身持久力および心肺機能は「３分間ダブルスライン切り返し走」を設定している。測定

表6-22　ブロックトレセンレベルプレーヤーの身体特性と関節角度の平均値

項目		男性（204名測定）				女性（197名測定）			
		U-12	U-14	U-16	計測範囲	U-12	U-14	U-16	計測範囲
測定対象者（人）		74	93	37	最小値　最大値	73	99	25	最小値　最大値
身体特性	身　長（cm）	147.4	164.3	171.6	119.1 ～ 185.5	148.9	158.7	159.8	124.1 ～ 175.0
	体　重（kg）	38.5	52.1	61.3	22.7 ～ 81.0	39.7	49.8	52.8	25.0 ～ 75.1
	体脂肪率（%）	16.7	14.4	14.7	5.0 ～ 34.8	19.9	23.4	25.2	7.3 ～ 38.1
	リーチ（指極）（cm）	145.2	164.4	175.0	16.3 ～ 192.0	150.7	158.7	159.6	123.6 ～ 169.5
肩関節最大内旋角	サーブ側（°）	19	19	20	-5 ～ 50	21	20	22	0 ～ 42
	非サーブ側（°）	26	25	28	0 ～ 58	28	28	28	1 ～ 59
股関節最大屈曲角	サーブ側（°）	64	63	61	7 ～ 94	70	70	68	46 ～ 109
	非サーブ側（°）	64	64	62	40 ～ 102	70	69	68	37 ～ 102
膝関節最大屈曲角	サーブ側（°）	135	133	132	117 ～ 151	134	135	131	116 ～ 151
	非サーブ側（°）	135	133	132	116 ～ 152	134	134	130	115 ～ 152
足関節最大背屈角	サーブ側（°）	44	45	43	26 ～ 67	48	47	48	29 ～ 69
	非サーブ側（°）	46	44	44	25 ～ 67	48	48	49	31 ～ 79

表6-23　ブロックトレセンレベルプレーヤーの体力・運動能力平均値

男性（531名測定）								
項目		ハード・体育館平均値			オムニ・クレー平均値			
		U-12	U-14	U-16	U-12	U-14	U-16	計測範囲
体力・運動能力要素	測定対象者（人）	163	126	34	80	96	32	最小値　最大値
下肢パワー	立ち幅跳び（m）	1.79	2.15	2.31	1.77	2.03	2.22	1.28 ～ 2.73
	片脚立ち三段跳び（右）（m）	4.91	6.14	6.74	4.91	5.80	6.34	2.75 ～ 8.62
	片脚立ち三段跳び（左）（m）	4.93	6.08	6.70	4.82	5.71	6.27	3.40 ～ 8.06
体幹・上肢パワー	膝立ちメディシン2kg上方投げ（m）	3.45	5.09	6.52	3.33	5.20	6.90	1.90 ～ 9.11
	膝立ちメディシン2kg右側方投げ(m)	4.77	7.36	9.35	4.60	7.51	9.15	2.61 ～ 11.72
	膝立ちメディシン2kg左側方投げ(m)	4.51	6.91	9.49	4.62	7.29	8.83	2.50 ～ 12.52
下肢パワー＆持久力	3分間ダブルスライン切り返し走(回)	51	55	55	47	52	52	39 ～ 61
敏捷性・フットワーク	片脚切り返し走（右）（秒）	3.05	2.93	2.83	3.42	3.17	3.14	2.62 ～ 3.64
	片脚切り返し走（左）（秒）	3.07	2.93	2.84	3.45	3.21	3.09	2.58 ～ 3.69
	サイドステップ　（回）	29	31	32	26	30	32	20 ～ 39
	Figure 8 footwork　（秒）	7.41	6.96	7.11	8.05	7.32	7.11	5.66 ～ 9.20

女性（502名測定）								
項目		ハード・体育館平均値			オムニ・クレー平均値			
		U-12	U-14	U-16	U-12	U-14	U-16	計測範囲
体力・運動能力要素	測定対象者（人）	149	129	19	84	79	42	最小値　最大値
下肢パワー	立ち幅跳び（m）	1.74	1.90	1.88	1.74	1.85	1.88	1.27 ～ 2.40
	片脚立ち三段跳び（右）（m）	4.74	5.28	5.38	4.73	5.06	5.30	2.56 ～ 7.05
	片脚立ち三段跳び（左）（m）	4.70	5.22	5.22	4.61	5.04	5.21	2.94 ～ 7.10
体幹・上肢パワー	膝立ちメディシン2kg上方投げ（m）	3.58	4.65	4.51	3.61	4.50	5.04	2.30 ～ 6.65
	膝立ちメディシン2kg右側方投げ(m)	4.57	5.92	5.72	5.11	6.13	6.28	3.00 ～ 8.50
	膝立ちメディシン2kg左側方投げ(m)	4.66	5.80	5.62	4.99	5.62	6.05	3.10 ～ 8.29
下肢パワー＆持久力	3分間ダブルスライン切り返し走(回)	50	52	50	47	49	49	39 ～ 57
敏捷性・フットワーク	片脚切り返し走（右）（秒）	3.02	3.04	3.14	3.38	3.32	3.28	2.75 ～ 4.00
	片脚切り返し走（左）（秒）	3.07	3.09	3.12	3.44	3.38	3.35	2.66 ～ 3.90
	サイドステップ　（回）	28	32	30	27	28	30	21 ～ 40
	Figure 8 footwork　（秒）	7.65	7.29	7.68	8.15	7.60	7.27	6.16 ～ 9.75

項目および基準値は**表6-21，6-23**の通りである。

5―専門的体力・運動能力

テニスに必要な方向変換能力（加速および減速を含むアジリティ）を評価するために，プレー中によく見られる「片脚切り返し走」を実施している。片脚ずつ，それぞれのサイドで行い，左右差の評価も有用である。また，狭いエリアを機敏に動く能力（クイックネス）を評価するために「サイドステップ」と「Figure 8（８の字）foot work」を測定する。測定項目および基準値は**表6-21，6-23**の通りである。

6―体力・運動能力テストの実施方法

1―立ち幅跳び（図6-16①）

目 的　両脚による基本的な下肢パワーを評価する。

方 法　①両足を軽く開いて，メジャーをまたぎ，つま先が跳躍開始線（メジャーの０cm地点）を踏まないようにして立つ。

②両足で同時に踏み切って前方へ跳び，両足で着地させる。

③着地した足のうち，最も踏み切り線に近い接地部分の直線距離を，cm単位で２回計測する。

2―片脚立ち三段跳び（ケンケンパ）（図6-16②）

目 的　連続的な下肢のパワー発揮能力を評価する。

方 法　①ラインをまたぎ，測定するほうの足で片足立ちし，つま先が跳躍開始線（メジャーの０cm地点）を踏まないようにして立つ。

②反動動作を用いながら測定足で踏み切って前方へ跳び，測定足のみによる連続した片足着地・跳躍を２回行った後，３歩目は両足で着地する（「ケンケンパ」に準じた動作）。

③着地した足のうち，最も踏み切り線に近い接地部分（多くの場合，踵部）の直線距離を，cm単位で２回計測する。

3―膝立ちメディシン２kg上方投げ（図6-16③）

目 的　主に上半身のパワー発揮能力を評価する。

方 法　①投射開始線（メジャーの０m地点）の手前で両膝を肩幅程度に開いて置き，膝立ちの姿勢となる。

②膝を浮かさないようにしながら，体幹および上半身のパワーで前方へ投射する。なお，ボール投射後は姿勢維持に努めなくてもよい。

③投射開始線からボール落下地点までの距離を，cm単位で２回計測する。

4―膝立ちメディシン２kg側方投げ（図6-16④）

目 的　主に上半身のパワー発揮能力を評価する。

方 法　①投射開始線（メジャーの０m地点）の手前で膝を肩幅程度に開き，投射方向に対し身体を45度傾けた位置（セミオープンスタンス）で膝を固定する。

②膝を浮かさないようにしながら，体幹および上半身のパワーで前方へ投射する。なお，ボール投射後は姿勢維持に努めなくてもよい。

③投射開始線からボール落下地点までの距離を，cm単位で２回計測する。

5―片脚切り返し走（図6-16⑤）

目 的　片脚での加速減速能力を評価する。

方 法　①センターサービスラインを踏まないよう構える。

②自分のタイミングで疾走を開始し，全速力でダブルスラインまで向かい，ラインを踏むか越えるかして折り返して，再びセンターサービスラインをかけ抜ける（測定員はスタートの合図を出さない）。

③体幹部（胸部）がセンターサービスラインを通過した時間を，0.1秒単位で２回計測する。

図6-16　体力・運動能力テストの実施方法

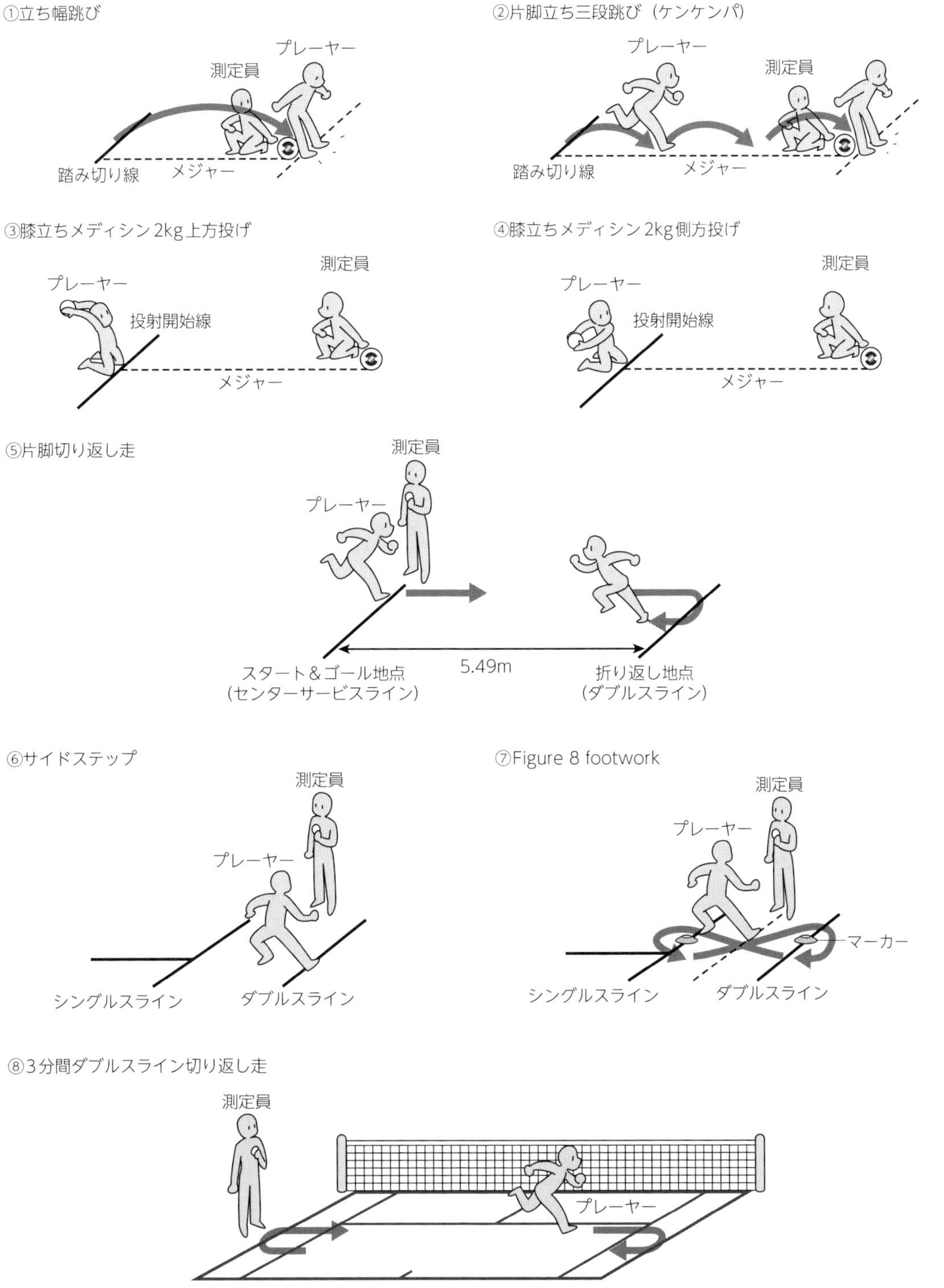

6—サイドステップ(図6-16⑥)

目 的　短い距離を素早く切り返す能力を評価する。

方 法　①ダブルスラインとシングルスラインの中央地点に立つ。

②スタートの合図によって，反復横跳びの要領でダブルスラインとシングルスラインを交互に踏むか越えるかする。

③15秒間中にラインを踏むか越えるかした回数を，２回計測する。

7—Figure 8 footwork（図6-16⑦）

目 的　短い距離を正確に移動するフットワーク能力を評価する。

方 法　①シングルスラインとダブルスライン間（1.37m）の中央地点に立ち，構える。

②マーカーの後方から回り込んで８の字を描くように周回する。

③中央地点を６回通過するまでに要した時間を，0.1秒単位で２回計測する。

8—3分間ダブルスライン切り返し走(図6-16⑧)

目 的　全身持久力および加速減速を繰り返す下肢筋パワーを評価する。

方 法　①開始合図の後，両ダブルスライン区間を３分間走り続けられるペースで往復走する。折り返し地点であるダブルスラインは，踏むか越えるかして往復する。

②測定員は，３分経過時に「やめ」と合図を与え，合図があった時点でのダブルスライン区間の走行回数を記録する。

③走行回数のカウント方法は，片方のダブルスラインからもう一方のダブルスラインへ向かって走行したことを１回としてカウントする。記録係は，３分間中に走行した回数を積算し，その総和を走行回数とする。１回実施して記録する。

5．体力テスト実施の注意点

体力テストは，体調不良やけがをしているプレーヤーに実施することは控える。また，測定結果はテストへの習熟度や努力度などによって左右されるため，疲労が起きない程度に反復練習した後に実施する。また，可能な限り正しい実施方法を用いて，毎回同じ条件・環境で行うようにすることが望ましい。例えば，プレーヤーが疲労している状態では測定値は低下し，使用コート（コートサーフェス）が異なれば測定値も変動してしまう。精確な現状評価やトレーニング効果の評価においては測定状況を整えておくことが重要なポイントとなる。また，体力テストに対して好意的な心持ちで実施できるよう，競争心や遊び心を持ちながら全力で行えるよう，その場の雰囲気づくりや体力に関するリテラシーを日頃から養うことも大切である。

6．体力テストの評価と活用方法

体力テストは，可能な限り縦断的かつ定期的に実施することが望ましい。体力トレーニング開始後６～10週間で神経的な適応が，10週間以降に筋肥大に伴う最大筋力およびパワーの向上が起こる（Sale, 1986, 1987, 2003）ことを考えると，３～４ヵ月周期で体力テストをスケジューリングしていくことが望ましい。４ヵ月に１回，つまり年間３回，または６ヵ月（半年）に１回，４月と９月などに定期的に体力テストを行い，意識的に日々のトレーニングに取り組む姿勢を鼓舞することもひとつである。

そのためにも，体力テスト後に指導者またはスポーツ医科学の専門家は，体力テストによって現れたプレーヤー個別の値を確認し，プレーヤーのどのような体力要素が優れているのか，または不足しているのか，個別のフィードバックを行うことが必要である。例えば，加速能力に大きな正の影響を与える下肢パワーの記録が全国平均値よりも優れているにもかかわらず，減速が加わる片脚切り返しの記録が優れない場合は，急激に減速する筋力や身体のコーディネーションスキルが低い可能性を示している。また，左右差が現れ，どちらかが基準値と比べて著しく低い記録である場合などは，弱点として次回までに改善すべき課題として留意することが求められる。さらに，体力テストの活用方法の例としては，基準値表をコートに貼り出し，目標値を確認しながら，ウォーミングアップ兼トレーニングとして体力テストを頻繁に実施するなどが考えられる。

以上のことから，指導者は年間スケジュールに体力テストを定期的に組み込み，縦断的にプレーヤーの体力を評価することで，プレーヤーの体力レベルや身体的特徴の変化を捉え，トレーニングの効果やスポーツ外傷・障害の発生リスクを確認することができる。また，同時に次の体力テストまでの具体的かつ客観的な目標値を設定することで，プレーヤーを動機づけ，体力テストとトレーニングを習慣化させることによって，将来的な競技パフォーマンス向上が期待される。

[文献]

- Fernandez-Fernandez, J., Mendez-Villanueva, A., Fernandez-Garcia, B., & Terrados, N. (2007) Match activity and physiological responses during a junior female singles tennis tournament. British journal of sports medicine, 41(11): pp.711-716.
- Kovacs, M. S. (2007) Tennis physiology. Sports medicine, 37(3): pp.189-198.
- Murias, J.M., Lanatta, D., Arcuri, C.R., & Laino, F.A. (2007) Metabolic and functional responses playing tennis on different surfaces. Journal of strength and conditioning research, 21(1): p.112.
- Fernandez-Fernandez, J., Sanz-Rivas, D., & Mendez-Villanueva, A. (2009) A review of the activity profile and physiological demands of tennis match play. Strength & Conditioning Journal, 31(4): pp.15-26.
- Deutsch, E., Deutsch, S.L., & Douglas, P.S. (1988) Exercise training for competitive tennis. Clinics in sports medicine, 7(2): pp.417-427.
- Parsons, L.S., & Jones, M.T. (1998) Development of speed, agility, and quickness for tennis athletes. Strength & Conditioning Journal, 20(3): pp.14-19.
- Fernandez-Fernandez, J., Mendez-Villanueva, A., Fernandez-Garcia, B., & Terrados, N. (2007) Match activity and physiological responses during a junior female singles tennis tournament. British journal of sports medicine, 41(11): pp.711-716.
- 小屋菜穂子, 北村哲, 梅林薫ほか（2014）テニス競技のナショナルジュニア選手に求められる体力評価の検討. テニスの科学, 22：pp.23-32.
- 小屋菜穂子，北村哲，梅林薫ほか（2015）男子エリートテニス選手における体力・運動能力の発達に関する横断的研究，コーチング学研究，28（2）：151-162.
- 小屋菜穂子，梅林薫，北村哲ほか（2011）ナショナルジュニアテニス選手に適した体力測定項目の検討，同志社スポーツ健康科学，3：pp.6-13.
- Sale, D.G. (1987) Influence of exercise and training on motor unit activation. Exercise and sport sciences reviews, 15: pp.95-151.
- Sale, D.G. (1986) Neural adaptation in strength and power training. Human muscle power: pp.289-307.
- Sale, D.G. (2003) Neural Adaptation to Strength Training, Strength and Power in Sport, Second Edition PV. Komi, ed. 2003: pp.281-314.
- Kovacs, M. (2010) Strength & Conditioning for Tennis - A 25 Year Journey. ITF Coaching and Sport Science Review 2010, 50 (18): pp.13-14.
- ITF Fitness testin, https://www.itftennis.com/en/about-us/tennis-tech/science-and-medicine/（2022年11月21日閲覧）
- 公益財団法人日本スポーツ協会（2019）リファンレンスブック：第2章スポーツトレーニングの基本的考え方と理論体系，公益財団法人日本スポーツ協会：p.149.
- Perry, A.C., Wang, X., Feldman, B.B., Ruth, T. and Signorile, J. (2004) Can laboratory-based tennis profiles predict field tests of tennis performance Journal of Strength and Conditioning Research, 18: pp.136-143.
- 公益財団法人日本テニス協会（2015）テニス指導教本Ⅰ，大修館書店：pp.225-229.
- 高松薫（2019）体力トレーニング論．大修館書店：pp.110-111.

6-4 テニスの栄養と食事

1．プレーヤーとしての食事の考え

「世界No.1になりたい」「次の大会で優勝したい」「テニスがうまくなりたい」。プレーヤーとしてテニスに挑むにあたっては，様々な目標や夢を持っているだろう。その目標を達成するために，厳しい練習や体力トレーニングを行うが，それを下支えするものとして，休養・睡眠と栄養・食事が挙げられる。

これらの要素は日本オリンピック委員会（JOC）が競技力強化における基本３原則として挙げているように（図6-17），すべての競技において共通している。また，競技レベルや年齢，性別にかかわらず，同じことがいえる。ただ，何かを食べれば強くなるわけでも，寝たら次の試合に勝てるわけでもない。十分に食べ，そして寝ることにより，コンディションが整い，より良い練習と体力トレーニングを行うことができる。良質なトレーニングを重ねたその先にこそ，勝つことや上達するといった目標の達成が可能となる。

食事はトレーニングの一環というプレーヤーもいる。ジュニア期のプレーヤーにおいては，この関係性に発育発達という要因が関わってくる。食

図6-17　競技力強化における基本３原則（日本オリンピック委員会HPより）

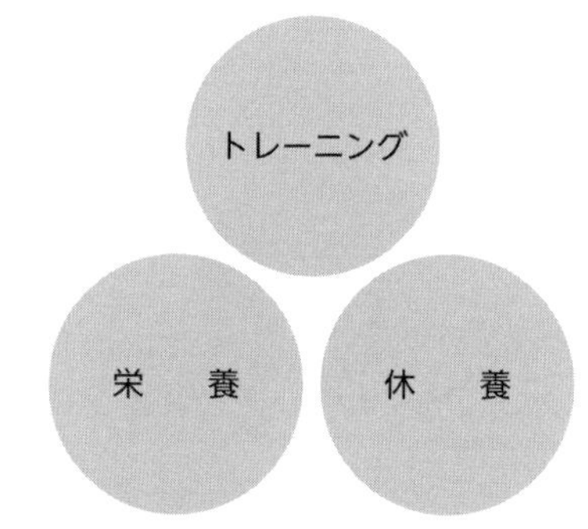

事は日常のことであり，あまりに難しく考え過ぎる必要はない。しかし「何を食べるかではなく，何のために食べるのか」を理解し，日常の食事に活用していくことは，人としての健康，プレーヤーとしてのパフォーマンスに必ず寄与するものであろう。

以下にプレーヤーとして身につけたい食習慣のポイントをまとめる。

[ポイント1]欠食をしないこと

プレーヤーは一般の人よりも多くのエネルギーや栄養素を必要としている。欠食すると，その分だけエネルギーや栄養素が不足する可能性が高くなってしまう。練習前後の補食など，１日３食では摂りきれない分を補う工夫も必要となる。

[ポイント2]好き嫌いをしないこと

アレルギーがある食品以外はいろいろな食品を摂取するよう心がける。食べられない食品が多いと，料理やメニューの選択肢が狭まり，栄養量が不足する可能性が高くなる。また，海外遠征など食環境が整わない場所ではコンディションを整えにくくなる。たくさんの選択肢がある中で，あえて好きではないものを選ぶ必要はないが，それしかない場合や必要な場合にはしっかりと食べられるプレーヤーであることが望まれる。

[ポイント3]バランス良く食べること

主食，主菜，副菜，牛乳･乳製品，果物がそろったバランスの良い食事を実践する（詳細は後述）。

2．食事の基本

❶—食事の基本カテゴリー

プレーヤーの食事の基本は，主食，主菜，副菜，牛乳・乳製品，果物の各カテゴリーをそろえることである（図6-18，表6-24）。

主食，主菜，副菜，牛乳・乳製品，果物の摂取の考え方として，必ずしもその品数が必要というわけではない。コンビニエンスストアであれば，幕の内弁当を買い，ヨーグルトと果汁100％のジュースを加えれば，主食，主菜，副菜，牛乳・乳製品，果物がそろう。肉野菜炒めであれば，主菜と副菜を兼ねる。カレーライスであれば，主食，

図6-18　プレーヤーの食事の基本

表6-24　各カテゴリーの主な役割，栄養素，食品

カテゴリー	①主　食	②主　菜	③副　菜	④牛乳・乳製品	⑤果物
主な役割	身体を動かすエネルギー源	筋肉，血液など，人の身体をつくる	体調を整えたり，骨や血液の材料となる	骨を作るのに欠かせない	疲労回復，コンディショニングに役立つ
主な栄養素	糖質	たんぱく質，脂質，ミネラル	ビタミン，ミネラル	カルシウム，たんぱく質	糖質，ビタミンC
主な食品	ご飯，パン，めん類など	肉，魚，卵，大豆製品など	野菜，いも，きのこ，海藻など	牛乳，ヨーグルト，チーズなど	バナナ，オレンジなどの果物，果汁100%ジュース

主菜，副菜をカバーするというように，それぞれのカテゴリーが入っているかどうかを確認するとよい。また，1日3回食事をする中で，毎食すべてをそろえることは難しい。1回でそろえられなかったものは，1日の中で抜けていることがないように意識してみる。外食で牛乳・乳製品や果物がそろわなかったから，帰ったら牛乳を飲もうなど，後から足してトータルで整えていくように心がけたい。指導者がプレーヤーの食事を確認する場合は，まず主食，主菜，副菜，牛乳・乳製品，果物がそろっているかを確認し，不足しているカテゴリーがあれば，その後の食事で補うように指導することが望ましい。

2―エネルギー必要量

プレーヤーにとって，主食，主菜，副菜，牛乳・乳製品，果物をそろえることは，「何をどれくらい食べるか」を考える際の「何を」にあたる。次に「どれくらい食べるか」を考える際，ベースとなるものがエネルギー必要量である。

エネルギー必要量は「ある身長・体重と体組成の個人が長期間に良好な健康状態を維持する身体活動レベルの時，エネルギー消費量との均衡がとれるエネルギー摂取量」と定義される。さらに，比較的短期間の場合には，「その時の体重を保つ（増加も減少もしない）ために適当なエネルギー」とされる。

エネルギー必要量を推定する試みは数多く行われており，管理栄養士などによる食事アセスメントによってエネルギー摂取量を用いる方法と，身長・体重などから推定式を用いて推定する方法の2つに大別される。後者のひとつである基礎代謝基準値（表6-25）に体重をかけて推定基礎代謝量（kcal）を算出し，身体活動レベル（表6-26）を乗じたものにエネルギー蓄積量（表6-27）を

表6-25　基礎代謝基準値（厚生労働省，日本人の食事摂取基準2020年版より）

（kcal/kg体重/日）

年齢区分	男性	女性
1～2歳	61.0	59.7
3～5歳	54.8	52.2
6～7歳	44.3	41.9
8～9歳	40.8	38.3
10～11歳	37.4	34.8
12～14歳	31.0	29.6
15～17歳	27.0	25.3
18～29歳	23.7	22.1
30～49歳	22.5	21.9
50～64歳	21.8	20.7
65～74歳	21.6	20.7
75歳以上	21.5	20.7

表6-26　身体活動レベルと活動内容例（厚生労働省，日本人の食事摂取基準2020年版より）

身体活動レベル	低い（Ⅰ）	ふつう（Ⅱ）	高い（Ⅲ）
	1.50 （1.40～1.60）	1.75 （1.60～1.90）	2.00 （1.90～2.20）
日常生活の内容	生活の大部分が座位で，静的な活動が中心の場合	座位中心の仕事だが，職場内での移動や立位での作業・接客等，通勤・買い物・家事，軽いスポーツ，のいずれかを含む場合	移動や立位の多い仕事への従事者，あるいは，スポーツ等余暇における活発的な運動習慣を持っている場合

表6-27　成長に伴う組織増加分のエネルギー（エネルギー蓄積量）（厚生労働省，日本人の食事摂取基準2020年版より）

年齢等	男性		女性	
	体重増加量（kg/年）	組織増加分エネルギー蓄積量（kcal/日）	体重増加量（kg/年）	組織増加分エネルギー蓄積量（kcal/日）
1～2歳	2.1	20	2.2	15
3～5歳	2.1	10	2.2	10
6～7歳	2.6	15	2.5	20
8～9歳	3.4	25	3.6	30
10～11歳	4.6	40	4.5	30
12～14歳	4.5	20	3.0	25
15～17歳	2.0	10	0.6	10

※日本人の標準的な体位にて算出した数値。

加えたものを紹介する。

エネルギー必要量(kcal/日)＝性・年齢別基礎代謝基準値(kcal/kg体重/日)×体重(kg)×身体活動レベル(PAL)＋エネルギー蓄積量(kcal/日)

〈例〉体重49.0kgの14歳男子プレーヤーの場合（練習時間3時間/日）

エネルギー必要量(kcal/日)＝31.0(kcal/kg体重/日)×49.0(kg)×2.0＋20(kcal/日)=3,058(kcal/日)

また，プレーヤーにおいては，一般人に比べて身体組成が大きく異なるため，基礎代謝基準値を使用した場合に誤差が大きくなる場合が多い。そのため国立スポーツ科学センター（JISS）により，18歳以上を対象にした基礎代謝量を推定する式と，種目系分類別PAL（**表6-28**）が示されている。

基礎代謝量(kcal)＝除脂肪体重(kg)×28.5(kcal)

推定エネルギー必要量(kcal/日)＝基礎代謝量(kcal)×種目系分類別PAL

（小清水ほか，2005）

〈例〉体重70.0kg, 体脂肪率10.0%の21歳男子プレーヤー（通常練習期）の場合

除脂肪体重(kg)＝70.0(kg)×{(100－10.0)/100}＝63.0(kg)

基礎代謝量(kcal)＝63.0(kg)×28.5(kcal)＝1,796(kcal/日)

推定エネルギー必要量(kcal/日)＝1,796(kcal)×2.00＝3,592(kcal/日)

表6-28　種目系分類別PAL

種目カテゴリー	期分け	
	オフトレーニング期	通常練習期
持久系	1.75	2.50
瞬発系	1.75	2.00
球技系	1.75	2.00
その他	1.50	1.75

競技者の1日のエネルギー消費量は，競技や種目はもちろん，性別や年齢，身体組成，トレーニングの強度や時間などによって変化し，正確に把握することは難しい。朝起きて（コップ1杯の水を飲み）排尿後の体重の変動がほぼなければ，エネルギー摂取量はエネルギー消費量と見合っていると評価する。

3―エネルギー必要量別目安量

主食，主菜，副菜，牛乳・乳製品，果物をそろえる時，各カテゴリーをどれくらい食べればよいかという「量」について説明する。前述したエネルギー必要量別に，2,500kcal, 3,500kcal, 4,500kcalの食品摂取の目安量を示す。

1―主食(表6-29)

主食は，身体を動かすエネルギー源である糖質の摂取源である。具体的な食品でいうと，ご飯やパン，めん類などがある。1日3,500kcalが必要なプレーヤーであれば，1日3回食事をするとしたら，1回の食事につき，主食であるご飯を350g摂取することが目安となる。エネルギー必要量の1/10と覚えるとわかりやすいであろう。コンビニエンスストアのおにぎりであれば，1個約100gであり，3.5個が目安となる。なかには，活動後の昼食や夕食ではご飯350gを食べられても，朝起きてすぐに350gも食べることは難しいと感

表6-29　主食の目安量

	2,500kcal	3,500kcal	4,500kcal
1食	250g	350g	450g
1日	750g	1,050g	1,350g

じるプレーヤーもいる。その場合は，朝のご飯量を200gにし，足りない150gを練習前の補食などで補えばよい。ご飯だけで主食の目安量を充足させるのではなく，パンやめん類などと組み合わせてもよい。メニューが変わることで，食欲が増すことも多い。

また，主食は糖質だけでなく，身体づくりの材料となるたんぱく質の摂取源でもある。例えば，ご飯350gにはたんぱく質が8.8g含まれ，卵１個よりも多く，様々な栄養素をバランス良く摂取することにつながる。

2—主菜（表6-30）

主菜は，身体づくりの材料であるたんぱく質の摂取源である。具体的な食品でいうと，肉，魚，卵，納豆や豆腐などの大豆製品がある。身体を大きくしたいと考えた時，たんぱく質を多く摂取しなければならないから，肉を多く食べようなどと安易に考えるのではなく，主菜の中でもバランスをとるように心がけたい。朝食で納豆と生卵をご飯にかけて食べ，昼食は鶏の唐揚げ定食，夕食はさばの味噌煮というように，１日の中で肉，魚，卵，大豆製品をバランス良く摂りたい。

表6-30　主菜の目安量

	2,500kcal	3,500kcal	4,500kcal
肉	80g	130g	180g
	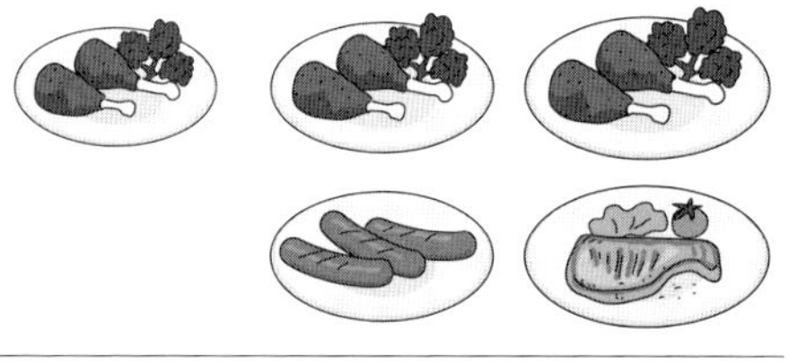		
魚	60g	70g	80g

卵	50g	70g	100g
	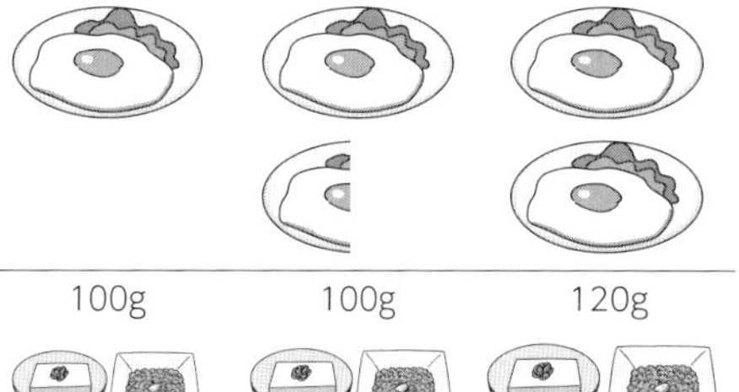		
大豆製品	100g	100g	120g

主菜はたんぱく質の摂取源であるだけではなく，ビタミンやミネラルの摂取も期待ができる。肉であれば，牛の赤身肉は貧血予防となる鉄が多く摂取でき，豚肉は糖質からのエネルギー産生を助けるビタミンB_1が多く含まれている。魚は腸管でのカルシウムの吸収を促進し，骨の形成を助けるビタミンDの供給源となり，血液をサラサラにする働きのあるn-3系脂肪酸（EPA，DHA）も摂取できる。卵はそれひとつで生命が成り立つ食品で，卵黄には抗酸化ビタミンであるビタミンAやEが豊富に含まれている。納豆や豆腐などの大豆製品も，畑の肉と称され，栄養価が高く，納豆であれば，丈夫な骨を作るカルシウムや，口内炎予防に役立つビタミンB_2などの摂取が期待できる。

3—副菜（表6-31）

副菜からは身体の調子を整えるビタミン・ミネラルを摂取する。主な食品は，野菜の他，海藻，きのこ，いもなどである。野菜は色の濃い野菜と薄い野菜に分けられ，毎食どちらの野菜も摂るように意識したい。ゆでた野菜であれば片手，生野菜であれば両手に載せられる量が100g程度である。海藻やきのこ，いもは１日の食事の中で１回は食べるように意識するとよい。

また，副菜は調理法を意識することで，様々な食品をバランス良く摂ることができる。副菜のメニューとして，生で食べるサラダ，和え物やお浸し，煮物や汁物などがある。煮物を作るにしても，醤油や味噌での和風，トマトソースでの洋風，鶏がらでの中華風など，調味のバリエーションが豊富である。生食，和え，煮る，汁物とそれぞれに

表6-31　副菜の目安量

	主 な 食 品	2,500kcal	3,500kcal	4,500kcal
色の濃い野菜	トマト，かぼちゃ，にんじん，ブロッコリー，にら，オクラ，ほうれん草，小松菜，いんげん，貝割れ大根，ピーマン，グリーンアスパラガス　など	150g	150g	150g
色の薄い野菜	キャベツ，きゅうり，もやし，白菜，玉ねぎ，ごぼう，大根，なす，レタス，れんこん，枝豆，とうもろこし，ねぎ　など	200g	250g	250g
海藻	のり，昆布，ひじき，もずく，わかめ　など	4g	4g	4g
きのこ	えのき，しいたけ，しめじ，なめこ，まいたけ，エリンギ，マッシュルーム　など	15g	15g	15g
いも	じゃが芋，さつま芋，里芋，長芋，こんにゃく　など	80g	100g	100g

適した食品があり，調理法や調味を変えることで自然と使用する食材にも変化がつき，食品をバランス良く摂取することができる。

4—牛乳・乳製品，果物（表6-32）

牛乳・乳製品は，身長を伸ばすために大量に牛乳を飲むという話を耳にするが，多く摂取すればよいのではない。牛乳・乳製品はカルシウムが豊富で，たんぱく質も摂取できるものの，身体はたんぱく質とカルシウムだけで成長するわけではない。牛乳・乳製品に偏り，主食を食べる量が減ってしまう，嫌いな野菜を食べないなど，バランスがくずれることがあっては本末転倒である。主食，主菜，副菜，牛乳・乳製品，果物をそろえることが第一で，何かだけを多く摂ってもメリットは少ない。

果物は100％果汁ジュースも食品のひとつとし

表6-32　牛乳・乳製品，果物の目安量

	2,500kcal	3,500kcal	4,500kcal
牛乳・乳製品	500g	600g	800g
果物	200g	200g	250g

表6-33　オレンジ・100％オレンジジュース比較（文部科学省，日本食品標準成分表2020年版 八訂より）

100gあたり	エネルギー (kcal)	炭水化物 (g)	ビタミンC (mg)	食物繊維 (g)
オレンジ	42	9.8	40	0.8
100％オレンジジュース	46	10.7	42	0.2

て考えるが，生の果物の代わりにはならず，補完として考えるとよい（表6-33）。例えば，エネルギーや糖質を摂取したいと考えた時，オレンジと100％オレンジジュースに大きな差はない。しかし，食物繊維を期待した場合は，差が出てきてしまう。反面，ジュースは携帯に適しており，場所を選ばず摂取することができるため，補食に適している。液体で消化・吸収面からも補食としての効率は良いといえる。それぞれの特徴を理解した上で，適したほうを活用したい。

図6-19　試合当日の朝食例

おにぎり（昆布），うどん（梅干し・鶏むね・わかめ），オクラのお浸し，海老と豆腐の煮物，牛乳，バナナ，キウイ

3．テニス競技と食事（期分けと食事）

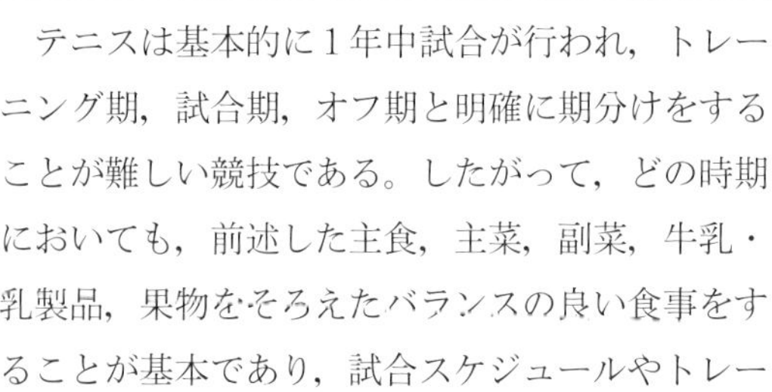

テニスは基本的に1年中試合が行われ，トレーニング期，試合期，オフ期と明確に期分けをすることが難しい競技である。したがって，どの時期においても，前述した主食，主菜，副菜，牛乳・乳製品，果物をそろえたバランスの良い食事をすることが基本であり，試合スケジュールやトレーニング内容に応じて，その量や質，タイミングに配慮していくことが望ましい。

また，試合時間が長く，主に屋外で試合が行われるため，熱中症などへの予防も含め，食事面からの対策が必須である。

1―試合期間の食事

1―試合前の食事

試合前の食事について，ポイントをまとめる。

［ポイント1］主食，主菜，副菜，牛乳・乳製品，果物をそろえ，消化に良い，食べ慣れた食事を摂る

バランスのとれた食事をすることはもちろん，消化が良く，普段から食べ慣れたものを摂る。試合前の緊張状態は，胃腸にもストレスがかかり，消化・吸収能力が落ちている可能性がある。遠征先では，食べ慣れていないものは避け，消化が良く，日常的に摂取している食品を選択するとよい。

［ポイント2］身体を動かすエネルギー源となる主食（ご飯，パン，めん類など）をしっかりと食べる

パスタとフランスパン，そばとおにぎり，うどんとお餅のように，2つの主食を組み合わせるなどし，エネルギーを十分に補充する。メニューが変わることで，食欲が増すことも多い。フランスパンにジャム，お餅にきなこ砂糖などというように調味を甘口にし，味の変化で食欲を促してもよい。パンを選択する場合には，食パンやフランスパンなど脂質の少ないものがよい。さらに副菜も糖質の多いかぼちゃや里芋などを使用するとよい。

［ポイント3］主菜は消化に時間のかかる脂質を多く含む食品を避け，揚げ物などの油っぽい調理法は控えめにする

食品に含まれる見えない脂質に注意する。例えば，糖質からのエネルギー産生を助けるビタミンB_1が多く含まれる豚肉を摂取しようと考えた際，調理法に気をつけるだけでなく，豚肉の中でも脂質が少ない部位を優先するとよい。一般的に売られている豚肉は，ロース，バラ，モモなどがある。100gあたりのエネルギーを比較する（表6-34）と，バラが最も高く，モモとのエネルギーの差はおに

表6-34　豚肉の部位別エネルギー・栄養価（文部科学省，日本食品標準成分表2020年版 八訂より）

100gあたり	エネルギー (kcal)	たんぱく質 (g)	脂　質 (g)	ビタミンB_1 (mg)
ロース	248	19.3	19.2	0.69
バ　ラ	366	14.4	35.4	0.51
モ　モ	171	20.5	10.2	0.90

ぎり約1.2個分にあたる。その要因は脂質の多さである。反対に摂取したいビタミンB_1はモモがバラよりも多く，約1.8倍とれる。

見えない脂質のひとつとして，カレーやシチューに含まれるバターなどの脂質も挙げられる。ご飯が進むメニューではあるものの，摂り過ぎには気をつけたい。マヨネーズやドレッシングなどの調味料も注意が必要である。

［ポイント４］副菜は食物繊維が多く，ガスを発生させやすいものは避ける。いつも以上の量は食べず，糖質を多く含む食材を活用してもよい（いも，かぼちゃなど）

［ポイント５］食中毒予防のため，生ものに気をつける

食中毒と聞くと，大げさに聞こえるかもしれないが，ちょっとお腹が痛い，少し気持ちが悪いといったようなコンディション不良を防ぐためにも，魚介類，肉類，生卵などの生ものには気をつけたい。また，調理後時間が経っているものは避け，安全衛生が確認できているものを食べるようにする。

海外など，水（水道水）の衛生状態が悪いところでは，直接水を飲まなくとも，食材を洗う水に問題がある可能性があるため，生野菜やカットされた果物は食べない。また，氷にも注意し，飲食店で出される氷入りのミネラルウォーターなどにも気をつける。

硬度の高い水でお腹をこわすこともあるため，ミネラルウォーターの場合は硬度を確認するとよい。WHOの分類では，水１Lあたりのカルシウムとマグネシウムの合計含有量が，軟水は０～60mg/L未満，中硬水は60～120mg/L，硬水は120～180mg/L，非常な硬水は180mg/L以上とされている。東京都の水道水は60mg/L前後の軟水で，日本のミネラルウォーターも軟水が多い。一方，ヨーロッパや中国などは硬水が多いため，ミネラルウォーターを選ぶ際は硬度の低めのものを選ぶとよい。

２―試合当日の食事（表6-35）

試合当日は，試合開始時間を考慮して，食事（補食）時間を設定し，食事は試合開始の３～４時間

表6-35　試合当日の食事

［試合開始３～４時間前］
主食，主菜，副菜，牛乳・乳製品，果物をそろえた食事

試合開始まで２時間以上の場合は，主食を中心とした軽食（おにぎり，サンドイッチ，うどん，スパゲティーなど）

［試合開始１～２時間前］
糖質を中心とした補食

おにぎり，サンドイッチ，あんまん，アンパン，ジャムパン，お餅，カステラ　など

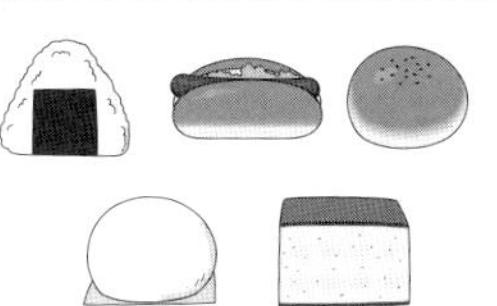

［試合開始１時間以内］
果物，糖質が多いゼリー，飲料など

エネルギーゼリー，フルーツゼリー，バナナなどの果物，果汁100%ジュース

［試合開始30分以内］
水分補給

水，スポーツドリンク

前に済ませる。例えば，午前10時から試合が始まる場合は，３～４時間前の６～７時に食事を済ませておくことが理想である。しかし，ジュニアプレーヤーの試合などは，早い時間から開始することは珍しくない。その場合は，前日の夕食をしっかりと食べ，当日の朝食は身体を動かすエネルギー源となる主食を中心とした軽食とし，試合開始前まで補食でつないでいくとよい。試合開始までの食事は，腹八分目にとどめておく。試合が終了した際，小腹が空いたと感じるくらいが適量であろう。テニスは試合開始時間が不確定な競技で，試合進行や天候によって，試合が１時間，２時間と遅れることは日常茶飯事であることから，状況に応じ，小まめに補食を摂り，試合時にエネルギー不足が生じないように注意したい。

試合中においては，コートチェンジの際に水分・エネルギー補給を行う。コート上での水分・エネルギー補給におすすめの食品として，スポーツドリンク，高糖質のエネルギーバーやエネルギーゼリー（カフェインの入っていないもの），バナナなどが挙げられる。試合中に控えたい食品として，大量の砂糖を含む清涼飲料水やチョコレートなど脂肪の多いものが挙げられる。また，冷たいスポーツドリンクを摂取することで，身体を冷やすこともでき，暑熱対策としてアイススラリーも有効であろう。

１日に複数試合がある場合は，試合終了後，素早く水分・エネルギー補給を行う。糖質は運動直後に摂取したほうが２時間経ってから摂取するよりも，運動４時間後までの筋グリコーゲンの回復が速やかに行われることが報告されており（Ivy et al., 1988），糖質を素早く摂取することで，次の試合までに速やかな回復が見込まれる。その際の水分・エネルギー補給は，次の試合の開始時間を考慮し，消化・吸収に見合った食事・補食を決めるとよい。例えば，次の試合まで２時間以上ある場合は，糖質を多く含む主食を中心とした弁当や食事を摂っても問題はない。ゆっくりとよく噛み，食べ過ぎないようにする。空き時間が１～２時間程度の場合は，弁当や食事ではなく，おにぎりやサンドイッチなどの軽食にする。１時間以内であれば，果物やエネルギーバー，少量のカステラ，お団子などにとどめ，水分補給をしっかりと行う。30分程度しかない場合は，スポーツドリンクやエネルギーゼリーなどを中心に水分とエネルギーを補給し，試合に備えるとよい。

3―試合後の食事

その日の試合がすべて終了した際には，試合で失ったエネルギーや水分をなるべく早く補給する。前述したように，運動後２時間以内の糖質摂取は筋グリコーゲンの回復率が高くなることが報告されており，短時間でのリカバリーには速やかな糖質摂取が不可欠である。イメージとしては，試合後すぐにスポーツドリンクなどでエネルギー・水分補給を行い，２時間以内に主食，主菜，副菜，牛乳・乳製品，果物がそろった食事を摂れることが理想であろう。２時間以内にいわゆるバランスの良い食事が摂れない環境下では，おにぎりやサンドイッチ，バナナ，カステラといった補食を先に摂るとよい。

よりリカバリーを促進する食べ方として，筋グリコーゲンだけではなく，筋ダメージの回復を促すことも考え，糖質とたんぱく質を組み合わせるとよい。糖質とともにたんぱく質やアミノ酸を同時に摂取することでインスリン分泌が高まり，その働きによって筋グリコーゲンの回復が早まるという報告もある（Burke et al., 2017）。具体的な食品としては，乳たんぱく質，乳糖を含む牛乳・乳製品が挙げられる。おにぎりであれば，鮭や鶏そぼろ，サンドイッチであれば卵，ツナ，ハムな

図6-20　試合後のリカバリーに適した食品，組み合わせ

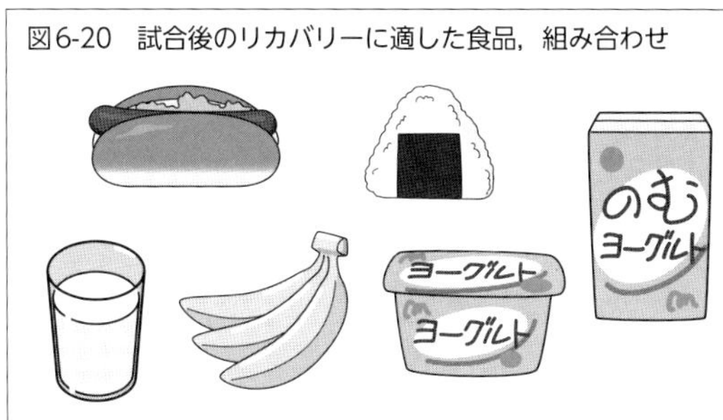

どといった，身体づくりの材料となるたんぱく質を含む具材を選ぶとよい。果汁100%ジュースやバナナなどの果物は牛乳やヨーグルトを組み合わせるなどすると，糖質とたんぱく質が補える（図6-20）。

2―水分補給

人の身体は60%が水であり，水は人が生きていく上で欠かせない。体内での水分の役割は大きく3つある（表6-36）。

テニスは，身体の水分の損失が多い競技だといえる。デビスカップにおいて，代表選手を調査したところ，試合前から脱水状態のプレーヤーがいたことが報告されている（奥平ほか，2016）。大学テニスプレーヤーを対象にした調査では，試合前後の体水分損失率0.8±0.9%で，それが筋力の低下を引き起こす要因になる可能性があるという報告もある（黒田ほか，2019）。

水分補給が足りているかどうか，日常的にできる確認方法は2つある。ひとつは体重測定，もうひとつは尿の色の観察である。起床時にコップ1杯の水を飲み，体重を測定する。そこで前日との差が体重の2%以上あるようなら，脱水を疑う（表6-37）。体重が2%以上減少すると，競技パフォーマンスが低下することが知られている。青少年の夏場のスポーツ活動においては，自由飲水のできる環境を整えれば，脱水は2%以内に収まるといわれている。指導者は，プレーヤーが自由に水分補給できる環境を整えることが重要である。

もうひとつの方法は尿の色の観察で，レモンジュースのような無色透明であればよいが，りんごジュースのような濃い色であれば脱水を疑う。

試合や練習中の水分補給のポイントについて，まとめる。

［ポイント1］競技（試合）前の水分補給――目標は体内水分量100%

競技前に体内の水分量を100%の状態にすることが重要である。体内の水分量が十分にある場合は尿の色が薄く，多量の排尿がある。一度に多くの水分を摂るのではなく，コップ1杯程度の水分をこまめに補給するとよい。

［ポイント2］競技（試合）中の水分補給――水分とエネルギーの補給を！

1時間以上継続して行う場合は，水分とともに，エネルギー（糖質）の補給も考慮し，スポーツドリンクを定期的に飲むことが望ましい。1時間に2～4回，コップ1杯程度の水分をこまめに補給する。スポーツドリンクは薄めずに，甘さが不快

表6-36　体内での水分の役割

働き	説明
溶かす	食べ物は水に溶け，体内で吸収される栄養素に変わる。つまり，水がなければ人は栄養を吸収できない
運ぶ	酸素や栄養を身体の中に運ぶ。反対に身体に不要な老廃物を運び，外へ出す
維持する	身体の温度が高くなると，汗をかき，体温の上昇を防ぐ（体温の維持）

表6-37　水分減少率と主な脱水症状

水分減少率（体重に占める割合）	主な脱水症状
～2%	のどの渇き
3～4%	食欲不振・イライラする 皮膚の紅潮，疲労困憊
5%～	言語不明瞭，呼吸困難 身体動揺，けいれん

図6-21　水分補給の様子

な場合は飲んだ後に水で口をゆすぐとよい。

[ポイント３] 競技（試合）後は速やかに水分補給する

競技前の体重と競技後の体重の差が２％以内に収まっているかを確認する。

[ポイント４] 飲料水の温度は5～15℃が望ましい

飲料水の温度は，夏の暑い時期は５℃，冬の寒い時期であれば15℃程度を目安とする。５℃は冷蔵庫から出した時の温度，15℃は水道水くらいの温度である。

[ポイント５] 0.1～0.2％の食塩と４～８％程度の糖分を含んだものが有効

市販のスポーツドリンクなどは，上記濃度に調整されていることが多い。

競技前後に限らず，日常生活の中で水分補給を心がけたい。入浴前・後，就寝，起床時に水分摂取をするとよい。コップ１杯程度の水分をゆっくりと飲む習慣をつける。

[文献]

・Burke L.M., et al. (2017) Low carbohydrate, high fat diet impairs exercise economy and negates the performance benefit from intensified training in elite race walkers. The Journal of Physiology, 595(9): pp.2785-2807.
・樋口満［監修］(2010) 小・中学生のスポーツ栄養ガイド：スポーツ食育プログラム，女子栄養大学出版部.
・樋口満［編著］(2001) 新版コンディショニングのスポーツ栄養学，市村出版.
・ITF HP (2019) Eating Right. ITF. https://www.itftennis.com/scienceandmedicine/nutrition/overview.aspx (2021年8月17日閲覧).
・Ivy, J.L. et al. (1988) Muscle glycogen synthesis after exercise: effect of time of carbohydrate ingestion. Journal of applied physiology, 64: pp.1480-1485.
・ハイパフォーマンススポーツサポートセンターHP，スポーツ栄養，https://www.jpnsport.go.jp/hpsc/study/sports_nutrition/tabid/1474/Default.aspx (2021年9月3日閲覧)
・小林修平［編］(2001) アスリートのための栄養・食事ガイド，第一出版.
・公益財団法人日本オリンピック委員会HP．味の素ナショナルトレーニングセンター設営方針．https://www.joc.or.jp/training/ntc/facility.html (2021年9月21日閲覧)
・厚生労働省 (2020) 日本人の食事摂取基準 (2020年版) https://www.mhlw.go.jp/stf/seisakunitsuite/bunya/kenkou_iryou/kenkou/eiyou/syokuji_kijyun.html (2021年8月17日閲覧)
・小清水孝子ほか (2005) スポーツ選手の推定エネルギー必要量，トレーニング科学，17：pp.245-250.
・黒田翔太ほか (2019) テニス試合時における体水分損失と筋力との関連性の検討，テニスの科学，27：p.84.
・文部科学省 (2020) 日本食品標準成分表2020年版 (八訂)，https://www.mext.go.jp/a_menu/syokuhinseibun/mext_01110.html (2021年8月17日閲覧)
・日本スポーツ栄養学会［監修］(2020) エッセンシャル スポーツ栄養学，市村出版.
・農林水産省 (2021) 食育の推進，http://www.maff.go.jp/j/syokuiku/index.html (2021年8月17日閲覧)
・岡村浩嗣ほか (2011) 市民からアスリートまでのスポーツ栄養学，八千代出版.
・奥平修三ほか (2016) 日本テニス代表選手の尿検査による起床～練習開始までの脱水評価，日本臨床スポーツ医学会誌，24 (4)：S303-S303.
・鈴木志保子 (2018) 理論と実践：スポーツ栄養，学日本文芸社.
・田口素子ほか (2014) 体育・スポーツ指導者と学生のためのスポーツ栄養学，市村出版.
・WHO (2011) Guidelines for drinking-water quality – 4th ed. WHO.
・国立保健医療科学院［訳］(2012) 飲料水水質ガイドライン第4版：日本語版，国立保健医療科学院.

6-5 メディカルチェックとスポーツ外傷・障害の予防

1．メディカルチェックの意義と内容，評価

1―メディカルチェックの目的と意義

メディカルチェクは，プレーヤーにとっての健康診断であり，その目的はスポーツ活動に備えて安全性を確保することである。つまり，潜在的な病的状態や障害要因の有無をチェックし，安全にけがや故障，疾病なくスポーツ活動を継続できること，また，競技力の向上を目指すことも目的であり，高いレベルでのプレーやパフォーマンスに必要な能力の確認，リスクの有無をチェックするものである。つまり，メディカルチェックはプレーヤーが良好な体調で継続してプレーすることができるために必要かつ重要であり，スポーツ外傷・障害，病気を予防するだけでなく，高いパフォーマンスで長くプレーするために欠かすことができないものと考えられている（中田，前，2010）。また，2020年より世界的にパンデミックとなったCOVID-19など，今後の新興・再興感染症に対してや，熱中症や心停止などの急な生命に関わるリスクも含めて，体温や咳や倦怠感などの自覚症状や既往症など，常に日頃からの健康チェックを行うことはますます重要になっている。

スポーツにおける外傷・障害，疾病の診断，治療は急速に進歩しており，それらの発生要因やリスクはまだ完全には明らかではない。発生に関わる要因やリスクは，プレーヤー自身の内的要因（身体的，精神的特徴など）や外的要因（練習量や頻度，内容などや，用具，シューズなど）によるものがあり，メディカルチェックによりこれらの内的要因や外的要因を調べることでスポーツ外傷・障害・疾病を予測し，予防することを目指す。さらに，スポーツ外傷・障害によりプレーできない

状態から，治療やリハビリによりテニスに復帰する際には，患部の治癒だけでなく，日常生活よりも高い活動・パフォーマンスが発揮できる状態であるか，全身を含めて十分な評価が必要であり，プレー復帰においてもメディカルチェックは重要である（中田ほか，2014；別府ほか，2020）。

特にテニスでは，長くプレーを続けていると，下肢の骨格筋や膝関節，足関節，上肢や肩関節，腰椎などの周囲の骨格筋の筋緊張が強くなる。慢性的に筋緊張が強い状態にあることで，肉離れや腱障害，関節障害などがテニスプレーヤーで多く見られ，肩関節，肘，手関節の障害や腰痛，腹筋損傷，大腿部，膝関節，足関節周囲の障害を引き起こすので，これらのリスクの有無をチェックするメディカルチェックは，どの年齢，レベルでもスポーツ外傷・障害・疾患の予防に重要である。

2—メディカルチェックの種類

メディカルチェックには，競技団体や実施方法により多くの種類があり，様々な名称や概念がある。例えば，メディカルスクリーニングや，PPE（Pre-participation examination：参加前検査），PCMA（Pre-competition Medical Assessment：競技前医学評価）などと，概念や目的により様々な用語が用いられている。2008年，国際オリンピック委員会医療委員会の上級チームドクターコースにて世界のスポーツドクター80名がメディカルチェックの方法や意義について議論し，メディカルチェックはPHE（Periodic Health Evaluation：定期的な健康評価）として，「スポーツ外傷・障害・疾病のリスクのあるスポーツ選手を見つけるためのスクリーニング」を目的として「定期的に繰り返して実施」することで，プレーヤーの健康を維持し，スポーツ現場での安全性を保証することの意義があるとされた。その後2009年に，エリートアスリートに対して定期的に実施するメディカルチェックであるPHEは，国際オリンピック委員会合意声明としてスポーツ医学やトレーニング関連の世界の各学術誌7誌に同時掲載され，その後のメディカルチェックの基本的見解となっている（Ljungqvistet, 2019）。上記の声明では，メディカルチェックのPHEとして基本的に満たされるべき事項に9項目が挙げられている（表6-38）。これらの事項は，メディカルチェックを計画，実施する場合に，主催者や関わる医師や関係者，プレーヤーや家族などが共有しておくことが重要である。

表6-38　メディカルチェックにて満たされるべき9事項（IOC Consensus Statement，2009より）

1．健全な科学的，医学的基準に基づいて実施されること。
2．選手のために実施されること。
3．スポーツ医学を習得したドクターが実施すること。
4．PHE内容は，個別的であること。つまり，地域やレベル，年齢，性別などを考慮して計画し，実施する。
5．PHEはできるだけ正確な検査と，プライバシーが守られるよう，できれば，過去の医学情報にアクセスでき，適切な医師と患者の関係が構築されるよう医師の診察室で実施するのが望ましい。
6．自由な，インフォームドコンセントのもとで行われること。
7．もし選手に重大なリスクが見つかった場合には，ドクターは必要な治療が行われるまでは練習や競技を続けないで思いとどまるように，選手に強く助言すること。
8．このような助言のもとで，選手が練習や競技を続けるかどうかは，選手の責任であること。
9．ドクターがPHEによる診断書を発行するのを求められた時には，選手に前もってPHEの目的やその結果について説明すること。医学的情報を開示するのは必要最小限にすること。

3—メディカルチェックの内容

プレーヤーのメディカルチェックでは，関節や筋肉などの運動器組織に対する整形外科的チェックとともに，心肺機能や内臓機能などの内科的チェック，さらに視力などの眼科的チェックや咬

図6-22　JTA/TSSテニス選手MCシート

JTA/TSSテニス選手MCシート（ver. 4.2）

メディカルチェックは，よい調子を維持するために必要です。選手は，今までの病気やけがについてできるだけ詳しく記載してください。

A．問診

1．□　スポーツ歴

2．□　メディカルチェックの受診歴

3．□　現在のコンディション
　　1）全体的体調　2）練習意欲　3）睡眠　4）食欲　5）便通　6）週のトレーニング日数
　　7）トレーニング実施継続期間　等

4．□　現在，困っている部位や治療している部位はありますか？

5．□　外傷・障害歴

6．□　これまでの既往歴

7．□　現在，または，今までの自覚症状の有無

8．□　家族歴

9．□　女性選手への質問
　　初潮，月経周期，月経出血　等

10．□　その他，（気になっていることや，改善したい身体的弱点など）

B．全体的観察

身長，体重

C．各部位のチェック

1．□　静的／動的アライメント
　　1）立位アライメント　2）上肢　3）下肢　4）シングルレッグスクワットテスト

2．□　関節柔軟性
　　6大関節と脊椎を加えた7カ所を計測する。+の合計をLaxity score：（　/7）として表す。

3．□　筋タイトネステスト

4．□　関節不安定性

5．□　脊柱および神経学的検査

6．□　血行障害

7．□　コアスタビライゼーションテスト

8．□　関節可動域

9．□　画像検査

D．コメント

A：試合，練習に参加不可（要精査または治療）　B：試合，練習参加は制限（要精査）
C：試合，練習フル参加可（要事後確認）　D：現時点で問題なし

合などを含む歯科的チェックなど，様々な内容がある。どのようなメディカルチェックを実施するかは，実施するタイミングや場所，対象のプレーヤーなどに応じて，以下に挙げる項目に注意して計画，実施する必要がある。

▶年齢

▶性別

▶スポーツ種目

▶ポジション，プレースタイル

▶既往症や治療歴

▶スポーツ歴，競技歴

▶練習量，練習内容

各国のテニス団体などがテニスに特化したメディカルチェックやフィジカルチェックを提案しているが，主に筋力などの強度テストと，可動域や柔軟性などの関節柔軟性，関節安定性テストにより構成されている。それぞれの国のプレーヤーの特徴などによりメディカルチェックやフィジカルチェックの内容は異なるが，全米テニス協会では，主にフィジカルチェックの項目として10項目の身体テスト（肩甲帯安定性，肩外旋筋力，肩内外旋可動域，片脚安定性，飛び下り垂直跳び，腹臥位股関節内外旋可動域，股関節屈曲可動性〈トーマステスト〉，ハムストリング柔軟性〈ストレートレッグレイズ〉，大腿四頭筋柔軟性〈腹臥位〉，体幹安定性）を挙げている（USTA, online）。日本国内においてもエリートプレーヤーを対象にしたメディカルチェックを通じて，日本人に特有のリスクや日本人の特性に合わせたメディカルチェック項目を検討した（中田ほか，2011；中田ほか，2013；福林ほか，2014；奥平ほか，2012；金森ほか，2017；中田ほか，2015；Wakabayashiほか，2016；Ogasawaraほか，2020；Teradaほか，2020）。

[JTAナショナルチームのメディカルチェック]（図6-22）

JTAナショナルチームでは，2003年よりメディカルチェックを実施し，2010年からは継続して実施している。内容としては，スポーツドクターが，問診（A項目）と診察（B，C項目）を行い，メディカルチェックの結果はプレーヤーに直接フィードバックするコメント（D項目）として，問題点の有無や今後の対応などを説明している。また，リスクの把握と解決に向けた方法をディスカッションすることで，スポーツ外傷・障害の予防や現在の問題の解決を図っている。実際に，本人が気づいていない骨格筋の緊張の強いことが明らかになり，改善できる方法を示すことで，パフォーマンスが向上することがよくある。つまり，メディカルチェックによって短期的にも本人のパフォーマンス向上が見られ，また，長期的にはスポーツ外傷・障害予測や予防に向けた対応が可能である。

4―メディカルチェックの評価と活用

メディカルチェックはプレーヤーの健康診断として，スポーツ医学についてトレーニングと経験を積んだスポーツドクターにより既往症や現症についての診察が実施されることが重要であるとされている（Ljungqvistet, 2019）。理学所見により，関節可動域や上肢・体幹・下肢のアライメントや関節不安定性，動揺性，骨格筋の異常やタイトネスなど，スポーツに必要な身体的資質や異常の有無についての医学情報が得られる。異常やリスクが見つかった場合，後のプレーや練習などでより悪化させないために，その情報や結果はテニスプレーヤー本人にフィードバックされ，適切な検査や治療，対応の方法が示されることが重要である。

メディカルチェックの内容は，医学的な個人の情報であるので，適切に管理されるべきであり，本人以外にむやみに情報が拡散しないように注意する必要がある。本人の了解があれば，家族や指導者，トレーナーなどともメディカルチェックの情報を共有して，リスクや異常の改善に向けて治療やトレーニングを行い，それらが改善していることを次のメディカルチェックにて確認することも重要である。

このように，メディカルチェックの情報管理や，評価の後のスポーツ外傷・障害・疾病予防に向けて活用するための計画，準備が大切である。

5―メディカルチェックの現状と今後の課題

テニスをはじめスポーツでは，診察での解剖学的異常だけでなく，動作やパフォーマンスでの機能異常の有無や機能レベルの評価が重要になる。そこで，診察室でも，スクワット動作やジャンプ動作，ステップ動作などから機能的な評価を行っている。しかし，テニスやトレーニングでの実際のパフォーマンスは，現状では十分には評価できていない。現在，加速度計や角速度計などのウェアラブルセンサーデバイスの進歩により，トレーニングやコート上での身体活動を計測することが可能になってきている（Wakabayashiほか，2016；Ogasawaraほか，2020；Teradaほか，2020；Li et al., 2016；Marutaniほか，2022；小笠原ほか，2020）。現段階では，まだデータの蓄積が進められている途中であるが，今後，これらのデータからプレーヤーの日頃のパフォーマンスの定量化や，外傷・障害の発生との関連などの研究が進み，パフォーマンスデータからのメディカルチェックやフィジカルチェック，パフォーマンスチェックにより，外傷・障害の予測，予防が進んでいくことが期待される。

2．テニスプレーヤーに多いスポーツ外傷・障害とその対応と予防

1―テニスプレーヤーに多いスポーツ外傷・障害

ITFでは，ホームページの「Science and Medicine」の項目に，「Injury Clinic（外傷医療相談）」として，上肢では肩，肘，手関節でそれぞれ1つずつの3疾患，体幹では腹部，腰部，鼠径部の3疾患，下肢では大腿2疾患，膝周囲4疾患，足周囲3疾患を挙げて，以下の16のスポーツ外傷・障害についての対応や予防的なトレーニングについて示している（ITF, online）。

- ▶上肢：肩インピンジメント症候群，テニス肘，手関節腱障害
- ▶体幹：腹部筋損傷，鼠径部痛，腰痛
- ▶下肢：アキレス腱損傷，足関節捻挫，ふくらはぎ肉離れ，ハムストリング肉離れ，踵の痛み，腸脛靱帯炎，ジャンパー膝，膝蓋骨周囲疼痛，オスグッドシュラッター病
- ▶全身：筋骨格系の問題（骨粗鬆症など）

それぞれの病態や症状，手当て，回復・予防のトレーニングなどが記載されているので，参考にしてほしい。

世界のトップレベルでは，1994年から2009年の16年間の外傷・障害の発生数は，1000試合あたり急性発症が701例，徐々に発症した慢性発症が495例と，急性発症のほうが多い。骨格筋と腱の外傷・障害が最も多く，上肢・体幹・下肢の部位別では，下肢が最も多く，次いで上肢，体幹の順になっている。また，1000試合あたり30～80例で，女子で1000試合あたり平均40.6例，男子で1000試合あたり平均55.6例と男子がやや頻度が高く，2006年以降男女とも高くなっている（Sell et al., 2014）。

2012年から2016年の５年間のグランドスラムとデビスカップでのATP男子プレーヤーの外傷・障害部位では，脊椎が最も多く，足関節・足部，大腿部，肩，膝，股関節，手足のまめや水ぶくれなど皮膚障害の頻度が高い（Fu et al., 2018）。女子プレーヤーでは，2015年のWTA参加選手52名の１年間で，外傷・障害発生数は1000試合時間あたりでは56.6例，1000試合あたりでは62.7例であり，部位としては，下肢が51％と多く，次いで骨格筋・腱が多い（Dakic et al., 2017）。大腿，肩，足関節，膝関節の頻度が高いのは，男子と同様である。

全日本ジュニアテニス選手権大会での2013年から2017年の５年間の大会期間中の外傷・障害の発生は，男女とも上肢の頻度が高く，大会前から痛みがあるプレーヤーは痛みがないプレーヤーに比べて，上肢の外傷・障害の発生は男子は12.3倍，女子は5.4倍であった。また，女子では，同様に，腰部で11.9倍，下肢で7.9倍と外傷・障害の発生頻度が高く，大会前に上肢や腰部，下肢の痛みがない状態となるようにコンディションを整えておくことが重要であることが明らかとなった（中田ほか，2011；中田，金森，2010）。

2―主なスポーツ外傷・障害とその対応と予防

テニスプレーヤーには，上肢や体幹，下肢と，年齢や性別，プレースタイルにより，様々なスポーツ外傷・障害がある。以下に発生頻度の高い外傷・障害における対応と予防について概説する。詳しくは，節末の文献（＊印）を参照いただきたい。

1―肩関節インピンジメント症候群

[症状と病態]

肩関節の外転挙上に伴って起こる痛みで，サービスやオーバーヘッドスマッシュなど，頭上のボールや高いボールを打つストロークでも痛みが見られる。腱板といわれる棘上筋腱や滑液包が肩甲骨と上腕骨骨頭の間で，これらの骨に衝突や挟まれるために炎症や浮腫，出血を起こし，痛みの症状となる（図6-23）。

[対応とプレー再開のための方法，予防]

- ▶初期はプレーを避けることが重要である。
- ▶医師の正しい診断を受け，次のステップとしてインピンジメントの原因の治療となる正しい運動療法を，スポーツ医や理学療法士の指導のもとに行う。
- ▶ステロイド注射は一時的な痛みの改善には効果

図6-23　肩関節インピンジメント症候群

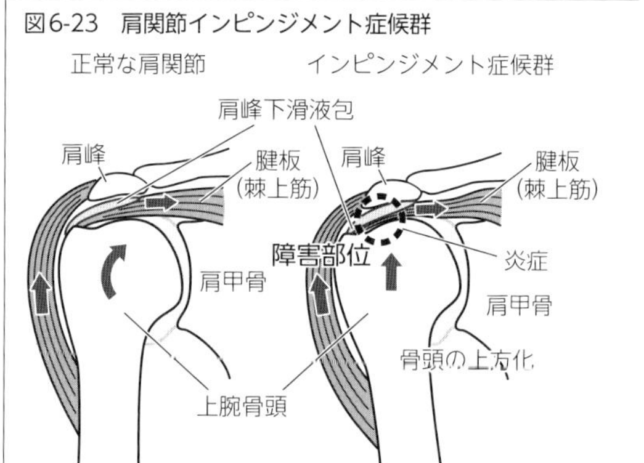

図6-24　肩後方のストレッチング

図6-25　テニス肘

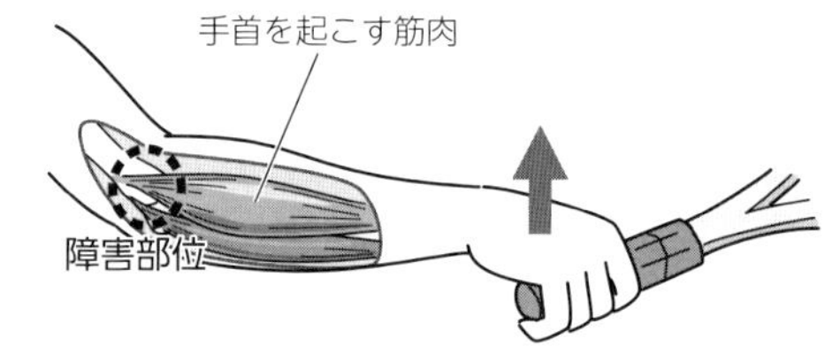

があるが，腱を弱くする副作用があるので，プレーヤーでは注射は限られた回数とすべきである。

▶肩甲骨の機能改善のために，肩後方のストレッチング（肩甲骨の上方回旋・下方回旋，図6-24）を行うことと，肩甲骨の内転・外転のチューブトレーニングなど，肩甲骨の動きを改善するトレーニングを行う。また，腱板機能や肩関節インナーの強化訓練を行う。

2—テニス肘

[症状と病態]

肘の外側に痛みが生じる。手関節の伸筋群のオーバーユースにて起こる伸筋腱の上腕骨外上果付着部の微小損傷や瘢痕形成により徐々に発症する。特に，35歳以上ではリスクがあり，バックハンドストロークで痛みが出ることが多い（図6-25)。

[対応とプレー再開のための方法，予防]

▶初期はプレーを控え，アインシングと手関節伸筋のストレッチング（図6-26）を実施する。

▶マッサージや超音波，肘や手関節，前腕や手のストレッチングや筋力訓練を行う。

▶毎日，前腕の伸筋群のストレッチングを行う。

▶前腕屈筋群と伸筋群を前腕カール訓練にて筋力強化する（図6-27)。

▶サービスやオーバーヘッドスマッシュなど，頭上のボールを打つ際にも肘に痛みが生じることがあるので，これらの練習は徐々に行う。

3—手関節腱障害

[症状と病態]

手関節の周囲の腱のオーバーユースによる微小損傷により痛みが生じる。小指側の尺側伸筋腱に起こることが多いが，屈筋腱にも生じる。腱損傷は治癒に時間がかかり，6週間またはそれ以上かかることがある（図6-28)。

[対応とプレー再開のための方法，予防]

▶初期は練習量を減らし，アイシングと，手関節のリストバンドやテーピングによる固定をする。

▶早期に上記のような治療を行うことが早期回復には重要であり，疑わしい症状の時に適切な診断と理学療法を実施する医師に相談する。

▶手関節の屈筋筋力強化を1kgの重り，またはチューブ訓練にて，手関節中間位からの屈曲と

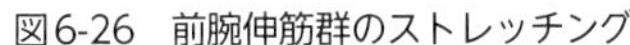
図6-26　前腕伸筋群のストレッチング

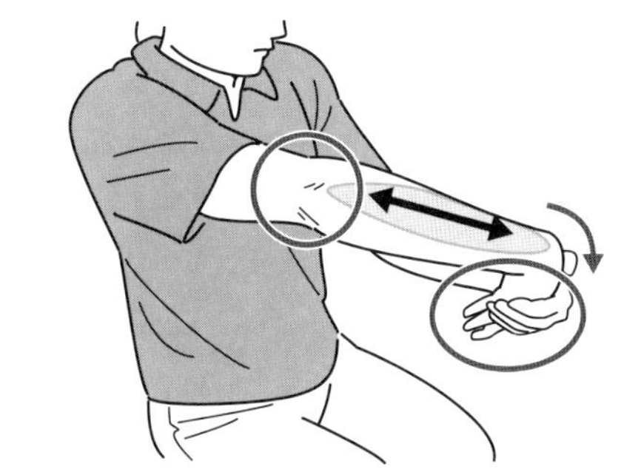

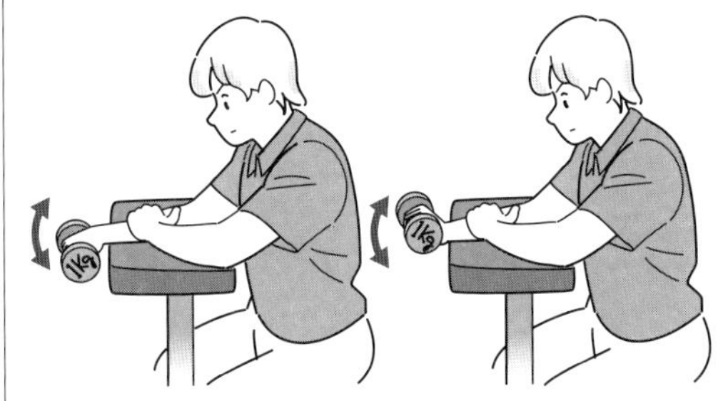
図6-27　前腕カール

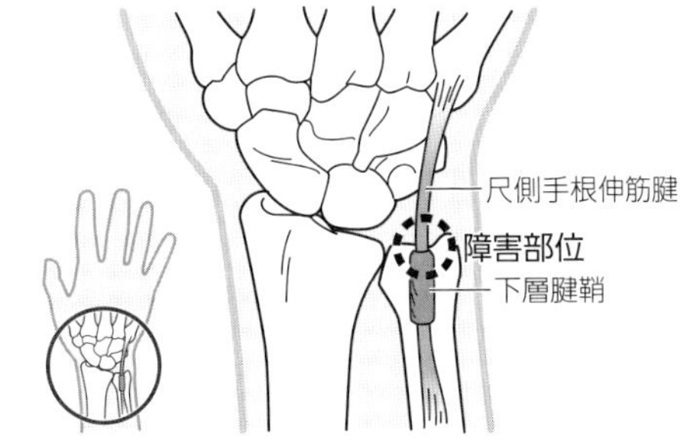

図6-28　尺側手根伸筋腱障害

伸展を10～20回，２～３セット行う。

▶次に，橈尺屈，回内外の訓練を行い，握力も訓練する。負荷を徐々に上げて，負荷の少ないプレーより復帰する。

▶復帰してからは，再発予防のためウォーミングアップとクーリングダウンを15分程度はしっかりと行う。

▶腕立て伏せは，悪化することがあるので，手関節を曲げた状態で行わないようにする。

▶手の大きさに応じたグリップサイズのラケットを使うようにする。

4―腰痛症

[症状と病態]

腰痛はテニスプレーヤーに非常に多く見られる。多くの原因があり，腰部の姿勢異常や筋機能不全，オーバーユース，不安定性，椎間関節機能不全などがある。サービスでは腰部の回旋と屈曲，伸展が組み合わされるので，腰痛の原因となることがある。腰痛を持っている人の95％では明らかな構造上の異常が認められない非特異的腰痛で，腰部筋挫傷や腰椎捻挫が含まれる。長時間の立位や座位，またはランニングで痛みが増強することがあり，臀部や大腿骨後面に痛みが走ることがある（図6-29）。

[対応とプレー再開のための方法，予防]

▶安静を保ち，鎮痛剤やアイシングにより，疼痛が緩和し，筋緊張が低減する。

▶２日を超えるベッドでの安静は，骨や結合組織，骨格筋，心肺機能に悪影響があるので，勧められない。

▶痛みが治まれば，体幹の筋力と柔軟性を改善する運動訓練を実施する。

▶仰臥位で膝を曲げて足底を床につけたまま，膝を左右にゆっくりと動かす。

▶両手と両膝を床につけ，背中を猫のようにカーブさせ，できるだけ丸くする（図6-30）。

▶腰を引いて，リラックスしたスクワットポジションでテーブルやいすによりかかり，腰部をストレッチングする。

▶両手と両膝を床につけ，次に左腕と右脚を伸ばして，右手と左膝で身体を支える。反対側も同

図6-29　腰痛症

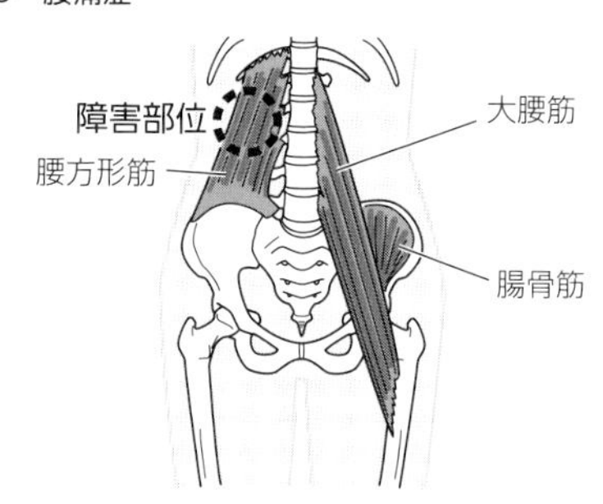

図6-30　脊椎の柔軟性のトレーニング

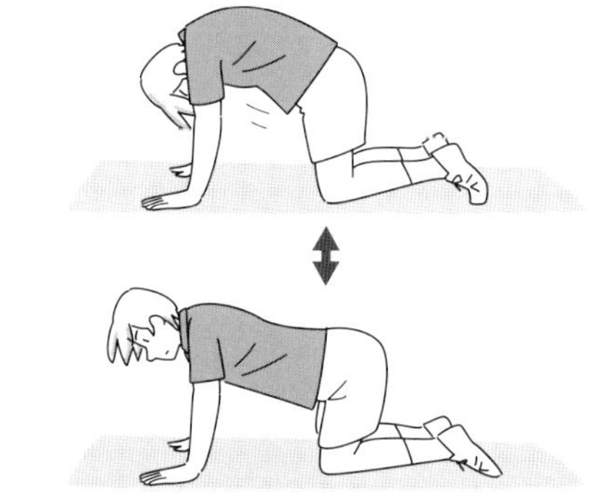

図6-31　脊椎・体幹の安定性のトレーニング

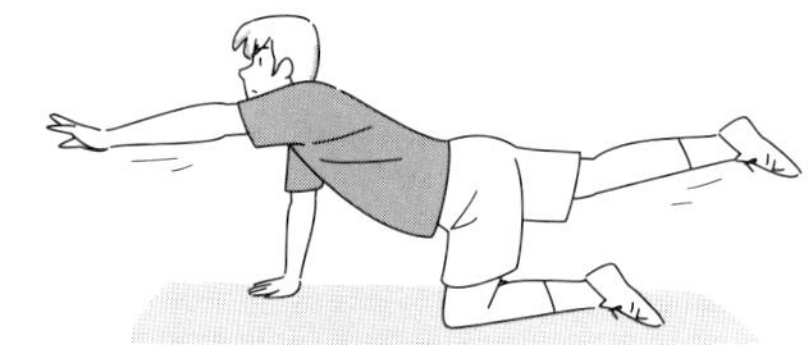

図6-32　脊椎・体幹の筋力トレーニング

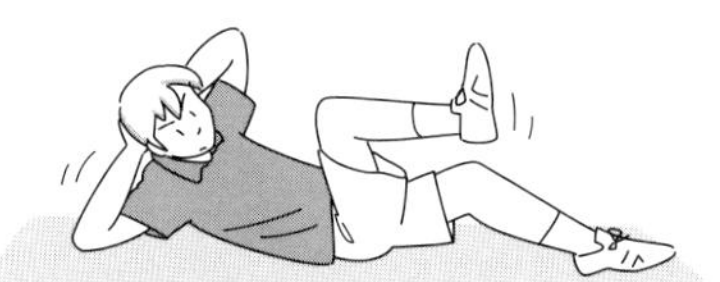

様に訓練する（図6-31）。

▶仰臥位で膝を曲げて足底を床につけ，腹筋を緊張させて，肩が少し床から浮くぐらいまで上げて，３秒間保持するストレイトクランチを行い，可能な限り繰り返す。

▶仰臥位で右膝を曲げて左足底を床につけ，両手を頭の後ろに回し，左肩を床から少し浮かせて右膝のほうに持ち上げて，３秒間保持をできる限り繰り返す（図6-32）。

▶バランスボールの上に座り，片方の足を床から５cm浮かして数秒間持ち上げる。反対側の脚でも実施する。

5―腹筋障害

[症状と病態]

腹筋の肉離れは，腹筋の一部が引き延ばされることによる腹筋の筋内腱と筋移行部の部分損傷であり，通常，利き手の反対側の腹直筋の損傷が多い。サービスの際，利き手の反対側の腹直筋が伸ばされるタイミングで急激に筋の遠心性収縮が起こると損傷され，痛みが生じる（図6-33）。

[対応とプレー再開のための方法，予防]

▶腹筋に強い痛みが出た場合には，それ以上プレーを続けると治癒を遅らせることになるので，痛みが続く間はプレーは中止し，治癒のために安静をとる。以下の３段階で復帰に向けて運動訓練を行う。

▶第１段階は，腹筋の正常な機能への回復で，腹筋のゆっくりとしたストレッチングと等尺性収縮訓練を行う。伏臥位になり，両手を床につけ，下腹部を床につけた状態からゆっくりと肩を上げて腹部を伸展する（図6-34）。背部や臀部の筋も十分リラックスできるように行う。また，仰臥位で膝を曲げて足底を床につけ，頭と体幹をまっすぐにして，腹直筋の等尺性収縮により腰部を床に押しつけるようにして５秒間力を入れ，その後弛緩する。さらにこの訓練を，立位で片方の腕を壁やドア枠を押すようにして行い，腹斜筋の等尺性収縮の訓練を行う。

▶第２段階は，トレーニング復帰となるが，腹筋を使う運動で，痛みがなく自信を持って行えるようになればトレーニングを再開する。仰臥位になり両手を頭の後ろで組み，肘を両側に伸ばして，膝を曲げて体幹をまっすぐにした状態を作る。腹筋に力を入れて，体幹が床から少し浮き上がるまで持ち上げて数秒間維持し，ゆっくりと元の床についた位置に戻す。同様に床に寝て，片膝を組んで，反対側の肩を少し床から浮かして腹斜筋の収縮の訓練を行う。次に，ゆっくりとランニングを行い，最後に短いダッシュを行う。

図6-33　腹筋障害

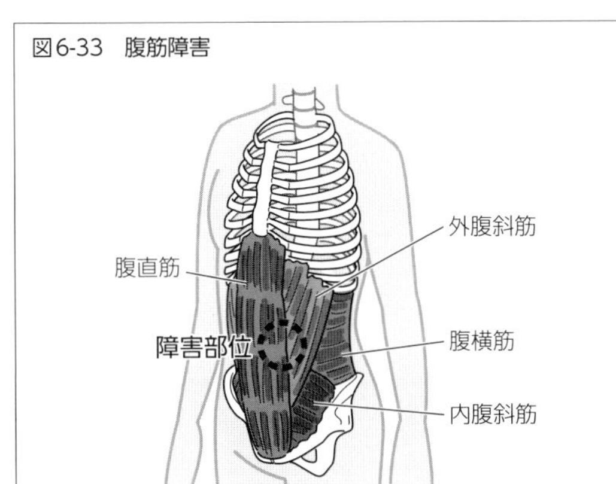

図6-34　腹筋のストレッチング

▶第３段階として，プレー復帰する。最初はミニテニスのラリーを行い，サービス，オーバーヘッドスマッシュは避ける。徐々に，腹筋の収縮力が回復したなら，体幹を十分に後ろに反らして腹筋のストレッチングを行う。メディシンボールなどの負荷をつけて，仰臥位での腹筋トレーニングを行い，コートでの練習に復帰する。

▶腹筋の肉離れは再発が多いので，常に腹筋の筋力強化・ストレッチングを行うことと，サービスではトスの位置などの技術を十分に高めること，また，トレーニング期と試合期に入念に休養をとることが大切である。

6—鼠径部損傷

[症状と病態]

鼠径部損傷は，股関節内転筋の損傷または（部分）断裂であり，損傷は通常は筋腱移行部か，または腱の恥骨付着部に起こる。鼠径部損傷は，テニスでは横への動きや急停止，急な方向転換などの内転筋の強い収縮を要する時に発症する。受傷時には，強い痛みが鼠径部か大腿部内側に起こる。２～３日後には出血斑や腫脹が見られることがある（図6-35）。

図6-35　鼠径部損傷

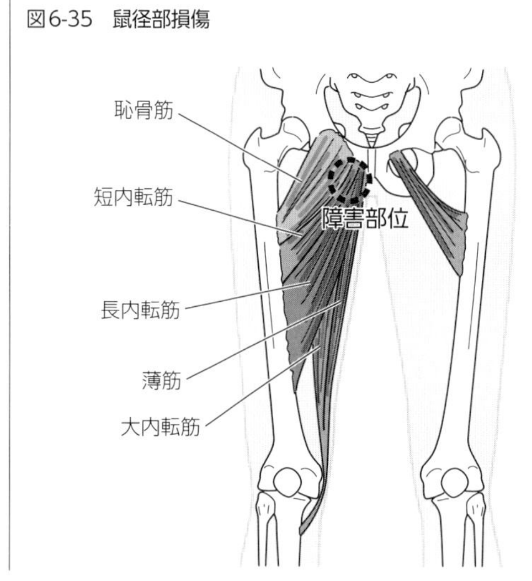

[対応とプレー再開のための方法，予防]

▶受傷時はできるだけ早く，氷で疼痛のある部位を10分間から15分間冷却し，これを１日に数回繰り返すことを48時間行う。プレーを中止して，患肢への荷重を避けて固定し，圧迫を行う。

▶受傷後すぐに適切に初期治療を行うことが早期復帰には重要である。

▶強い痛みと腫脹がなくなれば（数日から１週間），すぐに強化訓練を開始する。訓練中に痛みが出るようならば，中止して安静をとる警告信号である。

7—膝関節靱帯損傷

[症状と病態]

プレーや練習中に急な方向転換やストップをしたり，足がコートに引っかかったり滑ったりした時などに，膝が内に入って内側側副靱帯損傷や前十字靱帯損傷を起こす。靱帯断裂時には，ボキと音がする感じや，膝くずれを起こして急激な痛みとともに力が入らなくなり，プレー続行ができなくなる。急激に膝が腫れて，関節内に血が溜まることもある（図6-36）。

[対応とプレー再開のための方法，予防]

▶靱帯断裂時には，プレー中断と安静が必要である。力が十分に入らない状態でプレーを続けると，再損傷にてさらに半月板損傷や骨軟骨損傷を引き起こすことがあるので，トレーナーの指示や，医師の正確な診断を受ける。

▶MRI診断が有効であり，内側側副靱帯損傷では断裂した靱帯が関節内に挟まったり，前十字靱帯断裂や半月板損傷，骨軟骨損傷などの合併損傷がなければ，通常は保存治療で６週間程度の治療を行う。

▶前十字靱帯断裂であれば，プレー復帰のためには手術治療を考慮する。

▶保存治療。

▶特に，テニスでは他の球技と異なり，他者との衝突はほとんどないので，ストップ動作や方向転換の際に身体から離れた位置に踵で着地した場合には，膝関節の内旋外反により靱帯損傷のリスクが高まる。身体の近くに前足部から，または，足底全体で着地する動作の習得などが重要と考える。

8—膝関節半月板損傷

[症状と病態]

膝半月板損傷は，膝靱帯損傷と同様に，膝関節を捻った際やジャンプ着地動作など膝関節捻挫にて急性発症する場合と，長年プレーを続けていて徐々に膝関節の疼痛や腫脹，水腫などで発症する場合がある。急性発症では，膝関節がロッキングといわれる，ある角度で固定されて動かなくなる状態になることや，短時間のプレーは可能だが痛みのためにプレーを継続するのが困難になることもある。徐々に発症する慢性の症状の場合は，明らかな外傷歴がなくとも膝関節の動作に伴う痛みが起こり，膝関節の腫れや熱感などの関節炎症状や水腫（関節液が貯留すること）をきたす。深く屈曲する時や伸展時，サービスやジャンプ着地時の疼痛など，ある動作で疼痛が起こることもある(図6-37)。

[対応とプレー再開のための方法，予防]

▶半月板損傷の発症時には，プレーを中断し安静にする。関節血腫や水腫が出現することもある。

▶MRI診断が有効であり，損傷部位や断裂形態，断裂の程度がわかることが多い。

▶半月板断裂部は治癒能が低く，自然修復は限られるため，断裂した箇所が長く，膝関節屈伸で不安定な損傷形態であれば，手術治療を考慮する。

図6-36　膝関節靱帯損傷

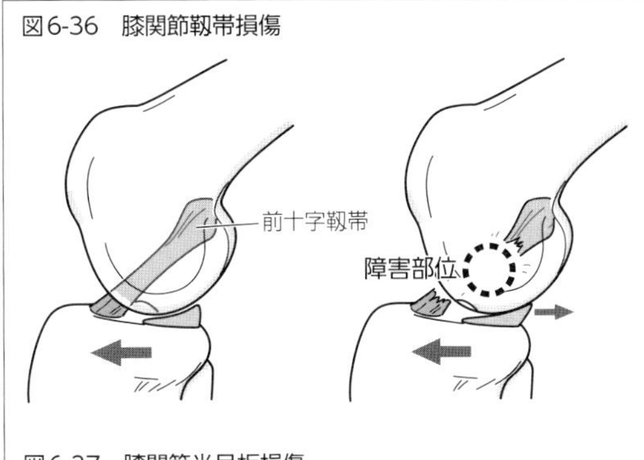

図6-37　膝関節半月板損傷

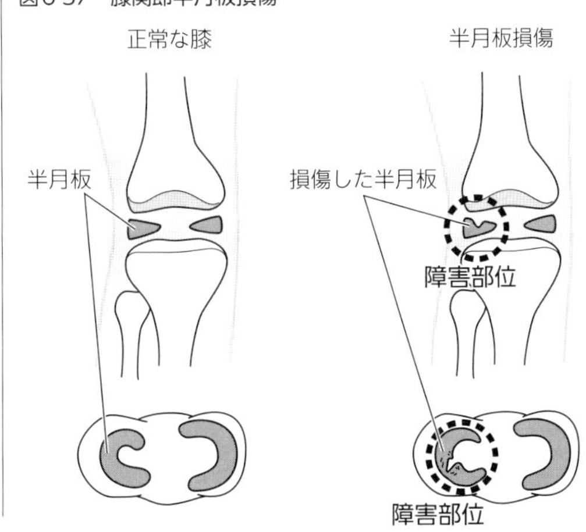

▶手術は，従来は半月板切除術が行われることが多かったが，切除による半月板欠損部は元に戻らないため，血行のある縦断裂では関節鏡での半月板縫合術が行われる。

▶半月板縫合術後は，１～２週間の関節固定後に，徐々に可動域訓練と，断裂形態により１～３，４週間の免荷後に部分荷重歩行訓練を行い，４～６週間後に全荷重を許可する。３～４ヵ月後にジャンプ，ジョギングなどの運動訓練を行い，６ヵ月後程度に徐々にプレー復帰を目指す。

9—ジャンパー膝

[症状と病態]

スポーツ活動で，膝関節の膝蓋骨下端の膝蓋腱付着部や膝蓋骨上端の大腿四頭筋腱付着部に痛みを起こす，オーバーユースによる障害である。膝の屈伸やジャンプの踏み切り，着地などの動作時の痛みが徐々に出現して，慢性的な痛みに移行する。膝蓋腱付着部には，ダッシュやジャンプなどの踏み切りや，ストップや方向転換，ジャンプ着地などの減速動作において大きな力が働く。その力により，骨と腱との付着部で微小断裂や，その修復により新たな神経や血管が周囲組織から入り込んできて，疼痛の原因となると考えられている。発生の要因として，繰り返す大腿四頭筋の収縮による筋疲労から筋肉の柔軟性が失われることが多い（図6-38）。

[対応とプレー再開のための方法，予防]

▶膝蓋腱，または大腿四頭筋腱の損傷部位は治癒力が乏しく，修復にも時間がかかるため，数週間から数ヵ月にわたり，練習量を減らしての治療が必要になる。

▶平地や階段昇降の日常生活動作でも痛みが強い時期には負荷を下げ，炎症を抑えるためにアイシングと消炎鎮痛剤の内服や湿布，塗り薬などの外用薬も考慮する。

▶MRIや超音波により損傷部の部位や広がりを確認して，治療プランを医師とプレーヤーとで共有して取り組む。

▶急性期の強い痛みがなくなった時点で，大腿四頭筋のストレッチングによる筋柔軟性の回復を行う。片膝を立てて床につけ，姿勢は真正面を向いたままで，その足の甲をつかみ，ゆっくりと足を尻のほうに引きつける。左右両側とも10秒間その姿勢を保持し，これを2セット行う（図6-39）。

▶その後，大腿四頭筋の筋力訓練を行う。特に初期は，等尺性収縮と遠心性収縮の訓練が重要である。

▶ミニジャンプでの着地での痛みがなくなれば，徐々にランニング，スプリント，ジャンプ，切り返しなどの訓練から，プレー復帰を行う。

▶予防には，プレー前のウォーミングアップとプレー後のアイシングとともに，大腿四頭筋の筋力訓練として遠心性収縮訓練を行う。スクワットなどの訓練時にスクワット姿勢で十分に股関節屈曲を行い，ハムストリングも同時に収縮する訓練など，膝屈筋の筋力強化も行う。

⑩―足関節靱帯損傷

[症状と病態]

足関節の捻挫は，テニスで頻度の高いスポーツ外傷であり，着地や切り返し時に足底の外側から

図6-38　ジャンパー膝

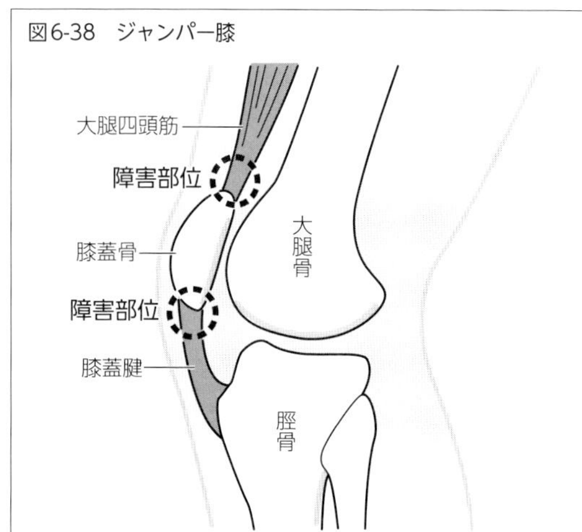

図6-39　大腿四頭筋のストレッチング

着地した際に内返し捻挫を起こし，足関節外側側副靱帯損傷を合併する。足関節の疼痛と腫脹が起こり，重症の場合には，足関節の関節軟骨損傷や骨折を合併することもある。腫脹や痛み，内出血がひどい場合には，医師の診断を早く受けることがその後の治療方針決定には重要である。まれに，足関節の外返し捻挫で内側靱帯損傷をきたすことがあるが，頻度は少ない。症状と治療は，外側側副靱帯損傷と同様に，医師の診断と指示を受けるのが治癒や早期復帰には重要である（図6-40）。

[対応とプレー再開のための方法，予防]

▶受傷時には，できるだけ早期から安静とアイシング，患部の圧迫と挙上，いわゆるRICE処置を行う。

▶アイシングは，氷水で10分間から15分間程度圧迫しながら行うのがよい。

▶軽症の場合，２～３日で腫脹や痛みが軽減するが，靱帯断裂などが重症の場合や初期圧迫とアイシングが不十分であると，皮下出血斑といわれる皮膚が赤色や紫色，青色に変色する変化や，痛みや熱感が１～２週間続くことがある。

▶その場合は，腫脹，熱感が引くまでマッサージやアイシングを行い，拘縮を予防するために足指の運動を行う。

▶回復に向けては，正常の足関節機能が回復するよう，最初はサポーターやブレースといわれる保護装具などで足関節が異常に動揺する異常動揺性を保護する。杖などで部分荷重から，徐々に全荷重の歩行の訓練を行う。

▶床に広げたタオルの上に足を置いて足指を屈曲してタオルをたぐり寄せる，タオルギャザーといわれる足指の運動訓練を行う（図6-41）。徐々に，片脚での荷重や片脚起立など静的なバランス訓練を行う。

▶痛みや腫脹がなくなれば，可動域訓練を行う。チューブを前足部の小指の外側にかけて，外返しの運動訓練により足部の腓骨筋訓練を行う（図6-42）。

▶第２段階として，通常歩行で痛みや可動域制限がなくなれば，片脚つま先起立や動的なバランス訓練を行い，細かいステップやフットワーク

図6-40　足関節靱帯損傷

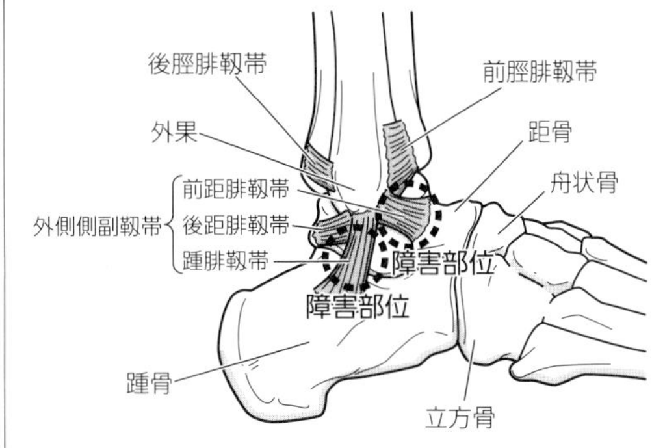

図6-41　タオルギャザー

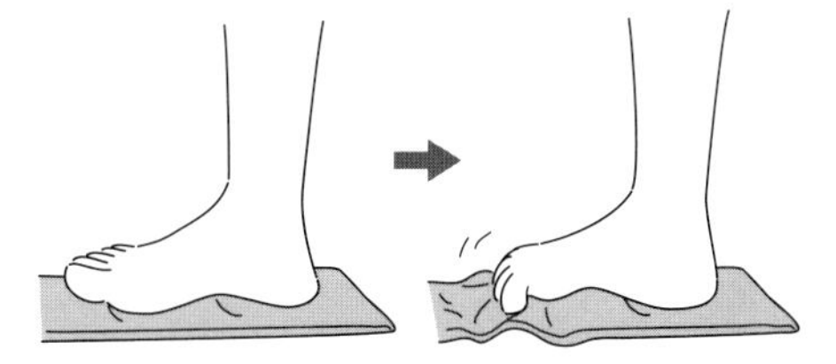

図6-42　チューブトレーニング

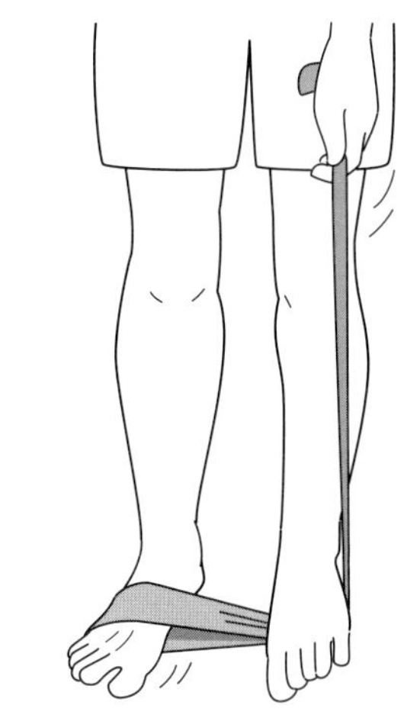

6-5 メディカルチェックとスポーツ外傷・障害の予防

の訓練を徐々に行う。

▶その場での訓練ができれば，ジョギングやラダー，ミニハードルなどを用いてアジリティドリルを実施する。

▶サイドステップやカット，ジャンプ動作が正確に自信を持って素早くできるように，ゆっくりした速さから徐々にスピードを上げて行う。

▶第３段階で，プレー復帰を目指して，最初は足関節にテーピングやサポーターを用いて保護しつつ，徐々にスピードと負荷を上げる。

[文献]

・中田研，前達雄（2010）スポーツ外傷とスポーツ障害，アスリートのリハビリテーションとリコンディショニング（上巻），文光堂：pp.22-28.

・中田研，前達雄，米谷泰一，橘優太（2014）競技復帰（Return to Play）判断の現状と課題（特集 スポーツ外傷・障害からの競技復帰：Return to Play：種目別・外傷別の復帰基準と再受傷予防），臨床スポーツ医学，31(5)：pp.406-411.

・別府諸兄，中田研，金森章浩，森谷光俊（2020）テニス（特集 競技種目別医療に必要な知識；東京2020に備えて）―(球技の医療に必要な知識)，臨床スポーツ医学，37(4)：pp.407-411.

・Ljungqvistet, A. et al. (2019) The International Olympic Committee (IOC) Consensus Statement on periodic health evaluation of elite athletes. Br J Sports Med, 43(9): pp.631-643.

・USTA (online) High-Performance Profile. http://s3.amazonaws.com/ustaassets/assets/1/15/11940_highperformance_profile_lowres.pdf（2022年11月21日閲覧）.

・中田研，橋本祐介，米谷泰一，奥平修三，三谷玄弥，金森章浩（2011）各競技におけるスポーツ外傷発生調査；テニス，日本体育協会スポーツ医・科学研究報告集，2：pp.56-58.

・中田研，橋本祐介，米谷泰一，奥平修三，三谷玄弥，金森章浩（2013）テニス大会におけるスポーツ外傷・障害，平成24年度日本体育協会スポーツ医・科学研究報告Ⅰ；日本におけるスポーツ外傷サーベイランスシステムの構築―第３報―．公益財団法人日本体育協会スポーツ医・科学専門委員会：pp.72-75.

・福林徹，奥脇透，加藤晴康，佐保泰明，竹村雅裕，谷諭，津田清美，中田研，古谷正博，三木英之，宮崎誠司，青野博（2014）ジュニア期におけるスポーツ外傷・障害予防への取り組み（第２報），公益財団法人日本体育協会スポーツ医・科学研究報告集：pp.1-66.

・奥平修三，中田研，佐藤睦美，吉本陽二，別府諸兄（2012）日本男子テニス代表選手の身体特性（非対称性）―関節可動域の左右差と下肢タイトネスに関する検討―，日本臨床スポーツ医学会誌，20(3)：pp.510-515.

・金森章浩，三谷玄弥，奥平修三，中田研（2017）メディカルサポート：ナショナルチームの現状：国別対抗戦への帯同（特集 テニスのスポーツ医学），臨床スポーツ医学，34(5)：pp.502-507.

・中田研，米谷泰一，武靖浩，前達雄（2015）スポーツパフォーマンスに必要な俊敏性，身体バランス能力（特集 パフォーマンス向上のためのスポーツ医・科学)―(スポーツパフォーマンスに必要な身体機能)，臨床スポーツ医学，32(2)：pp.126-134.

・Wakabayashi, K., Ogasawara, I., Suzuki, Y., Nakata, K., Nomura, T.: Causal relationships between immediate pre-impact kinematics and post-impact kinetics during drop landing using a simple three dimensional multi-body model. J Biomech. 2021 Feb 12; 116: 110211. doi: 10.1016/j.jbiomech.

・Ogasawara, I., Shimokochi, Y., Mae, T., Nakata, K. (2020) Rearfoot strikes more frequently apply combined knee valgus and tibial internal rotation moments than forefoot strikes in females during the early phase of cutting maneuvers. Gait & Posture, 76: pp.364-371.

・Terada, Y., Ogasawara, I., Nakata, K. (2020) Classification from Only Positive and Unlabeled Functional Data. Ann Appl Stat, 14(4): pp.1724-1742.

・Li, T. R., Kling, R.S., Salata, J.M., Cupp, A.S., Sheehan, J., Voos, E.J. (2016) Wearable Performance Devices in Sports Medicine. Sports Health, 8(1): pp.74-78.

・Marutani, Y., Konda, S., Ogasawara, I., Yamasaki, K., Yokoyama, T., Maeshima, E., Nakata, K.: An Experimental Feasibility Study Evaluating the Adequacy of a Sportswear-Type Wearable for Recording Exercise Intensity. Sensors (Basel). 2022 Mar 28; 22(7): 2577. doi: 10.3390/s22072577. PMID: 35408192.

・小笠原一生，鵜野裕基，梅垣果歩，南保恵，近田彰治，前達雄，中田研（2020）片脚ドロップ着地における女子運動選手の下肢前額面動揺の個人特性―ウェアラブル加速度センサデータの主成分分析による―，臨床バイオメカニクス，41：pp.213-220.

＊ITF (online) SCIENCE AND MEDICINE.　https://www.itftennis.com/en/about-us/tennis-tech/science-and-medi-

cine/（2022年11月22日閲覧）.
・Sell, K., Hainline, B., Yorio, M., Kovacs, M. (2014) Injury trend analysis from the US Open Tennis Championships between 1994 and 2009. Br J Sports Med, 48(7): pp.546-551.
・Fu, C.M., Ellenbecker, S.T., Renstrom, A.P., Windler, S.G., Dines, M.D. (2018) Epidemiology of injuries in tennis players. Curr Rev Musculoskelet Med, 11(1): pp.1-5.
・Dakic, G.J., Smith, G.B., Gosling, M.C., Perraton, G.L. (2017) Musculoskeletal injury profiles in professional Women's Tennis Association players. Br J Sports Med, 52 (11): pp.723-729.
・中田研，金森章浩，奥平修三，三谷玄弥，赤池敦，別府諸兄（2011）種目別スポーツと整形外科医；テニス，関節外科，31(増刊号)：pp.25-31.
・中田研，金森章浩（2010）テニス（特集 競技スポーツ帯同時に役立つ外傷初期治療ガイド―頻発するスポーツ外傷に対する処置・治療の実際）―(競技種目別の対応の実際)，臨床スポーツ医学，27（臨時増刊号）：pp.291-304.
＊中田研，金本隆司（2008）膝軟骨・半月板損傷―損傷を防ぐポイント（特集 予防としてのスポーツ医学―スポーツ外傷・障害とその予防・再発予防)―(スポーツ外傷とその予防・再発予防)，臨床スポーツ医学，25（臨時増刊号）：pp.127-134.
＊中田研，前達雄，北圭介，吉川秀樹（2011）テニスにおける半月板損傷の診断と治療，復帰をめざすスポーツ整形外科：pp.236-242.
＊中田研，前達雄，米谷泰一，松尾知彦，橘優太，内田良平，木村佳記，杉山恭二，吉川秀樹（2013）スポーツ選手の膝半月板損傷に対する低侵襲治療（特集 スポーツ外傷・障害に対する低侵襲治療の最前線)，整形外科最小侵襲手術ジャーナル，69：pp.85-93.
＊中田研，前達雄，米谷泰一，井内良，松尾知彦，橘優太，小泉宏太，吉川秀樹（2012）アスリートの半月板損傷：新しい治療と将来への展望（特集 アスリートの半月板損傷：治療の選択，リハビリテーションとスポーツ復帰)，臨床スポーツ医学，29（10）：pp.1047-1053.
＊茂木奈津子，福林徹，中田研（2013）足関節捻挫予防および再発予防プログラム（特集 競技復帰を目指した足関節捻挫の治療と再発予防：足関節捻挫の病態・診断・治療・リハビリテーション)，臨床スポーツ医学，30（7）：pp.667-676.
＊中田研，小笠原一生（2016）個々に応じた評価を可能にする「動的バランス」（特集 パフォーマンスを評価する)，コーチング・クリニック，30（6）：pp.8-11.
＊黒田早苗，中田研（2010）救急外傷発生時における女性アスリートへの対応（特集 競技スポーツ帯同時に役立つ外傷初期治療ガイド―頻発するスポーツ外傷に対する処置・治療の実際）―（競技現場・救急外来における外傷患者への基本的対応)，臨床スポーツ医学，27（臨時増刊号）：pp.65-72.
＊中田研，岩橋武彦，前達雄，金本隆司，史野根生，吉川秀樹（2009）解剖学的再建術のポイントとリハビリテーション（特集 アスリートの前十字靭帯損傷―再建術後のリハビリテーション最前線―)，臨床スポーツ医学，26（7）：pp.749-755.
＊木村佳記，中田研（2008）半月板修復（縫合）術；半月板単独損傷―術後リハビリテーション，臨時増刊号：pp.394-401.
＊中田研，木村佳記，前達雄（2018）運動器系のリハビリテーション，再生医療とリハビリテーション，三輪書店：pp.141-149.

6-6
アンチ・ドーピング

競技者のコンプライアンス違反行為は，ドーピングに限らず，暴力行為，パワーハラスメント，セクシャルハラスメントなど多岐にわたる。そのため，スポーツ庁はこれらの行為をしない，スポーツにおける清廉性・潔白性を持った競技者の教育を目指して，「スポーツ・インテグリティ」という用語を用いたコンプライアンスおよびモラル教育を各競技団体に求めている。

その中でドーピング行為は，ドーピングに関する知識を持っていないと，恣意的にドーピングを行っていなくても気づかずに禁止薬物を体内に入れてしまうことがあり，清廉性を持った競技者でも違反に問われてしまうリスクがある。そのため，検査を受ける競技レベルの競技者は必ず最新の知識を持つように心がけなければならない。

1999年に世界アンチ・ドーピング機構（World Anti-Doping Agency：WADA），2001年に日本アンチ・ドーピング機構（Japan Anti-Doping Agency：JADA）が設置され，2003年に世界アンチ・ドーピング規程（World Anti-Doping Code）により，2004年1月1日の発効以来，世界統一基準でドーピング行為が禁止されかつ取り締まられるようになった。そのため，単にパワーが上がっただけでは勝てないテニスのような競技でも，陸上競技などの他の競技と同様に厳格に同一の規定が適応されることから，十分注意する必要がある。また，このCodeは技術の進歩やドーピング行為の巧妙化などに対処するため，基本的に6年ごとに改訂されており，2009年および2015年の改訂に続き，2021年に最新のCodeに改訂され，第2条のアンチ・ドーピング規則違反の10項目に1項目が追加され11項目となっている。

本節では，最新の改訂を含めて，競技者に必要なアンチ・ドーピングの基礎知識をできるだけ詳細に解説する。禁止薬物のリスト（禁止表薬物基準）は大幅に変更されることはないが，毎年改定される（前年10月1日に公表，1月1日より実施）ため，WADAないしJADAのホームページ（https://www.playtruejapan.org/）から常に最新の情報を確認する必要がある。

1．テニスとアンチ・ドーピング

1―ドーピングとは

ドーピングは一般化した用語になっているが，アフリカの原住民が戦闘に出かける前に飲んだ「Dop」という酒の名前が語源とされる。JADAのホームページに，「ドーピングとは『スポーツにおいて禁止されている物質や方法によって競技能力を高め，意図的に自分だけが優位に立ち，勝利を得ようとする行為』のことです。禁止薬物を意図的に使用することだけをドーピングと呼びがちですが，それだけではありません。意図的であるかどうかにかかわらず，ルールに反する様々な競技能力を高める『方法』や，それらの行為を『隠すこと』も含めて，ドーピングと呼びます」と表記されているように，禁止薬物を体内に取り込む行為だけがドーピング行為ではないので注意が必要である。

2―テニスとドーピング

体内に摂取して練習すると，テニスの技術が向上するような薬物は現状では存在しない。テニスプレーヤーのドーピング事例で多いのは，やはり疲労回復を目的としたものである。男子プロテニスプレーヤーはATP（Association of Tennis Professionals）ポイントを，女子プロテニスプレーヤーはWTA（Women's Tennis Association）ポイントを獲得および蓄積して上位ランキングを目指す。そのため，休みなく多くのトーナメントを連戦する必要があり，1つのトーナメントの中でも勝ち進めば連日試合を行わなくてはならない。すなわち，1試合だけ体調を万全にして臨めばよいわけではなく，フルセット数時間にわたる試合に勝ちあがった後も，すぐに翌日ないし翌々日にある次の試合のために体力の回復が重要な課題となる。そのため，良眠や休息のために麻薬系の薬に手を出すプレーヤーや，滋養強壮を謳う禁止物質入りのサプリメントや薬剤に手を出すプレーヤーが出てくるリスクがある。また，球際に強くなりたい，あるいはサービスの球速を上げたい欲求から，筋肉を不正に増強させる蛋白同化ステロイドホルモンや成長ホルモンに手を出すプレーヤーもこれまでに違反行為に問われている。

さらに，テニスに限らず，WADA，JADAから指定を受けたトッププレーヤーは抜き打ち検査（競技会外検査）に対応することが義務づけられており，四半期（3ヵ月）ごとの提出期限までに向こう3ヵ月の居場所情報を「ADAMS」というネットシステムを用いて報告提示しておかなくてはならない。提示した場所と指定された1時間枠に検査官が抜き打ち検査に訪れた時，プレーヤーが不在だと居場所登録義務違反に問われる。サーキットを転戦するテニスプレーヤーは，負けるとすぐに次の試合場所に移動する可能性が高く，居場所情報を変更し忘れたために不在となった場所に検査官が訪問して違反に問われるリスクがある。1年間に3回居場所登録義務違反が発生するとドーピング規則違反とされ，規定上は2年間の資格停止処分を受ける。

このようにテニスプレーヤーもドーピングとは無縁ではないため，スポーツの健全性を保つためにも検査には積極的に協力することが競技者としての義務である。

2．ドーピング禁止条項

ドーピング禁止条項は，世界アンチ・ドーピング規程に記されており，世界共通の統一されたアンチ・ドーピングルールとして，2003年に公表されて，2004年1月1日に発効された。その後6年に一度のペースで，2009年，2015年，2021年に改訂が加えられ，第2条のアンチ・ドーピング規則違反（表6-39）には禁止される行為が列記されている。2015年の改定でそれまで8項目であった第2条の規則違反条項に，サポートスタッフの違反行為を定めた2項目が追加され，さらに2021年には規則違反通報者に対する報復行為を禁止した1項目が追加されて11項目となっている。

3．禁止される薬物と方法の基礎知識

ドーピング行為として禁止されている具体的な薬物と方法は毎年改定されて，1月1日に発効される「禁止表国際基準」（表6-40）に記載されている。これは，毎年新たな薬物が開発されたり，新たに競技能力を上げる物質として認定されたりするためであり，前年の10月1日に公開されて，翌年の1月1日に発効する。マリア・シャラポワ選手が2016年1月の全豪オープンにおけるICT

表6-39　アンチ・ドーピング規則違反（Code 2021第2条）（JADAホームページより）

第2条：アンチ・ドーピング規則違反
1. 採取した尿や血液に禁止物質が存在すること
2. 禁止物質・禁止方法の使用または使用を企てること
3. ドーピング検査を拒否または避けること
4. ドーピング・コントロールを妨害または妨害しようとすること
   ※ドーピング・コントロールとは，ドーピング検査の一連の流れのことを指します
5. 居場所情報関連の義務を果たさないこと
   ※あらかじめ指定されたアスリートは，自身の居場所情報を専用のシステムを通して提出，更新する必要があります
6. 正当な理由なく禁止物質・禁止方法を持っていること
7. 禁止物質・禁止方法を不正に取引し，入手しようとすること
8. アスリートに対して禁止物質・禁止方法を使用または使用を企てること
9. アンチ・ドーピング規則違反を手伝い，促し，共謀し，関与する，または関与を企てること
10. アンチ・ドーピング規則違反に関与していた人とスポーツの場で関係を持つこと
11. ドーピングに関する通報者を阻止したり，通報に対して報復すること
   ※「報復」とは通報する本人，その家族，友人の身体，精神，経済的利益を脅かす行為

表6-40　「禁止表国際基準」内の禁止される薬物および方法の分類

常に禁止される物質	
S0.	無承認物質
S1.	蛋白同化薬
S2.	ペプチドホルモン，成長因子，関連物質および模倣物質
S3.	ベータ2作用薬
S4.	ホルモン調節薬および代謝調節薬
S5.	利尿薬および隠蔽薬
競技会時に禁止される物質	
S6.	興奮薬 a：特定物質でない興奮薬 b：特定物質である興奮薬
S7.	麻薬
S8.	カンナビノイド
S9.	糖質コルチコイド
特定競技において禁止される物質	
P1.	ベータ遮断薬 アーチェリー・自動車・ビリヤード・ダーツ・ゴルフ・射撃・スキー／スノーボード・水中スポーツ
禁止方法（競技会外・競技会（時）にともに禁止）	
M1.	血液および血液成分の操作……吸入による酸素自体の補給は違反ではない
M2.	化学的および物理的操作……12時間あたり計100mLを超える静脈内注射は禁止
M3.	遺伝子および細胞ドーピング

（競技会内検査）において，メルドニウムの陽性反応が出て最終的に15ヵ月の資格停止となった事案では，メルドニウムはシャラポワ選手が検査を受ける1ヵ月ほど前（2015年12月31日）までは禁止薬物ではなかった。このような事態も起こり得ることから，ドーピング検査を受ける可能性のある競技者とその関係者は毎年禁止薬物の変更には注意を払う必要がある。

また，輸血や点滴などの薬物の服用ではない行為も，禁止方法としてドーピング違反行為とされるので注意が必要である。禁止表国際基準の禁止方法「M2．化学的および物理的操作　2．静脈内注入および／又は静脈注射」では，「注入液に禁止物質が含まれていない場合でも試合の12時間以内に100mLを超える静脈内注射は禁止行為である」とされている。そのため，熱中症で点滴治療を受けたり，病院（入院施設のある医療機関）で病気の治療のために必要な医療行為として点滴治療を受けたりした場合には，正当な医療行為として遡及的に治療使用特例（Therapeutic Use Exemption，以下，TUE）を申請する必要がある。

WADAは，2021年の東京オリンピック開催期間中に，このM2の「2．静脈内注入および／又は静脈注射」についての見解を示しており，そこに記載されている禁止の除外項目である「病院での処置」の起点となる状況は，救急車内で「静脈内注入および／又は静脈注射の処置」を開始した場合のみが対象となるとしている。したがって，競技会場などで「静脈内注入および／又は静脈注射」を開始した場合は，引き続いて病院に搬送されたとしても遡及的TUE申請が必要となる。

また，酸素吸入はドーピング違反行為とされないが，テニスの試合にはルールオブテニスが適応されるため，テニスのルールとして違反行為とされる可能性があることに注意が必要である。

禁止薬物は，「常に禁止される物質」と「競技会時に禁止される物質」に大別されて規定されている。人が競技力を上げるために薬物を使用し始めた頃には，薬物で交感神経を刺激して興奮させることによって運動能力を上げようとする，競技時に使用する薬物しか存在せず，試合時に検査をすればよかった。しかし，科学が進歩して，筋肉を増強する蛋白同化ステロイドホルモンなどに代表されるように，練習時に使用して不正に筋肉を発達させる薬物などが登場したため，常に使用を禁止し，練習時にも抜き打ち検査をしなくてはならなくなった。

さらに，Code 2021から「濫用物質」と「特定方法」という項目が追加設定された。濫用物質とは，スポーツの領域以外で，社会において使用される頻度が多くあるため（濫用されている），禁止物質として具体的に特定された物質のことであり，コカイン，ヘロイン，MDMA，テトラヒドロカンナビノール（THC）などがこれにあたる。濫用物質が起因となる違反は，競技会外での使用であり，競技力向上とは無関係であることを競技者自身が立証した場合，制裁期間は3ヵ月と短く設定された。ただし，これらの薬物の合法非合法の規定は国によって異なり，日本では麻薬および向精神薬取締法や大麻取締法によって違法薬物と規定されているので，ドーピング違反とは異なるレギュレーションで罰せられることを認識しておく必要がある。また，特定方法とは，以前からあった「特定物質（風邪薬に含まれるエフェドリンなど）」の考え方を方法にもあてはめたもので，競技力向上以外の目的のために使用される可能性が高い方法のことをいう。禁止表国際基準のM2に規定される「静脈内注入および／又は静脈注射」がこれに該当し，特定方法による違反の場合は，意図的でないと判断されると制裁期間の軽減やけん責なしとされる。

4．病気の時の対処法

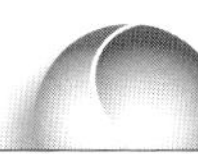

WADA，JADAは競技者に個々の薬物の使用の可否を判断できる能力を求めておらず，現実的に医学の専門家でない競技者にその能力はなくて当然である。競技者が，病気などの何らかの理由で薬物を身体に取り入れなくてはならない場合には，必ずそれが禁止物質でないことを確認して使用し，事前に調べた証拠を残しておくことが求められている。ただし，風邪薬や漢方薬，さらにはのど飴のような薬用飴や増毛剤などにも禁止物質が含まれているため，最低限の知識は持っておくようにすべきである。

1—薬局で薬を購入する時

JADAは最新のアンチ・ドーピングに関する知識を持つ薬剤師を「スポーツファーマシスト」として認定している。薬局で薬を購入する時にはスポーツファーマシストのいる薬局で購入する，あるいは薬の服用よりも前にスポーツファーマシストに相談することを推奨している。スポーツファーマシストは，JADAのホームページから検索できるようになっている。スポーツファーマシストのいる薬局が見つからない場合でも，競技者は薬局の薬剤師に自身がドーピング検査を受ける可能性があることを伝えて，禁止薬物の入っていない薬を購入できるように相談し，購入に際してはその証拠（調べてもらったコピー書類など）を残しておくことが望ましい。電話やFAXでの対応が可能なスポーツファーマシストもいるので，購入薬剤に不安がある場合には連絡して対応してもらう努力をすべきである。

また，JADAのホームページは，「Global DRO」（https://www.globaldro.com/JP/search）というサイトとリンクしており，多くの薬剤をWeb上で検索できるようになっている。スマートフォンにも対応しており，ユーザータイプ・競技・購入国・薬剤名を入力すれば，競技会時と競技会外のそれぞれで使用の可否を回答してくれる。ただ，多くは薬剤名に対応しており，市販薬の名称では検索できない場合もあるので注意が必要である。

日本薬剤師会の協力により，「アンチ・ドーピングホットライン」が開設されており，JADAホームページ内に日本薬剤師会や各都道府県薬剤師会による薬に関する相談窓口の連絡先（電話・FAX番号）がリストアップされているので，薬物に関する問い合わせをすることが可能である。ただし，原則FAXによる相談受付であるため，急を要する場合には不適である。

2—病気で病院を受診した時

ドーピング検査を受ける可能性のある競技者は，できればドーピングの知識を持った「かかりつけ医（スポーツ医）」を持っておくことが望ましいが，居住地区だけで病気になるわけではない。病院にかかって薬物を処方してもらう時には，必ず自身がドーピング検査を受ける可能性があることを医師に直接伝えて，禁止薬物の入っていない薬を処方してもらう必要がある。その際，医師がアンチ・ドーピングに関する知識を持ち合わせているとは限らない。知らない医師にはGlobal DROによる調べ方を提示したり，禁止表国際基準の最新版を印刷して持って行ったりするなどして，処方に際してはその確認を取った証拠を残すことが望ましい。日本では処方薬は院外処方箋として渡されることが多いので，調剤薬局の薬剤師にも再度確認する用心深さが必要である。無知による風邪薬の服用に起因するアンチ・ドーピング違反は，もはや「うっかりドーピング」ではないと認識すべきである。

5．気をつけたい薬の知識

1―風邪薬類

多くの市販の風邪薬には，エフェドリンやその誘導体のメチルエフェドリン，光学異性体のプソイドエフェドリンが含まれている。エフェドリンは，1885年に日本研究者の長井博士が漢方薬の成分のひとつである麻黄（マオウ）から抽出した物質で，交感神経刺激作用による心悸亢進作用，気管支拡張作用があるため，禁止物質「S6．興奮薬」に分類されている。禁止表国際基準では，尿中濃度が10μg/mLを超える場合にエフェドリン・メチルエフェドリンは禁止，尿中濃度が150μg/mLを超える場合にプソイドエフェドリンは禁止となっているが，これらの薬剤の代謝・排泄には個人差が大きいため，競技会の１週間くらい前からは服用しないようにすべきである。当然，麻黄の含まれる漢方薬である「葛根湯」「小青龍湯」「麻黄湯」「五積散」なども服用してはいけない。市販の薬用飴などにも含有されているので，風邪の治療に関連する薬物は安易な自己判断で使用してはいけない。

2―漢方薬

漢方薬は，前項目の麻黄のように禁止物質が含まれているものがあると同時に，生薬であるため，薬剤によっては微妙に配合成分が異なったり禁止物質が混入したりしているリスクがある。そのため，WADA，JADAは漢方薬を使用しないように指導している。また，2017年度から多くの漢方薬に使用されているヒゲナミンという成分は，表6-40の「S3．ベータ２作用薬」として禁止された。ヒゲナミンは，主に附子（ぶし），丁子（ちょうじ），細辛（さいしん），南天実（なんてんじつ），呉茱萸（ごしゅゆ）に含有されており，のど飴などにも入っているため，注意が必要である。また，胃腸薬の中には禁止物質「S6．興奮薬」に分類されるストリキニーネを含有する生薬（ホミカ）を成分として含むものがあるため，注意が必要である。

3―サプリメント

サプリメントという用語には行政的な定義はなく，一般に「特定成分が濃縮された錠剤やカプセル形態の製品」に該当すると認識されている。ただし，明確な定義がないため，栄養食品とされているものまで含めると，通常の食材から菓子や飲料，医薬品と類似した錠剤・カプセルまで多岐にわたる。2002年４月，国際オリンピック委員会（IOC）は，634のサプリメントを検査した結果，94（14.8%）が陽性ドーピング試験につながる非標識物質を含むことを報告している。われわれが口から摂取するもののうち，医薬品（医薬部外品を含む）以外のものはすべて食品に該当するため，医薬品に課せられている全成分表示の義務はないことから，含有されている禁止物質が記載されていない場合がある。日本アンチ・ドーピング規律パネル（以下，規律パネル）が決定する違反事例に，毎年サプリメントに含まれる禁止物質摂取の事案が続いていることからも，サプリメントの摂取には十分な注意が必要である。特に海外製品のインターネットなどによる購入は，リスクが大きいと認識すべきである。基本的に必要な栄養成分は食品から摂取する心がけを持つ必要がある。

また，大麻草からの抽出成分であるカンナビジオール（CBD）のサプリメントが，抗炎症作用，鎮痛剤効果，筋肉や神経組織の回復効果を謳って日本でも販売されるようになったが，特定物質として禁止物質である大麻草の成分のテトラヒドロカンナビノール（THC）と化学式が同一であることもあり，安易な使用には注意が必要である。

4—糖質コルチコイド

2022年1月1日から，糖質コルチコイドは競技会時にすべての経路からの投与が禁止された。それ以前は，経口摂取や経粘膜摂取，静脈内注射や筋肉注射による投与は禁止されていたが，関節炎や腱鞘炎に対しての関節腔内注射や腱鞘内注射などの炎症局所に対する注射は認められていた。2020年には禁止されていなかった口腔内局所使用（口内炎や口唇炎に対する口腔軟膏，口腔内局所貼付剤など）がすでに禁止であることが，2021年4月にWADAから注意喚起されている。ただし，糖質コルチコイドは禁止表のS9に規定されているため，競技会時の使用は禁止されているが，競技会外での使用は禁止されていないので，競技会外（練習期間）に治療のために投与を受けることは違反ではない。「競技会（時）」とは，競技者が参加する予定の競技会の前日の午後11時59分に開始され，当該競技会および競技会に関係する検体採取手続きの終了までの期間と定義されている。その期間までに薬物が代謝しきれずに体内に残存している場合も含まれるため，代謝時間の長いトリアムシノロンの使用にはWADA，JADAが注意喚起を促している。関節炎や腱鞘炎に対する治療のために競技会時に使用する必要がある場合には，次項に挙げるTUEの申請が必要になる。

6．病気の治療のために禁止薬物の服用が必要な時——TUE申請

喘息などの慢性疾患のために禁止物質の服用が必要な競技者は，事前に申請をしておけば，審査の上でTUEとしてその薬物の使用が許可される（図6-44）。許可される条件は，①使用しないと健康に重大な影響を及ぼす，②他に代えられる合理的な治療方法がない，③健康を取り戻す以上に競技力を向上させない，④ドーピングの副作用に対する治療ではない，の4項目を満たすこととされている。TUE申請をしても，審査で上記の条件を満たしていないと判断されれば，TUEは付与されないので注意が必要である。特に喘息に対する「S3．ベータ2作用薬」の使用の申請は厳格に審査されるので，提出書類なども含めて注意が必要である。

TUE申請は，原則として使用の承認・付与が必要な日程の30日以上前までに，国内大会の場合にはJADAの窓口に，国際大会の場合にはIF(国際競技連盟）指定の窓口に，競技者が書類をそろえて提出する。そのため，TUE申請にまず必要なことは，担当医師との書類作成である。JADAのホームページからTUE申請書をダウンロードし，競技者に関する情報を競技者自身で記入の上，医学的情報を伴う診断内容などを医師に書いてもらう。TUEの事前申請が必要な競技会は，JADAのホームページの中の「国内のTUE事前申請が必要な競技大会一覧」に競技種目ごとに提示されている。テニスでは，近年は国民体育大会，全日本テニス選手権，テニス日本リーグの3つが提示されているが，毎年更新されるため，年度初めには必ず確認しておく必要がある。また，急病や外傷などで救急治療として禁止薬物の投与や禁止方法（100mLを超える点滴など）の対処を受けた

図6-44　TUE申請のフローチャート（JADAホームページより）

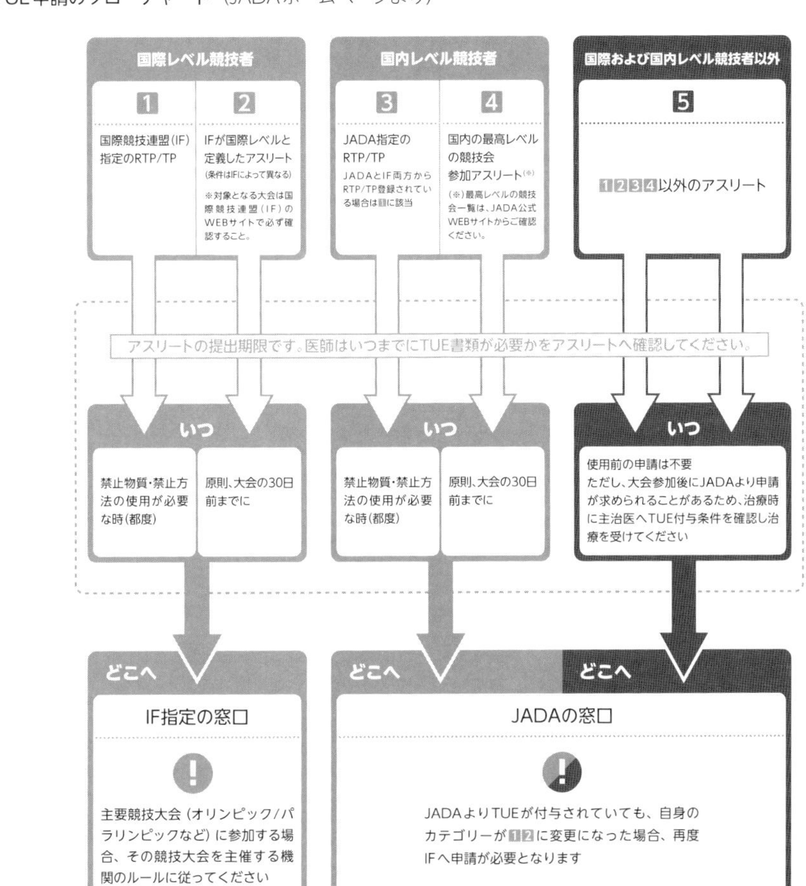

ために事前のTUE申請が不可能な場合には，事後に遡及的TUE申請をすることになる。この場合には，通常の申請条件に加え，「緊急性を証明する医療記録」が必要になる。

7．検査に当たった時

ドーピング検査は，不正をしていない競技者にとっては時間を取られて面倒な対応を要求される，避けたい手続きであることは十分理解できる。しかし，不正行為を行う競技者を排除してフェアプレーを守るために必要な手続きであることを納得して，検査には積極的に協力する。検査対象になる競技者は，試合前に抽選で決められている場合もあり，敗戦直後の精神的に不安定な時に検査員がやってくることもあるが，その場合にもできるだけ冷静な対応を心がける。検査員に対する暴言や恫喝，検査を避けようとする行為自体も，アンチ・ドーピング規則違反に抵触する行為であることを認識しておく必要がある。

競技会内検査は，テニスの場合には試合直後に検査員から声をかけられる。プレーヤーを確認して検査に当たったことを伝える作業を「通告」といい，検査の通告を受けて「通告書」にサインをしたら，可及的早期に検査室に移動する。検査室への移動を遅らせることができるのはマスコミ対応と表彰式くらいであり，その他の理由がある場合には検査官に相談してその指示に従う。通告を受けた後は決して勝手な単独行動をしてはならない。多くの検査で採取する検体は「尿」であるが,「血液」である場合もあり，競技者にそれを選ぶ権利はない。検体採取から検体封入までの一連の行為は，検査官の指示に従って実施する。基本的に検体の封入が終わるまでは，検査官は検体のカップやボトルに触れることはできないため，競技者自身がその作業を行うことになる。

検体封入が終わって，書類手続き時に，１週間以内に服用した薬物やサプリメントに関しての申告を問われる。申告は競技者の自由意志であるが,2016年にシャラポワ選手が違反に問われた時，彼女は複数のサプリメントを長期にわたって服用していたにもかかわらず，検査の時に一度も申告しなかったことを指摘されており，隠蔽の意図が内在していた可能性があるとして不利な要素として扱われている。正直に申告したほうが，審査において有利に扱われる可能性が高いと思われる。

8．ドーピング違反に問われた時

ドーピング検査で採取されたＡ検体に禁止物質の代謝産物が検出された時（陽性）には，本人と競技連盟（日本テニス協会）にその旨の連絡が来て，Ｂ検体に対する検査の要望の有無を尋ねられる。Ｂ検体が陰性になる可能性は低いが，プレーヤーの権利としてプレーヤー自身の判断でそれを要望することができる。その場合のＢ検体の検査費用は当該プレーヤーが支払うことになっているが，分析に立ち会う権利が与えられる。Ｂ検体の分析を放棄した場合とＢ検体も陽性であった場合には，次の手続きである聴聞会が14日以内に開かれる。聴聞会では，規律パネルの委員長が指名した３名の委員（法律家,医者など）がプレーヤーとJADA側の双方から主張・意見を聞き，違反の事実認定と成績失効などの制裁決定を行う。プレーヤーには，決定に不服がある場合，決定を受け取った日から21日以内に日本スポーツ仲裁機構（JSAA）に不服申し立てができる権利がある（図6-45，6-46）。

9．その他

1―食肉汚染による禁止薬物摂取の可能性

いくつかの国（メキシコ，中国，グアテマラ）では，ブロイラーや食肉用豚などの成育促進のために禁止物質であるクレンブテロールなどの蛋白合成促進薬を投与している場合があり，プレーヤーが海外遠征で肉料理を食べた後にドーピング検査を受けると，検体から禁止薬物が検出される事案が発生している。これに対して，WADAは2019年５月に以下の通知を行っている。

①食肉が原因と思われる低濃度のクレンブテロールが検体から検出された場合，競技者にメキシコ，中国，グアテマラへの渡航歴や食事状況を確認する。

②競技者の回答が分析結果に符合するものであった場合，当該クレンブテロールの検出はアンチ・ドーピング規則違反としない。

さらにプレーヤーには，「競技会主催団体または国際競技連盟が指定するレストランで食事を摂ること」と，「指定のレストラン以外で食事をす

図6-45　検査で陽性が疑われた場合の手続き（JADAホームページより）

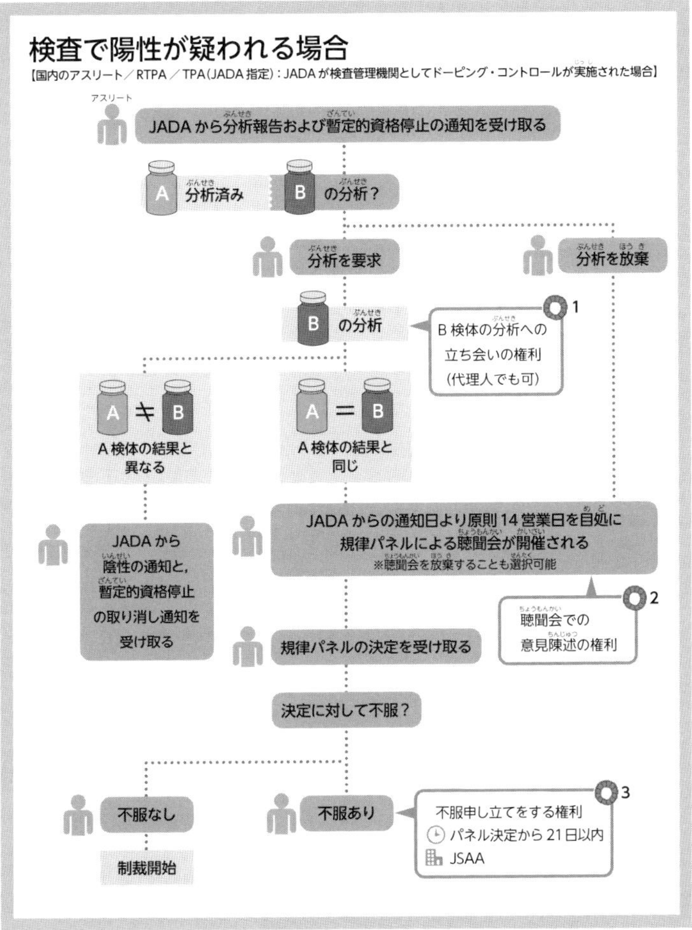

図6-46　不服申し立て先と期限（JADAホームページより）

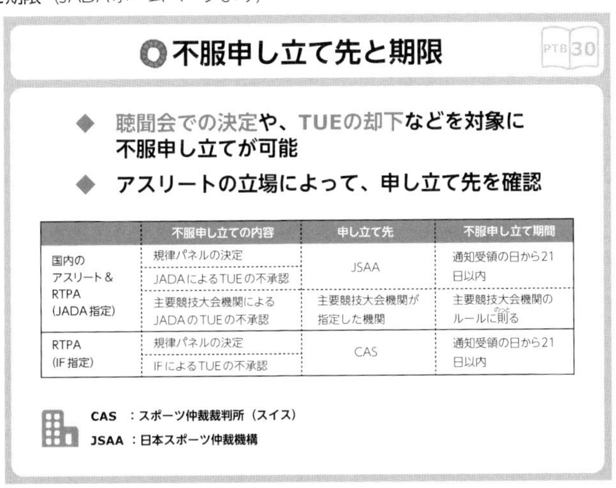

	不服申し立ての内容	申し立て先	不服申し立て期間
国内のアスリート＆RTPA（JADA指定）	規律パネルの決定	JSAA	通知受領の日から21日以内
	JADAによるTUEの不承認		
	主要競技大会機関によるJADAのTUEの不承認	主要競技大会機関が指定した機関	主要競技大会機関のルールに則る
RTPA（IF指定）	規律パネルの決定	CAS	通知受領の日から21日以内
	IFによるTUEの不承認		

る場合には，複数名で食事をした上で，食事内容，時期，場所を記録すること」を推奨している。

2―ドーピング通報窓口

禁止方法とされている「静脈内注入および／又は静脈注射の処置」は，投与薬物に禁止物質が含まれていなければドーピング検査で陽性になることはないため，検体検査で摘発することはできない。すなわち，禁止条項に書かれている薬物摂取以外の禁止行為は，通報によらなければ発見できないことも多い。そのため，わが国では日本スポーツ振興センターが「ドーピング通報窓口」（https://www.report-doping.jpnsport.go.jp/form/）を開設して，ドーピング行為に関する情報提供が容易にできるようにしている。最新のCode 2021では，通報者の保護を目的に第２条の規則違反条項に「11. ドーピングに関する通報者を阻止したり，通報に対して報復すること」が追加された。

Code 2015では，サポートスタッフに対する違反規定が第２条の規則違反条項に追加された。違反者が競技者であろうがサポートスタッフであろうが，違反による資格停止期間は他の競技者がその違反者とスポーツの場で行動をともにすることを禁止しているため，違反者はスポーツの場から排除されることになる。違反競技者は練習パートナーも引き受けることができないし，指導者は当然競技者から指導者として雇用されることはない。さらにCode 2021では，ドーピング行為の通報に対する環境整備のために，違反規定が第２条の規則違反条項に追加された。

競技レベルでスポーツに関わる人たちは，アンチ・ドーピングルールだけでなく，社会が違反者を見る目も厳しくなってきていることを十分認識すべきであり，違反者にならないためにアンチ・ドーピングに関する正しい知識を常にアップデートして認知しておく必要がある。

TENNIS COACHING THEORY

7章

テニスのメンタルスキル

7-1 テニスプレーヤーに必要なメンタルスキル

テニスでは，表7-1に示されるように，様々な心理的特徴があり，これらを理解することがメンタル面を向上させる上での第一歩となる。

1．プレーヤーとしてまず身につけるべきもの

「精神的にタフなプレーヤーは？」と聞かれた時に思い浮かべるプレーヤーは誰であろうか。いろいろなプレーヤーが思い浮かぶであろうが，共通しているのは，肉体的な要素を超えた「何か」をコントロールできるプレーヤーであるということであろう。その「何か」とは，「情動（感情・気分)」「考え方」である。では逆に，「精神的に弱いプレーヤーは？」と聞かれた時に思い浮かぶプレーヤーは，精神的にタフなプレーヤーの逆で，「情動（感情・気分)」「考え方」のコントロールができないプレーヤーであろう。

精神的にタフなプレーヤーになるためには,「情動（感情・気分)」「考え方」がコントロールできるようにならなければならない。そのためには，基礎となるものをまずは身につけなくてはならない。その基礎とは,「自信を持つ」「常に挑戦する」「常にあきらめない」「自分を知る」「目標を立てる」「日記をつける」「本当の原因に向き合う」である。これらのことは，ジュニアの年代のうちに身につけさせておくべきものである。

1―自信を持つ

自分が希望する行動を，うまく行うことができると信じること。つまり，「自分はやるんだ，自分には可能性があるんだ」という「強い信念」と「やり遂げる意志」を持つことである。

表7-1　テニスでの心理的特徴（Crespo & Miley, 1999を一部改変）

・個人的なスポーツである。この種のスポーツは，チームスポーツよりも多くのストレスがかかる。
・高度のコーディネーションを要求し，また，大変なフラストレーションを伴う難しいスポーツである。
・プレーヤーはごく短い時間内で，数千という決断をしなくてはならない。
・「休止」時間がたくさんある。
・代理が許されないスポーツである。
・ある種のショット（例えば，サービスやオーバーヘッドスマッシュ）では，打つ前に考えなくてはならない。
・試合ではアンパイアがつかない。ボールがインかアウトかは，相手の下す判定に委ねられる。
・ほとんどのトーナメントでコーチングは許されない。
・ノックアウト競技システムである。リーグやコンソレーションなどはない。
・プロレベルでは，週単位で競技があり，年間を通じて，大陸から大陸への移動を余儀なくさせられる。
・コンディションを多様にして発揮する（コートサーフェス，ボール，プレー形式に応じて）。
・試合がいつ終わるか，知るすべはない。
・競技が順序により進められるのを基本としているので，何時にプレーがスタートするかを知るすべはない。
・プロプレーヤーは，テニスに没頭した人生を送らなくてはならない（1日に4～6時間のトレーニング，プレー，移動のため）。
・両親はプレーヤーが経験を積むために完全に取り込まれる。

2―常に挑戦する

失敗を恐れずに，常に挑戦すること。ゲームの中では，目先の勝利にとらわれず挑戦するプレーを心がけること。時には目先の勝利にこだわることも必要ではあるが，ゲームの目的に応じて新たな技術などに挑戦することも大切である。

3―常にあきらめない

どのような状況でも決してあきらめないこと。マッチポイントを握られたとしても，試合を投げ出したりしないことや，ボールを追いかけるのをやめたりしないこと。あるいは，技術習得がうまくいかないからといって，上達をあきらめたりしないことが大切である。

4―自分を知る

自分を知るということは，次のステップへの道しるべとなる。自分を知るために，「自分の長所」「改良点」「克服すべきこと」についてチェックする。

1―長所

自分の優れた点は何か。

▶テニスでの精神的な面では？
▶テニスでの技術的な面では？
▶テニスでの体力的な面では？
▶日常生活面では？

2―改良点

テニスプレーヤーまたは人間としてレベルアップするために，あるいはより強いプレーヤーになるために取り組むべき改良点は何か。ここで注意すべきことは，改良点は必ずしも短所とはいえないということである。今現在，長所であっても，よりハイレベルなプレーをするためには，当然ながらさらにその長所を磨かなければならない。

▶テニスでの精神的な面では？
▶テニスでの技術的な面では？
▶テニスでの体力的な面では？
▶日常生活面では？

3―克服すべきこと

自分のテニスや人間的成長に関して，現在は持ち合わせていないが克服すべきことは何か。

▶テニスでの精神的な面では？
▶テニスでの技術的な面では？
▶テニスでの体力的な面では？
▶日常生活面では？

▶知識で不十分な点は？
▶練習の量や質は適当か？
▶態度面に問題はないか？

以上のことを「知る」ためには，日記や練習日誌をつけるとよい。日記・日誌をつけることは，自分を知るための一番の資料になる。

また，指導者が克服すべき点を分析したり，あるいは精神面には心理テスト，技術面には技術テスト，体力面には体力テスト（フィールドテスト）などのテストを実施してもよい。

5―目標を立てる

「4 自分を知る」で自分のことがわかったら，それらをもとにして目標を立てる。目標を立てることによって，自分が今何をすべきかが明らかとなる。

「4 自分を知る」での改良点・克服すべき点から，「次の試合での目標」，そして「次の試合までの練習内容についての目標」を具体的に立ててみる。目標設定にあたっては，「勝敗目標」ではなく，具体的に「プレー目標」を設定するとよい。

以下に例を示す。その内容は，「4 自分を知る」でわかった改良点や克服すべき点である。なお，目標設定についての詳細は後述する。

[試合におけるプレー目標]

①ファーストサービスの確率を50％から55％に上げる。
②凡ミスの確率を30％から15％に下げる。
③ダブルフォールトの回数を5回から2回に減らす。
④パッシングショットの成功率を20％から40％に上げる。
⑤常に自信を持つ。

[練習におけるプレー目標]

①ファーストサービスを100本打つ。
②グラウンドストロークで，サービスラインとベースラインの間に連続20球入れる。
③セカンドサービスをしっかりと回転をかけて100本打つ。
④グラウンドストロークの球出し練習で，指定されたエリアに70％の確率で入れる。
⑤どのような練習でも自分はできると思う。

目標設定にあたっては，指導者が関わりながら行うことが必要である。プレーヤー本人だけですべてができるようになれば，本人に任せても問題はないであろうが，そのレベルに至るまでは，指導者のサポートが不可欠である。昨今のスポーツ界におけるハラスメント問題や体罰問題を考えれば，指導者が一方的に目標設定することも大きな問題になる可能性もある。したがって，指導するプレーヤーと指導者が十分にコミュニケーションをとりながら，お互いが十分に理解し，納得した上で目標設定することが重要である。

6―日記をつける

「4 自分を知る」で前述したが，さらに説明を加える。とにかく毎日日記をつけることが大切である。その日の練習やトレーニング内容，自分の感じたことや考えたこと，その日の出来事などについて書き留める。例えば，試合のあった日は，こうすればうまくいった，いかなかった，弱気になって挑戦することができなかったなどの反省や，指導者からどのようなアドバイスをもらったか，あるいは対戦相手の情報など，何でもよい。もちろん，日記にはテニスについて書くことも大事であるが，それ以外のことでもよい。このような積み重ねが，将来役立つことになる。実際，トレーナーや指導者は，過去（ジュニア時代など）にどのような外傷・障害をしていたか，どのようなトレーニングを行っていたかなどがわかると，指導に役立てることができる。

7―本当の原因に向き合う

「メンタルが弱い」とはよく耳にする言葉であるが，本当にそうなのかを見極めなければならない。主な原因が，技術，体力，栄養，けが，生活などにある場合もあることから，それらを踏まえた上で複合的・総合的に判断しなくてはならない。悪い言い方をすれば，「メンタルが弱い」といって逃げることができるので，本当に足りないところをいつまでも修正できず，結局パフォーマンスが向上しないことになる。したがって，指導者は本当の原因が何なのかを十分に考えて，プレーヤーを指導していかなくてはならない。

2．チャンピオンになるために

表7-2は，チャンピオン達がベストプレーをする際にどのような感情であったのかという心理的特性をまとめたものである。このような状態でプレーできれば望ましいということであるが，どうすればこのような状態でプレーすることができるのだろうか。それは図7-1に示された基本的なメンタルスキルが必要になるということである。すなわち，「モチベーション」「集中力」「感情のコントロール」「思考のコントロール」の４つのメンタルスキルである。

表7-2　チャンピオンの心理的特性（Crespo & Miley, 1999を一部改変）

- 安定したメンタル状態（感情のコントロール）「ゾーンでプレーしている」。
- メンタル的にとても強くしっかりしている。
- 積極的かつ現実的である。
- 高い自信，エネルギッシュ，行動の準備ができている。
- 集中力が高まり，メンタル的に油断がない。
- 身体的にリラックスし，プレッシャー下でも冷静である。
- 無理することなく自然に流れる。
- 恐怖がなく，戦いを好む。
- コントロールでき，すべてに責任が持てる。
- 楽しい。
- 勝ちたい気持ちがある。
- 非常に競技的であり，高い緊張感でプレーしている。

図7-1　テニスプレーヤーに必要とされるメンタルスキル（Crespo & Miley，1999を一部改変）

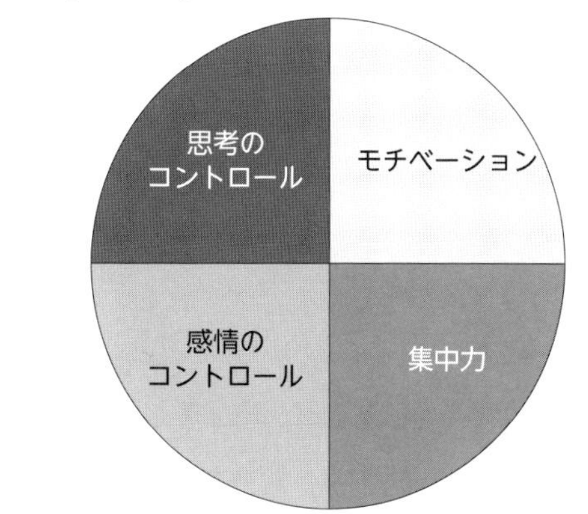

1―モチベーション

モチベーションとは，ある行動をスタートさせようとする欲望や追求心である。それはすべての「行動」の源である。モチベーションなしでは行動は存在しない。したがって，指導者はプレーヤーのモチベーションに対するニーズを理解し，それを満たし，プレーヤーを刺激する適正なトレーニングプログラムを提供することが必要である。

モチベーションについては，『テニス指導教本Ⅰ』「3-5-1　動機づけ（モチベーション）」（p.100～103）を参照してほしい。

2―集中力

最高のパフォーマンスを発揮するために集中力が大切なことは明らかである。では，どのように集中していけばよいのか。それは，状況に応じ，必要な情報や刺激，手がかりに対して注意を集中し，その状態を維持することである。そしてさらに，状況に応じてその注意を切り替えていくことが必要になる。つまり，対戦相手に注意を向ける，飛んでくるボールに注意を向ける，打つことに注意を向ける，気象状況に注意を向ける，相手のプレースタイルに注意を向ける，自分自身に注意を向ける，またこれらを考慮して作戦を考えるために自分の思考に注意を向ける，といったように，様々なことへ注意を向けて集中し，それらを瞬時に切り替えていく必要があるということである。すなわち，集中力とは，適切な手がかりに注意を向ける能力，および，試合中その注意・集中を持続する能力ということである（Weinberg, 1992）。

この注意の集中については，Nideffer（1976）によって，注意の方向性（内—外）と注意の幅（広—狭）という２次元から説明されている。つまり，自己の内部（感情や身体の状態など）か外部環境（相手や環境など）のどちらへ注意を向けるか，また注意の範囲を広くするのか狭くするのかということである。

表7-3は，その注意の方向性と幅についてまとめたものである。集中力には４つのタイプがあり，適切な時に適切なタイプへ注意を向けて集中するということが大切になる。不適切な時に不適切なタイプへ注意を集中してしまうと，それにとらわれてゲームに集中できなくなってしまう。

3—感情のコントロール

試合中に自分の感情をコントロールすることが大切である。この感情がコントロールできないと，気分がのらなかったり，緊張し過ぎてしまったり，不安になったりして，良いパフォーマンスができなくなってしまう。

図7-2は，緊張の強さとパフォーマンスの関係，そしてその時の心理状態を示したものである。至適ゾーンといわれているところがベストパフォーマンスを発揮できるゾーンであり，適度な緊張であるということである。しかし，それよりも低い緊張であれば,「気分がのらない」「のまれる」「萎縮する」「あきらめ」などといった状態になってしまい，良いパフォーマンスが発揮できない。また，それよりも高い緊張であれば,「焦り」「不安」「狼狽」「力み」「強い緊張」「カーッとしている」などといった状態になってしまい，良いパフォーマンスが発揮できないということである。したがって，低い緊張状態になってしまった時はサイキングアップ，高い緊張状態になってしまった時はリラクセーションが必要になる。

また，レアー（1987）によれば,「精神的エネルギーと心拍数には関連があり，心拍数は感情の高まりやエネルギーのレベルを計る有効な手段である」としている。そして,「最も良い状態は,

表7-3　集中力のタイプ（Weinberg, 1992; Nideffer, 1976）

		集中の方向	
		外　的	内　的
注意の幅	広い	【広く外的】 場面・天候・コートサーフェスへの素早い評価など（例えば，相手がどこにいるかを見て，ダブルスのネットでの移動）。	【広く内的】 ゲームや戦術計画に何が起こったのかを分析する（例えば，相手に対するゲームプランの開発や，前のゲームをなぜ失ったかを分析する）。
注意の幅	狭い	【狭く外的】 １つか２つの外的なことに対して集中する（ボールだけを見る，相手から手がかりを集める）。	【狭く内的】 パフォーマンスを高めるリハーサルを行ったり，感情をコントロールする（サービスでのメンタルリハーサル，セルフトークやストレスの感覚を自覚する）。

図7-2　緊張の強さとパフォーマンスの関係，その時の心理状態（杉原，1993を遠藤により加筆，2016を一部改変）

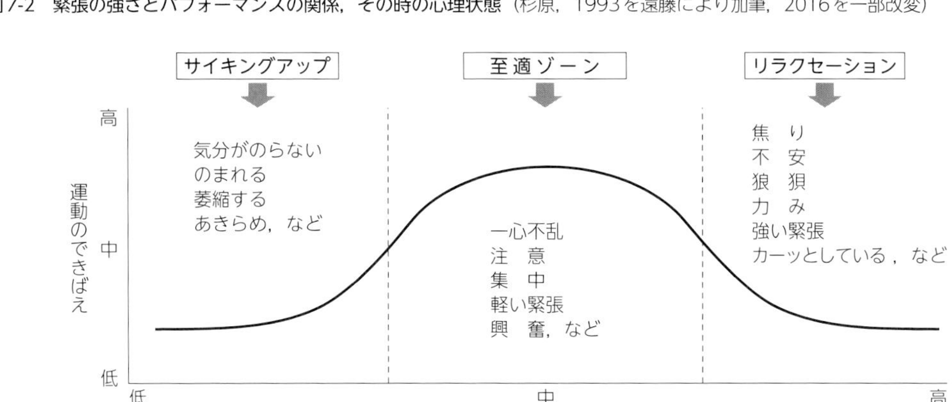

感情的にも積極的で，心拍数が，120～150（拍/分）の間にあるときである」と述べている。つまりこれは，心拍数を適度なものにコントロールしていかなくてはならないということである。

以上のように，ベストなパフォーマンスを発揮するためには，最適な緊張度になるように自分をコントロールしていかなくてはならない。

リラクセーションの方法としては，呼吸法，漸進的筋弛緩法，自律訓練法，バイオフィードバック法などがある。また，サイキングアップの方法としては，呼吸法，身体運動の実施，様々な刺激の利用，セルフトークなどがある。

4―思考のコントロール

思考をどのようにコントロールするか。そのためには，常に自信を持った考え方に基づいて，自信を持った行動をとることが求められる。自信を持てば持つほど，成功を達成しようと活発に努力する様子はよく見られることである。その一方で，自信のないプレーヤーは，失敗に直面した際に放棄してしまったり，やる気を失ったりしてしまう。

この自信はその時々で上下するものである。わずかなミスをきっかけに自信を失い，スランプに陥ってしまう。リラックスしてボールを打つことを忘れて，取り乱し，負けることや自分のストロークの打ち方について考え始めてしまったりするものである。

そうして，自信が持てなくなってしまうと，テニスプレーヤーとして成功する努力が続けられなくなってしまう。

［文献］
・Crespo, M. and Miley, D. (1999) ITF Advanced Coaches Manual Vol.1，佐藤政廣［訳］，公益財団法人日本テニス協会.
・Weinberg, R.S.（1992）テニスのメンタルトレーニング，海野孝，山田幸雄，植田実［訳］，大修館書店.
・Nideffer, R.M. (1976) Test of Attentional and Interpersonal Style, Journal of Personality and Social Psychology, 34, 3: pp.394-404.
・杉原隆（1993）「無心」という究極の集中，宮本貢［編］，朝日ワンテーママガジン③メンタル・トレーニング読本，朝日新聞社：pp.56-65.
・遠藤俊郎（2016）情動のコントロール技法，日本スポーツ心理学会［編］，スポーツメンタルトレーニング教本，大修館書店：pp.109-113.
・レアー，J.M.（1987）勝つためのメンタル・トレーニング，テニスジャーナル［編］，スキージャーナル.

7-2 メンタルスキルの向上

1．目標設定

1―目標設定の効果

適切な目標設定は，プレーヤーの不安を軽減したり，自信を持たせたり，集中させたり，満足感を与えたりなど，心理的な面に与える効果は大きいことから，パフォーマンスを向上させることができる。すなわち，目標設定は，プレーヤーの行動を方向づける内発的な動機づけの役割を果たし，練習の質を高めることにつながる。やらされる練習から自ら進んで行う練習に意識を変革するためにも，目標設定は非常に有効である（岡澤，2016）。

2―目標設定の原理・原則

目標設定の原理・原則として，以下のことが挙げられる（石井，1997）。

①一般的な目標ではなく，詳しくて具体的な目標を設定する。
②現実的で挑戦的な目標を設定する。
③長期目標も大切であるが，短期目標を重視する。
④チーム目標よりも個人目標を重視する。
⑤勝敗目標よりもプレー目標を設定する。
⑥目標に対して，その上達度が具体的かつ客観的に評価されるように工夫する。

3―目標を達成するための4つの要素

目標を達成するためには，以下の４つの要素（Kaplan, 1999）が必要である。

①決意：目標の設定
②実行：目標達成に向けての実践
③評価：目標への達成度の確認
④修正：必要に応じた目標の修正

表7-4　目標設定（Weinberg, 1992）

1．長期目標（夢）
2．目標の分類
　〈時間軸〉
　(1)長期目標（シーズン）――年間計画
　(2)中期目標（月）――月間計画
　(3)短期目標（週・日）――週間計画
　〈内容〉
　(1)技術目標
　(2)体力目標
　(3)精神力目標
3．目標達成予定期日
4．目標を達成するための方策
　(1)練習
　(2)試合
　(3)シーズンのプラン

4―目標設定の方法

目標設定は，Weinberg（1992）が**表7-4**に示したような項目で設定するとよい。

前述したように，目標設定にあたっては，指導者が関わりながら行うことが必要で，指導するプレーヤーと指導者が十分にコミュニケーションをとりながら，お互いが十分に理解・納得した上で行うことが重要である。

2．自信を高める（徳永，2012）

自信に関係する要因は，**図7-3**のようにまとめられている。試合前の練習量，生活習慣，心身の状態などの自信に影響する要因によって，自己の能力（技術，体力，心理）に対する自信が形成される。その自己の能力に対する自信によって，結果や目標に対する自信（勝敗，目標達成，実力発揮に対する自信）が形成される。そして，結果や目標に対する自信によって，競技に対する総合的な自信が形成される。

以下に，自信を高める方法を説明する。

1―自信に影響する要因を高める

1―試合前の練習量

練習不足は不安を招き，自信の低下につながる。「十分な練習」に対する考えは人によって異なる。現在の環境の中で，自分にできる可能な範囲の練習を十分に行ったと思えるような練習量を確保すべきである。

2―試合前の生活習慣

睡眠，食事，休養，嗜好品（特に飲酒や喫煙）に対して十分に配慮して，競技のために規則正しい生活を送ることが自信につながる。プレーヤーとしての生活習慣（ライフスキル）を身につけることが重要である。心理的スキルのトレーニングの前段階として，プレーヤーとしての生活習慣ができていることが必要である。プレーヤーとしての生活習慣を身につけることの指導は，メンタルトレーニングの第一歩である。

3―試合前の心身の状態

試合前の身体的コンディショニング（疲労や外傷・障害がなく，体調を万全にする）および心理

図7-3　試合に対する自信の構成（徳永，2012）

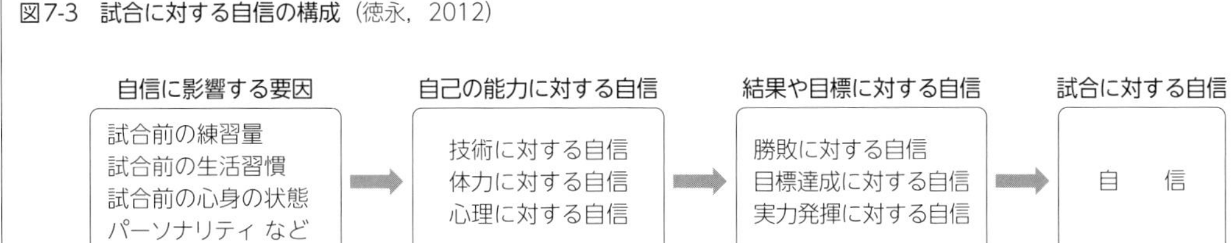

的コンディショニング（やる気を高め，プレーに集中していく）が十分できているか否かが自信に影響する。

2―能力に対する自信を高める

1―技術に対する自信

自分は，どの技術は十分にできて，どの技術はうまくできないかを認識しておくことが大切である。練習では，できる確率の低い技術を中心に練習して，できる確率を高めていく。逆に自分にできる技術をさらに高めていくことも重要である。試合では，自分にできる確率の高い技術で作戦を遂行する，などから技術に対する自信を高める。

2―体力に対する自信

自分が行っているスポーツに必要な体力の要素について理解し，自分にとって必要な体力は何かを明確にし，それらを高めるトレーニングを行うとともに，自分にできる体力トレーニングは十分に行ったという意識を持つことにより，体力に対する自信を高める。

3―心理面に対する自信

自分が行っているスポーツに必要な心理的スキルについて理解してトレーニングしていくことが大切である。その上で，自分がうまくできる時の心理状態はどういう状態か，あるいは，逆に自分がうまくできない時，失敗する時の心理状態はどういう時かを明確にし，うまくできる時の心理状態をいかにして作るかを創意工夫して，うまくできる確率を高めていくことにより，心理面に対する自信を高める。

3―結果や目標に対する自信を高める

1―勝敗に対する自信

結果に対する目標は相手との関係であるので，あまり関心を持たないほうが得策である。試合前の練習では「◯◯大会優勝」といった目標を決めて練習するが，試合や大会が近づいてきたら，勝敗への期待ばかりではなく，目標達成，実力発揮に集中し，結果はついてくるものと考えたほうがよい。しかし，試合直前や実際に試合が進行し，競ってくれば，「絶対に勝つ」「最後は勝つ」「何のために練習してきたのか」「負けたら意味がない」などのセルフトークを発しながら，プレーすることも必要である。勝つことに対して自信があり過ぎると自信過剰に，自信がなさ過ぎると自信不足となるが，「負ける気がしなかった」というような勝つことに対する自信も必要である。

2―目標達成や実力発揮に対する自信

試合や大会が近づいてくると，目標達成や実力発揮に対する自信が求められる。それは，自信に影響する要因や自己の能力に対する自信が高まった結果，生じるものである。適切な目標を設定し，そのための作戦を立て，それによってリハーサルするなど，十分な準備が整った結果，生まれる自信である。「自分のプレーができて，勝った」と言えるように，自分のプレーをすることへの自信を高めるべきであろう。

4―一般的な自信の高め方

1―試合に勝つ

プレーヤーにとって，試合に勝つことは何よりも自信になる。年間計画の中に目標とする試合や大会を設定し，その目標の競技のために練習試合を組み，個人やチームを修正していく。そして，実際に勝利することが自信につながる。自信を得るためには，頑張れば勝つくらいの少し上位の対戦相手を探すことが大切である。ただ，単に勝つだけでなく，勝ち方が問題になる。圧倒的に勝つ，接戦で勝つ，逆転して勝つなど，努力した結果としての勝利であれば自信は増大する。

2—試合で目標を達成する

試合は「勝つ」ことばかりでなく，「負ける」ことのほうが多い。そこで，試合に負けても自信になるようなプレーをすることが必要である。そのためには，試合に出る時は必ず目標を設定する。目標は，技術，体力，心理について設定し，目標が試合で達成できれば「成功」と評価する。試合結果は，勝敗と目標達成から評価し，負けても，目標が達成できれば「成功」と評価し，目標が達成されなければ「失敗」と評価する。成功の体験を重ねることで自信を高める。

3—試合の作戦を十分にリハーサルしておく

目標を達成するための作戦を作り，それをイメージリハーサルし，実際に動きとしてリハーサルする。そしてその作戦を実際にオンコートで練習する。試合での目標を達成するために作戦を作り，十分に練習して自信を高める。

4—試合に対する認知を変える

試合は勝つことが大切である。しかし，より大切なことは，「自分のプレーをすること」「ベストを尽くすこと」「実力を出しきること」「思いきりプレーをすること」である。また，「負けることは恥ではない」などと，試合に対する考え方を変えることで，勝敗に対する緊張や不安を減少させ，自信を高める。

5—技術の達成度を向上させる

自己の技術，体力，心理面について，困難なレベルを順次設定し，その達成度を評価し，その達成度をより高めていく。自分の課題の達成度を少しずつ高めていくことによって，自分の能力に対する自信を高める。

6—ストレス解消や自己暗示を行う

ストレス解消のためにいろいろな気分転換を行ったり，否定的，消極的な考えを肯定的，積極的な考え（自分はやれる，自分なら勝てる，自分は強いなど）にするなどの自己暗示を利用して自信を高める。

7—他者からの励ましや指示を受ける

試合や練習では，信頼する指導者，家族，先輩，仲間からの励ましや指示によって自信を高める。特に，指導者からの試合前の「お前ならできる」「誰にも負けない練習をしてきた。力を出しきれ!!」といったアドバイスはプレーヤーに自信を与える。

8—他者の体験やプレーを見本にする

うまくプレーしている人の技術，体力，心理的な面を見ることによって，自分にもできるのではないか，といった考えになり，自信を高めることができる。試合前にVTRを見て，自信をつけることも行われている。

9—結果を能力や努力に帰属させる

練習での上達度や試合などの結果を，自分には能力があることや努力した結果と帰属させる。「よくやった。優勝した人とあまり能力は変わらない。もっと努力しよう」などと考えたり，指導者がアドバイスしたりすることによって自信を高める。

10—自信があるように振る舞う

自分の感情を顔に出さず，何が起きても表情を変えず，平然と振る舞う。そして，闘志を内に秘め，自信があるように行動することによって自信を高める。

3. リラクセーション

ここでは，リラクセーションの方法として，腹式呼吸と漸進的筋弛緩法の２つについて説明する。この他にもリラックスするにはいろいろな方法がある。自分に合ったリラックス法を見つけて実践することが大切である。

❶—腹式呼吸

リラックスするための呼吸法として最も一般的なものは腹式呼吸である。呼吸法には，座禅，太極拳，気功，ヨガなど様々なものがあるが，ここでは手軽に行える２つの方法について説明する。

[方法Ⅰ]（遠藤，2002）

①楽な姿勢をとる。
②「イ～チ，ニ～，サ～ン，シ～」と息を吸い込む。
③「イ～チ，ニ～」と息を止める。
④「イ～チ，ニ～，サ～ン，シ～」と息を吐き出す。
⑤①～④の手順を繰り返す。

息を吸う時には，腹部全体を膨らませ，吐く時は逆にへこませるように意識する。この呼吸法を１日５分間，１週間程度実施する。

試合直前，サービスなどのプレー直前，ミスした後，ポイント間，試合においてプレッシャーを感じた時，などに，この呼吸法を実施することにより，過敏な反応を鎮められるようになってくる。また，肩や首の筋のリラックスにも効果があり，何よりも呼吸に注意を向けることにより，他の余分な考えに煩わされないようになる。

[方法Ⅱ]（Kaplan，1999）

①リラックスした姿勢で座るか，仰向けに寝る。
②お腹を膨らませるように，ゆっくり深く息を吸い込む。その時，自分の中にリラックスしたイメージが浮かんでくるようにする。
③息を吐く時には，ストレスや緊張が身体の中から抜けていくことをイメージする。呼吸を１回するたびに，静かで落ち着いている状態をイメージしてみる。そのように，意識的にゆったり呼吸をしていくと，心身の緊張をほぐすことができるだけでなく，酸素が効率よく供給されるので，身体の機能にも良い影響を及ぼす。

❷—漸進的筋弛緩法

漸進的筋弛緩法は，骨格筋の張力をコントロールすることによって，心理・生理学的覚醒を自ら調節する身体・精神的テクニックと定義される（Hatfield and Brody, 2010）。この漸進的弛緩法は，Jacobson（1938）が考案した筋弛緩法である。筋緊張を緩めようと努力しても，なかなか緊張を抜くことは難しい。なぜなら緊張の程度を正しく知覚することができないからである。そこで，筋に力を入れて緊張を高めてから，力を抜いてみる。筋緊張は力を入れる前の水準よりもずっと下がった状態まで弛緩することができる。繰り返し練習することで，筋緊張をほぼ完全に解きほぐし，全身の筋肉をリラックスさせることができる。筋をしっかりと収縮させ，筋緊張を感じとる。次に素早く力を抜いて筋をリラックスさせ，リラックスした状態を感じとる。この収縮と弛緩を基本動作として，顔，肩，腕，腹，脚，そして全身へとリラクセーションの部位と範囲を進めていく。それぞれの部位のリラックス感を覚え，全身の筋の状態を感じとれるまでに訓練すると，身体の隅々までリラックスした状態を作り出すことができるようになる。筋のリラクセーションは滑らかな動作を可能にするばかりでなく，心のリラクセーションをもたらすので，スポーツばかりでなく，不安と緊張を除去するための治療法として広く応用されている（堀，2000）。

[方法]（Kaplan，1999）

①全身がリラックスできるように首と膝の下に枕を置き，仰向けになる。肘に少しゆとりを持たせた格好で，腕は体側に置く。
②利き腕のほうから，手首を後ろ（甲の側）に反らして前腕の緊張を感じる。その状態を10秒間維持したら，元の状態に戻してリラックスさ

せる（弛緩させる）。この時，筋が緊張していない状態をしっかり感じとることが大切である。

③手首を前方（手のひら側）に曲げて，再び筋の緊張を感じる。この状態を10秒間維持したら，元の状態に戻してリラックスさせる（弛緩させる）。反対側の腕についても同様に②，③の過程を行う。

④利き腕の肘を曲げて，上腕二頭筋を緊張させる。この状態を10秒間維持したら，元の状態に戻してリラックスさせる（弛緩させる）。この時，筋が緊張していない状態を感じとる。反対側の腕についても同様に行う。

⑤筋の緊張が半分程度になるようにコントロールして①～④の手順を繰り返す。

⑥さらに緊張の程度を少なくして，①～④の手順を繰り返す。

⑦両手のひらで床を押して，その時の筋の緊張を感じとる。10秒間維持し，元の状態に戻してリラックスさせる（弛緩させる）。⑤，⑥のように緊張させる程度を変えて，同じ動作を繰り返す。

以上を繰り返し行うことによって，筋が緊張から解放される感覚がはっきりと体感できるようになる。身体の緊張が解かれることで，精神的な緊張やストレスなどからも解放される。このコントロールが上達すると座位や立位で行えるようになる。

4．サイキングアップ

試合前でも試合中でも心理的なエネルギーが十分でないと感じたならば，サイキングアップを行う。

[方法]（遠藤，2002）

①短い呼吸を繰り返す

緊張レベルを上げるために，腹式呼吸と逆のことを行う。ロウソクの火を吹き消す時のように，強く息を吐き出す。それも「フウー」と長く吐き出すのではなく，「フッ・フッ・フッ」というように，短く早い呼吸を繰り返す。

②簡単な身体運動を繰り返す

緊張すると，心拍数が増加する。したがって，心拍数を増加させることによって緊張レベルを高めることができるということになる。軽いジャンプの繰り返しや，その場で腕を振りながらのもも上げなどの心拍数が上がる運動を行うことで血流が促進され，気持ちも高まってくる。

③自分の気持ちを高揚させる事柄に思考を向ける

例えば，試合で勝ったり優勝した時の感動や喜びを思い出したり，自分の調子の良かった時の姿をイメージして気持ちを高めることで，眠っているチャレンジ精神を呼び起こす。

④積極的なセルフトークを言う

気持ちを奮い立たせるためには，積極的なセルフトークを口にし，それも自分に言い聞かせるように言うことが必要である。例えば，「絶対できる！」「チャレンジするぞ！」「必ず良いプレーができる！」といった言葉を，自分に暗示をかけるつもりで言ってみる。

⑤最終目標を思い起こして再確認する

自分が最終目標として持っているものは何か，また，プレーヤーとしての自分の夢は何だったのか，ということを思い出して再確認することも，気持ちを高めることに役立つ。「今，試合をしているのは，その目標や夢に近づくためにやっているのだ」というように，目的が明確になればやる気も出てくる。

⑥プレーに集中する

緊張レベルが低下すると，プレーへの注意集中も低下する。そこで，もしプレーとは関係のないところに注意が向けられているのであれば，もう一度プレーそのものに注意を集中し直すことが求められる。練習では，「ボールに集中！」「前衛をマークしろ！」といったアドバイスを与えることにより，プレーそのものに没頭させるようなきっかけを作るとよい。

⑦その他の方法

▶身体に刺激を与える：両手で顔をパンパンとたたくなど，身体に刺激を与えることも，気持ちを高める方法のひとつである。

▶大声で士気を高める：試合前に更衣室で声をかけ合うなど，士気を高め合う身近な方法である。これらは，比較的高い興奮レベルが求められる場合に，よく利用されている。

▶音楽を聴く：試合前にアップビートな音楽を聴くことも，気持ちを高めるのに有効である。

5．集中力

「集中できない」ということは，不必要・不適切な情報，刺激，手がかりに注意が向けられてしまうことが原因である。Weinberg（1992）は，不適切な注意の集中の問題として，次の4つを挙げている。

①周囲の余計なことに注意が向いてしまう。

②済んでしまった過去の出来事に注意が向いてしまう。

③まだ起こっていない近い未来の出来事に注意が向いてしまう。

④分析麻痺（分析し過ぎ，考え過ぎ）。

したがって，より良い集中を行っていくためには，状況に応じ，プレーに必要なことに選択的に注意を向けることができるようにトレーニングをしていくことが重要である。

テニスの試合中に何に注意を向けて集中すべきかを，プレーヤー自身が理解していなくてはならない。そこで，指導者は，うまく集中できていないプレーヤーには，いつ何に注意を向けて集中していくべきなのか，練習時から適切なアドバイスを与えてくことが必要となる。

[注意のコントロール練習]（杉原，工藤，1997）

ここでは「注意を向けて集中すること」を高める練習について説明する。つまり，「注意を向けて集中する」という行為の基本ができれば，注意を向けたいものに対して集中する力が高まるということになる。

以下は，杉原ら（1997）によって説明されたハリスの方法（Harris and Harris, 1984）である。

1—ヤントラを使用しての練習

ヤントラ（30cm四方の黒い紙の中央に，5cm四方の白い紙を張ったもの）を準備する（図7-4）。これを白壁の正面に取りつけ，約90cm離れた位置に腰かけ，目を閉じてリラックスする。リラックスできたら，ゆっくりと目を開け，中央

図7-4　ヤントラ（Harris & Harris, 1984）

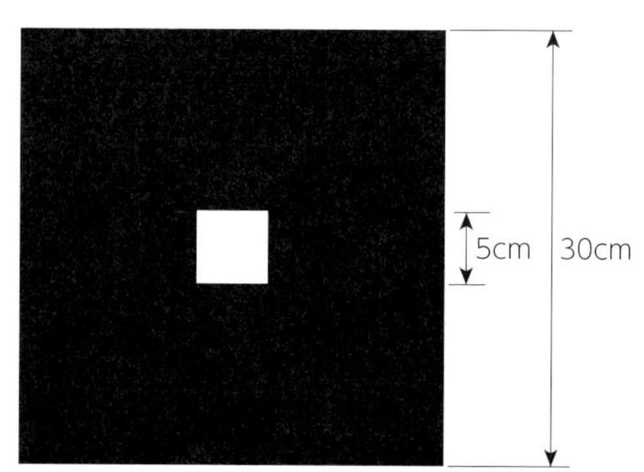

図7-5 シュブリルの振り子運動（Harris & Harris, 1984）

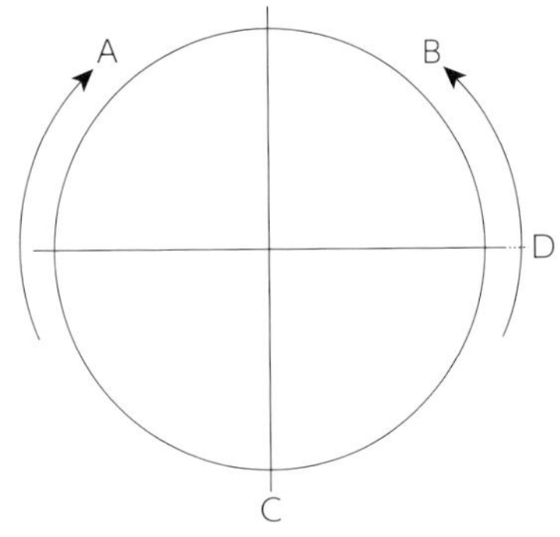

［指 示］
A. 肘を固定し，重りが円を時計回りに動くことをイメージする。
B. 次は反対回りに動くことをイメージする。
C. 次は身体の前後方向に重りが動くことをイメージする。
D. 次は身体と平行に振れることをイメージする。

図7-6 グリッドエクササイズ格子図(Harris & Harris, 1984)

84	27	51	78	59	52	13	85	61	55
28	60	92	4	97	90	31	57	29	33
32	96	65	39	80	77	49	86	18	70
76	87	71	95	98	81	1	46	88	0
48	82	89	47	35	17	10	42	62	34
44	67	93	11	7	43	72	94	69	56
53	79	5	22	54	74	58	14	91	2
6	68	99	75	26	15	41	66	20	40
50	9	64	8	38	30	36	45	83	24
3	73	21	23	16	37	25	19	12	63

の白い四角をリラックスしたまま見つめる。白い四角の縁に色を感じるようになったら，白壁のほうに目を移す。すると，そこに白と黒の反転した残像を見ることができる。できるだけ長く見続けるようにし，消えかかったらまだそこにあることを想像する。これを１日２回，１週間継続する。さらに，ヤントラを使わずにイメージだけでヤントラを想起し，その大きさや色を変化させる練習へと発展させる。また，ヤントラではなく，自分が常に使っている運動用具など，なじみ深い対象物のイメージを想起し，それをあらゆる観点から注意深く観察することを試みる。

2—振り子を使用しての練習

30cmくらいのひもを準備し，ひもの先端に鍵や硬貨をつけて振り子を作る。ひものもう一方の先端を摘み，肘を机につけて前腕を45度に傾け，振り子を**図7-5**の円盤の中心の上に垂らす。リラックスして，先端の重りに注意を集中させる。まず初めは，重りが時計の針の方向に回ることを想像してみる。すると，意図的な動作なしに，重りがその方向に回り出すのを観察できる。これを，左回り，前後，左右と様々な方向に動かしてみる。

3—数格子を使用しての練習

図7-6のような00～99間の数字が書かれたものを用意し，ある数字を指定する。指定されたら，指定された数字をマーク（×印や○印）し，その数字から順番にマークをしていく。17と言われたら17をマークし，18，19，20……とマークしていく。これを１分間でいくつマークできるかというものである。大体20～30くらいをマークできるとされている。早く探そうとすると焦ってしまい，番号を探すことが難しくなる場合もある。

表7-5，7-6に，集中力に関する資料を紹介しておく。表7-5は，これまでに開発されてきた主な集中力トレーニングの概要をまとめたものであり，表7-6は，「集中力をどのように増すか」について推奨することとテクニックをまとめたものである。

表7-5　これまでに開発されてきた主な集中力トレーニング法の概要（杉原，1986より作成）

リラクセーション	身体的，精神的にリラックスした状態を作り出すことによって，必要な事柄に精神を集中する余裕を生み出す。
作業法	グリッドエクササイズ（格子の中に書かれた2桁の数字を捜す），ゆっくりとしたバランス運動，振り子のテスト（ストリングエクササイズ）などのような，非常に努力を必要とする作業を行わせることによって，自分の意図することに注意を持続的に集中する能力を高めることをねらっている。
呼吸法	禅やヨガなどの呼吸法を練習させ，外的な刺激や雑念に妨げられないで呼吸に注意を集中することを学ばせる。
バイオフィードバック法	バイオフィードバックを利用して，精神が何かに集中している時の状態に気づかせ，いつでもその状態を作れるように練習させる。
凝視法	何かの物体を長時間注視する練習をさせることによって，注意の持続力を高めることをねらっている。
妨害法	様々な妨害刺激のもとで作業や練習をさせることによって，妨害の影響を受けないように妨害に対する抵抗力を高めることをねらっている。
自己分析法	練習や試合で，どのような時，どのような形で注意がそれやすいかを分析し，自己の注意の特徴を把握するとともに，それに対する対策を考える。
キーワード法	注意を向けるべき刺激や対象，動きや心構えなどを示す言葉をあらかじめキーワードとして決めておき，試合中に注意がそれそうになった時にその言葉を唱えることによって，注意を必要な対象に集中できるように練習しておく。
イメージトレーニング法	試合当日，試合場に入るまでにやるべき事柄，試合場に入ってからやるべき事柄，試合中になすべき事柄などをあらかじめイメージトレーニングによってリハーサルしておき，自動的にそれらに注意を向けられるようにする。
ピークパフォーマンス法	最高の成績をあげた時の自分の精神状態を思い起こし，あるいはまた，最高の状態で試合を行っている時の様子を想像し，イメージトレーニングによっていつでもそのような精神状態を作り出せるように練習しておく。
達観法	不安や心配事などによって注意がそれることを防ぐため，不安を持ったり心配しても何の役にも立たないどころか，かえって害になること，さらには，勝敗にこだわることが実力の発揮を大きく妨げることを理性的に理解させ，いわゆる「開き直り」の境地を作り出すことによって，「今，ここに」集中できるようにすることをねらう。
アファーメーション	肯定的な言葉を自分に語りかけることにより，不安を取り去り，自分に自信をつけることによって，注意がそれることを防ぐ。
肯定的思考	物事を悲観的に捉えるのではなく，良いほうに良いほうに楽観的に考える習慣を形成することによって，不安や心配事を取り去り，注意がそれることを防ぐ。
過剰学習法	予想される様々な試合場面を想定し，それぞれについて十二分な練習をして戸惑わないようにしておく。

表7-6　集中力をどのようにして増すか，推奨することとテクニック（Crespo & Miley, 1999を一部改変）

- 試合中の集中が最も困難なのはポイントの間である。したがって，この間，プレーヤーは普通にする。
- プレーをコントロールする物事に集中し，ポイントに役立つ物事に集中する（例えば，トスを見る）。
- 目標設定を用いる。
  - ▷試合への特別なパフォーマンス目標を立てる。
  - ▷各ポイントに計画を持つ。
  - ▷神経質になった時，特別なショットや行動をとる（例えば，リターンをクロスに返す）。
  - ▷試合後，パフォーマンスに沿って立てた目標を振り返る。
- アイコントロールを練習する。
  - ▷関連するターゲットに注目する（例えば，ボールの毛，ストリングなど）。
- 不安を除去するために，身体的なリラクセーションを使う（腕を下ろす，深呼吸）。
- 現在を否定し逆境下で練習する（風，雨，雑音など）。
- 「入る，切る」のスイッチ操作を練習する。
  - ▷ポイント後，プレッシャー状態を自分から切り離し，次のポイントが始まるまでにプレーの準備をするように気持ちを楽にする。
- ボリューム・コントロールのテクニックを練習する。
  - ▷ポイント間はリラックスする方法で集中力の高まりを調節する。しかし，場面には注意する。試合が始まったら，集中力のボリュームを高くする。
- 引き金になる癖や言葉を用いる（「レッツゴー」「カモン」「さあ行こう」「もうひとつ」など）。
- 手がかりとなるようなものを用いる。
- 集中力が高まるような引き金を用いる（例えば，コートで想定したラインをステップする）。
- ショットを消極的に評価しない。
- ショットで気持ちを変えない。動作の方向を決めたなら，それに沿ってやる。
- 強化し，練習し，次のように日常化することである。
  - ▷サービス：どのような種類のサービスをするかを決める。どこにサーブするかを決める。
  - ▷リターン：どのような種類のリターンをするかを決める。どこにリターンするかを決める。
  - ▷ミスした後：なぜミスをしたのかを考え直す。あるいは，ミスまでさかのぼる。そして，次のポイントを準備する。
- 集中力が高まる呼吸法を用いる。
- 次に何をするのか，視覚的な集中力を使う。

［文献］

- Crespo, M. and Miley, D. (1999) ITF Advanced Coaches Manual Vol.1，佐藤政廣［訳］，公益財団法人日本テニス協会.
- Weinberg, R.S.（1992）テニスのメンタルトレーニング，海野孝，山田幸雄，植田実［訳］，大修館書店.
- 岡澤祥訓（2016）目標設定技法，日本スポーツ心理学会［編］，スポーツメンタルトレーニング教本，大修館書店：pp.83-86.
- 石井源信（1997）目標設定技術，猪俣公宏［編］，選手とコーチのためのメンタルマネジメント・マニュアル，大修館書店：pp.96-103.
- Kaplan, P.（1999）ウイダー・メンタル・コンディショニング・バイブル，森永製菓.
- 徳永幹雄［編著］（2012）自信を高めるにはどんなことをすればよいか，教養としてのスポーツ心理学，大修館書店：pp.41-46.
- 遠藤俊郎（2002）情動のコントロール技法，日本スポーツ心理学会［編］，スポーツメンタルトレーニング教本，大修館書店：pp.106-111.
- Hatfield, B.D. and Brody, E.B.（2010）第８章 競技の準備とパフォーマンスの心理学，NSCA決定版ストレングストレーニング&コンディショニング，ブックハウス・エイチディ.
- Jacobson, E. (1938) A physiological and clinical investigation of muscular states and their significance in psychological and medical practice, University of Chicago Press.
- 堀忠雄（2000）運動パフォーマンスを規定する要因，上田雅夫［監修］，スポーツ心理学ハンドブック，実務教育出版：pp.133-140.
- 杉原隆，工藤孝幾（1997）注意集中の技術，猪俣公宏［編］，選手とコーチのためのメンタルマネジメント・マニュアル，大修館書店：pp.17-36.
- Harris, D.V. and Harris, B.L. (1984) The Athlete's guide to sports Psychology, Mental skills for physical people, Leisure Press.
- 杉原隆（1986）集中力トレーニング，昭和61年度日本体育協会スポーツ医科学研究報告No. Ⅲ スポーツ選手のメンタルマネージメントに関する研究第２報：pp.64-68.

7-3 プレーヤーのメンタリティを把握するために

プレーヤーのメンタリティ（心的状態や心的傾向）を把握するためには，普段の行動や試合をチェックしたり，話し合いを持ったりすることが大切であるが，心理テストを併用することで，より客観的に把握することができる。しかし，これはあくまでも補助的なものなので，活用には十分な注意が必要である。ここでは，その心理テストについて説明する。

1．心理テストを活用するにあたっての注意点

心理テストは，目的に応じて各種存在する。これらの心理テストを活用することによって，プレーヤーのメンタル面を測定することができるが，心理テストには表7-7に示すような長所と短所があるので，これらを踏まえた上で活用したい。また，心理テスト実施上の留意点についてまとめたものを以下に示す。

[心理テスト実施上の留意点]

（吉川，2002を一部改変）

①心理テストは，プレーヤーの現在の心理的特徴を理解し，足りない部分をどのように強化すればよいか，どのようにプレーヤーに接することが必要であるかを知るために使用すべきである。結果から，プレーヤーはこういう人間だと決めつけるような「ラベリング」を行うのは避けなければならない。

②指導者は，日常のプレーヤーの行動を観察したり，コミュニケーションをできるだけ多くとるようにして，指導中に得た情報と心理テストの結果を合わせてプレーヤーの心理的特徴を総合的に評価し，指導を行うことが必要である。

③１回の心理テストの結果だけで評価・判断するのではなく，心理テストは複数回，できれば定

表7-7　心理テストの長所と短所（吉川，2002を一部改変）

	長　所	短　所
検査者にとって	①印象や直感をテストによって確認できる。 ②それまで気づけなかったプレーヤー理解の盲点を自覚できる。 ③プレーヤーの中に潜む潜在的資質に気づくことができる。	①次から次へと強迫的にテストを施行するテストマニアになりやすい。 ②生き生きとしたプレーヤー理解がテスト結果によって歪められる。 ③テストなしではプレーヤー理解ができなくなる。 ④プレーヤーの問題点ばかりに目が向く。
プレーヤーにとって	①テストを受けることが自己吟味の良き機会となる。 ②自分が漫然と意識していた問題点が明確な形で提示される。 ③内的世界を探求する動機づけとなる。	①心の中に土足で踏み込まれるような圧迫感や侵害感が生じる。 ②テスト結果が悪用されはしないかという不安が生じる。 ③検査者に対して服従または依存的な構えができやすい。

期的に実施することが望ましい。それにより，プレーヤーの心理的特徴の経時的変化に対応した指導ができる。また，いつもプレーヤーと接している指導者でも，プレーヤーの心理状態を正確に把握することは難しい。定期的に心理テストを実施することで，プレーヤーの心理状態をモニターしながら指導することができる。

④心理テストの実施プロセスであるテストの必要性（目的）に関する説明，テストの施行，テスト結果のフィードバックなどの機会全体が，指導者側がプレーヤーを理解する機会となる。同時に，その際のコミュニケーションを通して，プレーヤーも指導者の意図や考えを知ることができる。すなわち，心理テストの実施が，結果に基づいてプレーヤーの心理的特徴の評価を行うだけでなく，それをめぐってなされるコミュニケーション（意思疎通）を通して相互理解を深める機会となるよう心がける。

⑤心理テストを施行する際に測定員が配慮すべき点

⑴心理テストの内容はどのようなものか，目的は何か，結果はどのように利用されるのかを，プレーヤーが納得いくまで説明する。プレーヤーの合意なしに行わない。

⑵テストを行う場所，机といすの配置，照明や静けさなどが適切かどうかなど，テストの実施環境に注意する。

⑶テスト・バッテリー（プレーヤー評価の妥当性と信頼性を高めるために行う複数のテストの組み合わせ）はできるだけ最小限にし，むやみに多くのテストは行わない。

⑷プレーヤーの心身の状態に注意する。疲労や眠気などにより，注意・集中力の低下がないかチェックする。

⑸テストのための時間は十分にとっておく。

⑹テストの中には長時間（1～2時間）にわたるものもあるため，プレーヤーの疲労度に注意して中休みを考慮する。

⑺テストの多くは手順が決まっているので，手引書通りに行う。

⑻テスト結果はプレーヤーに正確にフィードバックする。その行為が指導者のサポート目標を明確にすることを促す。

⑼テスト結果はプレーヤーの了解なくして，第三者に漏らさない。守秘義務がある。

2．心理テスト一覧

心理テストには，個人内に比較的一貫して認められる心理的特徴である「心理的特性」を測定・評価するテストと，試合前や試合中の「心理状態」

表7-8　心理テスト一覧

	テ　ス　ト	発売元	測定内容・測定項目	測定時間	質問項目数
心理的特性を測定・評価するテスト	心理的競技能力診断検査（DIPCA.3） Diagnostic Inventory of Psychological Competitive Ability for Athletes	トーヨーフィジカル	〈心理的な競技能力を総合的に測定・評価〉 競技意欲（忍耐力，闘争心，自己実現意欲，勝利意欲），精神の安定・集中（自己コントロール能力，リラックス能力，集中力），自信（自信，決断力），作戦能力（予測力・判断力），協調性	約15分	52
	主要5因子性格検査 The Big Five Personality Inventory	サクセス・ベル	〈性格の基本的な特徴を測定・評価〉 外向性・協調性・勤勉性・情緒安定性・知性	約20分	70
	Y-G性格検査	竹井機器工業	〈性格の測定・評価〉 抑うつ性，回帰性（気分の変化），劣等感，神経質，客観性，協調性，攻撃性，一般的活動性，のんきさ，思考的外向，支配性，社会的外向	約30分	中学生以上 120 学童用 96
	状態—特性不安検査（新版STAI） State-Trait Anxiety Inventory-Form JYZ	実務教育出版	状況によって変化する状態不安*1と比較的安定した性格特性である特性不安をそれぞれ測定・評価	約15分	それぞれ 20
	集中力テスト（T-TAIS） Tennis-Test of Attentional and Interpersonal Style	未発売*2	〈集中力を測定・評価〉 広い外的な注意，広い内的な注意，狭い注意の集中，外的な刺激による過剰負荷，内的な刺激による過剰負荷，狭すぎる注意の集中	約15分	50
心理状態を測定・評価するテスト	試合前の心理状態診断検査（DIPS-B.1） Diagnostic Inventory of Psychological State Before Competition	トーヨーフィジカル	〈試合前の心理的な状態を診断〉 忍耐度，闘争心，自己実現意欲，勝利意欲，リラックス度，集中力，自信，作戦思考度，協調度	約10分	20
	試合中の心理状態診断検査（DIPS-D.2） Diagnostic Inventory of Psychological State During Competition	トーヨーフィジカル	〈試合中の心理状態を診断〉 望ましい心理状態で試合ができたかどうか	約5分	10
	気分プロフィール検査（POMS） Profile of Mood States	金子書房	〈一時的な気分・感情の状態を測定・評価〉 緊張—不安，抑うつ—落ち込み，怒り—敵意，活気，疲労，混乱	約15分	65

＊1　状態不安のテストは心理状態を評価・測定するテストである。
＊2　杉原ら（1989）により作成され，田中ら（1998）によって実施方法がまとめられた。

を測定・評価するテストがある。いろいろなテストが開発されているが，ここでは，テニスで活用できる主な心理テストを表7-8に挙げた。使用目的に応じて，テストを選ぶ必要がある。この心理テストは，著作権などの問題があるため，発売されているものを使用する際には必ずテスト用紙を購入して使用する。

[文献]

・吉川政夫（2002）心理検査，日本スポーツ心理学会［編］，スポーツメンタルトレーニング教本，大修館書店：pp.65-68.
・杉原隆，吉田伊津美（1989）テニスプレイヤーの注意様式と技能水準—日常場面との関係，及び因子構造の検討—，スポーツ心理学研究，16（1）：pp.20-27.
・田中伸明，水野忠和（1998）テニスプレイヤーに必要な集中力を評価する，テニスの科学，6：pp.55-63.
・田中伸明，水野忠和（1998）T-TAISによる集中力の測定，テニスの科学，6：pp.64-69.

7-4 メンタルトレーニング

1. メンタルトレーニングとは

「メンタルトレーニング（Mental Training）」とは，プレーヤーが競技力向上のために必要な心理的スキルを獲得し，実際に活用できるようになることを目的とした，心理学やスポーツ心理学の理論と技法に基づく計画的で教育的な活動である（吉川，2005）。また，その内容が心理的スキルのトレーニングであるため，アメリカでは，しばしばこれを「心理的スキルのトレーニング（psychological skills training）」と呼んでいる（マートン，1991）。

そして，パフォーマンスを促進するための心理的スキルとしては，緊張のコントロールスキル，目標設定スキル，イメージスキル，注意の集中スキル，ストレスマネジメントなどの代表的なものに加え，トラベルスキル，時差克服スキルなど，幅広い種類が考えられるようになってきている（猪俣，1999）。

猪俣（1999）によれば，一般的なトレーニングの手順としてはまず，プレーヤーや指導者に対する教育的指導段階があり，トレーニングの意義や効果についての理解を深め，自発的にしかも意欲を持ってトレーニングに取り組むための準備条件を作る。次に，トレーニングを行う本人の競技行動特性を分析し，個人のトレーニング課題を明らかにする。この段階では標準化された心理テスト，指導者の分析，本人の自己分析，行動観察，コンサルテーションなどを手がかりにする。また，個人のトレーニング課題に基づき，基本的なスキルのトレーニングを実施し，必要な基本的スキルを習得させる。さらに次のステップとして，実際の競技場面でのスキルの応用練習を積み，最終的に目標とする試合でそのスキルを活用する。試合後

図7-7　メンタルトレーニングの構成要素（代表的な技法）（土屋，2010）

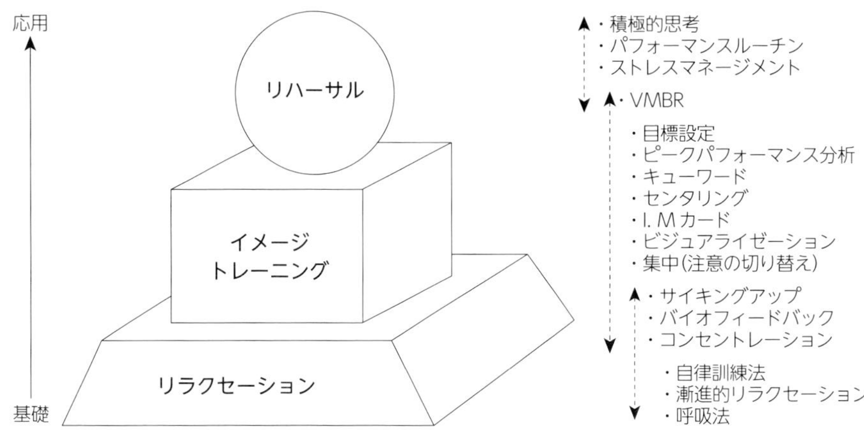

はトレーニングの効果についての評価を行い，必要に応じて次の段階のトレーニング改善に役立てるとしている。

また，土屋（2010）によれば，メンタルトレーニングの代表的な技法としての一般的な流れを次の通りとしている。

①アセスメントと目標設定
②リラクセーション
③イメージトレーニング
④メンタルリハーサル

以上をまとめたのが図7-7で，リラクセーションを土台に，目標達成のイメージを積み重ね，最後にメンタルリハーサルを通じて自信を高めていくといったプロセスである。

しかしながら，メンタルトレーニングは，先にトレーニングプランができあがっていて，それをそのまま個々のプレーヤー，あるいはチームに適用することはない。講習会形式で，多人数のプレーヤーにメンタルトレーニングを継続していく場合以外は，プレーヤーの状況に合わせて，プログラム内容・進度などを柔軟に変えることのほうが実際的である（中込，2002）。また，形式的メンタルトレーニングは役に立たないという報告（長田，2005）もあり，メンタルトレーニングを行う時には，プレーヤーに合わせて考えたトレーニングを行う必要がある。

実際，メンタルトレーニングには様々な手法があるため，プレーヤーに合ったものを見つけ，実践していくことが望まれる。

以下は，メンタルトレーニングの進め方に関しての一例である。

2．メンタルトレーニングの進め方の一例（徳永，1998）

メンタルトレーニングは図7-8のような順序で行うのが望ましい。最初に個人の心理的競技能力を「DIPCA.3」により診断するとともに，これまでの練習や試合の体験の中から長所や短所をチェックする必要がある。第2に年間目標や当面の試合での目標を設定し，第3，第4にメンタルトレーニングの基本となるリラクセーションや集中力のトレーニングを行う。第5にイメージを用いて，プレーヤー個々の課題をトレーニングし，

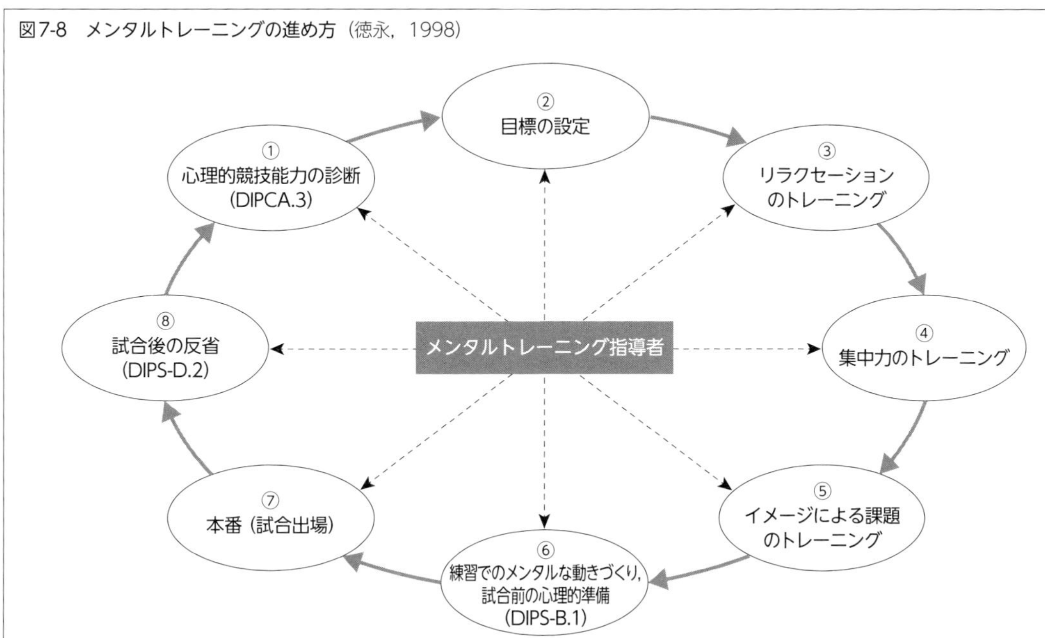

図7-8　メンタルトレーニングの進め方（徳永，1998）

第６に，それまで行ってきたことをオンコートにおける実際の練習時に組み込みながら実践的に身につけていくことや，試合前の心理的準備を行う。そして本番の試合について，試合直後に試合中の心理状態をチェックし，実力が発揮できたかどうかを診断する。悪かった内容は反復してトレーニングをやり直し，試合では常に望ましい心理状態が作れるようになり，結果として実力を発揮でき，競技成績が向上することを目指す。これらのシステムに従ってメンタルトレーニングをすることが，心理的競技能力を高めることになる。

メンタルトレーニングでは，どのような能力が優れ，どのような能力が欠けているかをプレーヤー本人が十分理解しておくことが重要である。

3．メンタルトレーニングの専門家を活用する

日本スポーツ心理学会では，「競技力向上のため心理的スキルを中心にした指導や相談を行う学識と技能を有する専門家」として，「スポーツメンタルトレーニング指導士」という資格を認定している。この資格は，心理的スキルトレーニングを中心としたメンタルトレーニングによって競技者への心理サポートを提供する人として，一定の学術上の業績や研修実績，指導実績などの条件を満たした場合に認定され，2000（平成12）年４月に発足した。

スポーツメンタルトレーニング指導士の活動内容は次の通りである（鈴木，2010）。

①メンタルトレーニングに関する指導・助言：メンタルトレーニングに関する知識の指導・普及，メンタルトレーニングプログラムの作成や実施，メンタルトレーニングに対する動機づけ，など。

②スポーツ技術の練習法についての心理的な指導・助言：練習，指導法，作戦，など。

③コーチングの心理的な側面についての指導・助

言：リーダーシップとグループダイナミクス，スランプへの対処，燃え尽きや外傷・障害の予防と復帰への援助，など（ただし，精神障害や摂食障害等の精神病理的な問題は除く）。

④心理的コンディショニングに関する指導・助言

⑤競技に直接関係する心理アセスメント：競技動機，競技不安，心理的競技能力，など（一般的な性格診断は行わない）。

⑥選手の現役引退に関する指導・助言

⑦競技力向上のための心理サポート

スポーツメンタルトレーニング指導士は，「競技力向上のための心理的スキルを中心にした指導や相談を行う学識と技能を有する専門家」であるため，この有資格者を活用することもひとつの方法といえる。

活用については，以下の方法により相談することができる。

①日本スポーツ心理学会事務局（https://www.jssp.jp/）に連絡する。

②日本スポーツ心理学会認定スポーツメンタルトレーニング指導士ホームページ（https://smt.jssp.jp/）内「資格取得者一覧」ページを参照する。

③日本スポーツ心理学会認定スポーツメンタルトレーニング指導士ホームページ（同上）内「各種問い合わせ」に連絡する。

［文献］

・吉川政夫（2005）トレーニング可能な心理的スキル，日本スポーツ心理学会［編］，スポーツメンタルトレーニング教本，大修館書店：pp.15-19.

・R. マートン（1991）メンタル・トレーニング，猪俣公宏［監訳］，大修館書店.

・猪俣公宏（1999）メンタルトレーニング，臨床スポーツ医学 スポーツ医科学キーワード，16：pp.527-528.

・土屋裕睦（2010）メンタルトレーニングを支える理論と技法，日本スポーツ心理学会資格認定委員会，日本スポーツメンタルトレーニング指導士会［編］，スポーツメンタルトレーニング指導士活用ガイドブック，ベースボール・マガジン社：pp.19-22.

・中込四郎（2002）メンタルトレーニング・プログラム作成の原則，日本スポーツ心理学会［編］，スポーツメンタルトレーニング教本，大修館書店：pp.41-45.

・長田一臣（2005）メンタルトレーニング成功心得の条，日本スポーツ心理学会［編］，スポーツメンタルトレーニング教本，大修館書店：p.169.

・徳永幹雄（1998）メンタルトレーニングの進め方，テニス指導教本，大修館書店：pp.230-231.

・鈴木壯（2010）スポーツメンタルトレーニング指導士の資格と活動内容，日本スポーツ心理学会資格認定委員会，日本スポーツメンタルトレーニング指導士会［編］，スポーツメンタルトレーニング指導士活用ガイドブック，ベースボール・マガジン社：pp.27-30.

TENNIS
COACHING THEORY

8章 トーナメント出場に必要なルールと倫理

8-1

競技者として必要なテニスルール

1．テニスルールと国際大会の競技規則

国際テニス連盟（ITF）は，テニスルール（Rule of Tennis）および各種大会別に競技運営規則（Regulations）を毎年1月に発行している。またITFとは別に，男子プロテニス協会（ATP）および女子テニス協会（WTA）が競技運営規則として公式ルールブックを発行し，Webサイトにて公開している[注1]。

注1
ITF：https://www.itftennis.com/en/about-us/governance/rules-and-regulations/
ATP：https://www.atptour.com/en/corporate/rulebook
WTA：https://www.wtatennis.com/wta-rules

2．JTAテニスルールブック

日本テニス協会（JTA）では，毎年3月に『JTAテニスルールブック』を発行しており，2021年度版は以下の9部より構成されている。

第1部　テニスルール
ITF発行のRule of Tennisの日本語訳

第2部　JTA公式トーナメント管理関連規則
大会申請・承認，賞金配分，ドロー構成など

第3部　JTA公式トーナメント競技関連規則
エントリー・ウイズドロー，アクセプタンスリスト作成，サインイン，ドロー作成，OP作成，試合フォーマット，ヒートルール，メディカルルール，トイレットブレイク，事実問題と法的問題の決定など

第4部　JTA公式トーナメント コードオブコンダクト
選手の守るべきコード：エントリー・ウイズドロー締め切りの厳守，時間厳守，服装と用具のコードを守る，ベストを尽くす，途中放棄をしない，決められた時間を守ってプレーをする，

設備，施設を損傷しない，ボール・ラケットを乱用しない，相手・観客・審判を侮辱しない，身体に危害を加えない，コーチングを受けない，スポーツマンシップに反する行為をしない

第5部　ランキング関連規則

大会カテゴリーとグレード，JTAランキングポイントブレークダウン

第6部　コートオフィシャルの手引き

チェアアンパイアの任務・アナウンス・スコアカードの記録方法・試合のコール，ラインアンパイア・レフェリーの任務，審判員の順守事項・違反行為と処罰

第7部　登録関連規則

JTAプレーヤーゾーンでの選手登録，公認審判員登録

第8部　日本テニス協会関連規則

アンチ・ドーピング規程，倫理規程，処分手続規程

第9部　参考

TIUテニス腐敗防止規則，試合におけるフェアプレーの推進

3．競技者として必要なテニスルール

毎年改訂されるルールブックの内容を熟知することは，競技者にとって重要である。そのため，JTA公式トーナメント会場にはルール問題を解決する最終決定者としてJTA公認レフェリーが任命されている。また，ATP，WTA，ITF大会の会場ではスーパーバイザーおよびレフェリーが任命されており，選手からの質問に答えている。

ここではルールブックから，選手が試合に臨む際に最低限把握しておくべき項目について，いくつか抜粋して解説する。特に主審のつかない試合の場合，ノットの高さやシングルススティックの立てる位置，試合の方法，相手への妨害などの知識が必要となる。

1―シングルススティックの立て方――規則1「コート」

ダブルス・シングルス共用コートでシングルスの試合をする場合は，両サイドにシングルススティックを，シングルスコート・サイドラインの外側から0.914mのところに，それぞれその中心がくるように立てる（『テニス指導教本Ⅰ』p.116図4-3参照）。

2―様々な試合方法――規則5・規則6・規則7・規則22

近年，ジュニアテニス，ビーチテニスなど各種大会が盛んとなり，ノーアド方式，ショートセット，マッチタイブレークなど，多様なゲームスコア，セットスコア方式が加えられた。試合方法は，ベストオブ3セットマッチとベストオブ5セットマッチの2種類である。1セットマッチ，8ゲームプロセットは認められていないため，JTAランキングに関わる大会は3セットマッチを採用しなければならないが，予選では3ショートセットを採用する大会も多い。また，サービスがネットに触れてサービスコートに入った場合でもプレーを続けるノーレットは，ビーチテニス，ジュニア大会などで採用されている。

3―サーブとリターンをする時，および関連するコードオブコンダクト――規則21・規則29

サーバーはアウトオブプレーになった瞬間から25秒以内にボールを拾い，レシーバーの用意ができているかを確認してサーブしなければならない。一方，レシーバーはサーバーのペースを観察して，サーブしようとするタイミングより前に構えなければならない。

例えば，レシーバーが背を向けてサーバーを待

たせている，ダブルスのペア同士で話をしてサーバーを待たせている，サーバーがタオルを使用してサーブを25秒以内に打たない，などの行為は，規則21および規則29の連続的プレーに違反する。違反した場合は，１回目「タイムバイオレーション，ウォーニング（警告）」，２回目以降は，サーバーが違反をするたびに「タイムバイオレーション，ロスオブサーブ（サーブを１本失う）」，レシーバーが違反するたびに「タイムバイオレーション，ポイント（１ポイントを失う）」が科される。

4―妨害行為をしていないか ――規則26「妨害」

インプレー中，故意に相手選手のプレーを妨げた場合は失点する。例えばダブルスの試合中，返球した後，相手選手が打つ前までにパートナーに向かって「ケア」「下がって」などの声を出す，わざとばたばたと足音を立てる，身体や手，ラケットを故意に動かす，などの相手選手の気を散らすような行為，決まったと思って「カモン」と叫ぶ行為は，妨害で失点する可能性がある。転んで思わず大声を出したなどの故意でない場合，あるいは選手に責任のない何らかの物体がプレーを妨げた場合はポイントのやり直しとなる。また，たとえサービスを打つ前であったとしても，サーバーの視野を妨げようとレシーバーが故意に動いたり，音を立てたりする行為は，「コードバイオレーション，スポーツマンシップに反する行為」の対象となる。

5―セルフジャッジの試合における選手のコール(判定)とレフェリーの役割

スポーツにおいて，審判なしで選手自身がプレーをしながら判定をするのはまれである。しかし，国内外の公式テニストーナメントでは，かなり多くの試合がセルフジャッジで行われている。出場する選手は，ルールを守って正々堂々とプレーし，フェアなコールをし，選手，観客，大会スタッフへ節度ある態度で接し，試合中にルールについて疑義がある場合は直ちにレフェリーに問い合わせることが求められる。

セルフジャッジの方法は各国で部分的な違いがあり，国内外の大会で外国人選手と対戦する機会が増えた日本人選手が戸惑うことのないように，2018年版よりITFガイドラインに合わせて以下の通り改訂された。選手に対して今まで以上にスポーツマンシップが求められる改訂である。

1―コール(判定)をできる選手

コールに関して改訂されたのは，「レット」「コレクション」「ネット」「スルー」「タッチ」「ノットアップ」「ファウルショット」「ウェイトプリーズ」を両選手がコールできる点である。

従来通りのコールは，以下の通りとする。

▶「アウト」「フォールト」はネットから自分の側の選手がコールする。

▶「フットフォールト」「オーバールール」はロービングアンパイアにコートの審判台あたりへ入ってもらい，必要に応じてコールしてもらう。

▶選手の要請によってコートに入ったロービングアンパイアまたはレフェリーが選手のコールをオーバールールした場合は，オーバールールのコールが成立する。

▶「ヒンダランス」は，ロービングアンパイアまたはレフェリーを呼んで状況を説明し，その判断に従う。

なお，用語の詳しい説明などは『テニス指導教教本Ⅰ』「4-2　審判員」p.122～128を参照のこと。

2―オーバールールとその対処

「アウト」「フォールト」のミスジャッジを自分自身で直ちに訂正した場合は，１試合１回に限り，故意でない妨害としてポイントをやり直す。ただし，明らかなウイニングショットまたはエースの場合は失点する。また，２回目以降は失点する。

　コート外を巡回しているロービングアンパイアまたはレフェリーが目にあまるミスジャッを目撃した場合，直ちにコートへ入り，１試合１回に限り，故意でない妨害としてポイントをやり直す。ただし，明らかなウイニングショットまたはエースであった場合は失点する。また，レフェリーから選手に２回目以降は失点することを伝える。選手がわざとミスジャッジをしているとレフェリーが確信した場合は，上記失点に加えてスポーツマンシップに反する行為のコード違反が課される。

[文献]

・公益財団法人日本テニス協会（2022）JTAテニスルールブック2022.

8-2 トーナメント規則および選手の守るべきコード

1．エントリーとウイズドロー

JTA公式トーナメントに出場しランキングを得ようとする選手は，JPIN注2（ジェーピン）登録をする必要がある。選手は大会要綱に記載されたエントリーとウイズドロー注3の方法に従って，締め切り日時を遵守する。都合や体調が悪くなり出場できなくなった場合は，至急大会レフェリーへウイズドローを届け出る。締め切り以降のレイトウイズドローおよび届けなしで試合に現れなかったノーショー注4はコード違反となり，サスペンションポイント注5が課される。複数大会へエントリーし，出場する1大会を残して他の大会からウイズドローすることを忘れていた場合，同一大会週に行われる2つ以上の大会ドローに名前が載ると，ダブルエントリーとなりコード違反となる。ただし，ダブルエントリーの対象外となる大会もあるので確認が必要である。

ITF国際大会へ出場するためには，選手登録手続きをしてIPIN（国際選手登録番号）を取得する必要がある。ジュニア選手も一般選手も一度取得したIPINは共通である。ATP，WTA大会へ出場する上位ランキング選手はATP，WTAへの登録が別途必要となる。ITFのWebサイトは英語表示のため，JTA Webサイト（HP＞情報＞IPIN登録）の説明を参考にするとよい（https://www.jta-tennis.or.jp/registration/tabid/209/Default.aspx）。IPINを使ってWebサイトから大会情報を知り，エントリーとウイズドローをする。複数の大会へエントリーできるが，ウイズドロー締め切り時点で1大会を残して残りの大会からウイズドローしなければならない。選手自身がこの手続きを忘れると，ITFによって自動的に名前が消され，1大会が残される。

注2：JPIN
2018年からスタートした「日本テニス協会ジュニア選手登録・ランキング制度（Japan Personal Identification Number）」の略称。全国大会の地域・都道府県予選および全国ジュニアランキング対象大会へのエントリーにはJPIN登録が出場資格として義務づけられた。JTAより発行される選手登録番号を活用して，大会運営のためのITシステムを用いて提供される仕組み全体を「JPIN」と総称している。

注3：ウイズドロー
大会にエントリーした選手が何らかの理由で出場を辞退すること。ウイズドロー締め切りまでは理由にかかわらずいつでもウイズドローできるが，締め切り後のレイトウイズドローはサスペンションポイントが課される。サスペンションポイントが免除される場合は，選手のけがや病気の時と，前週大会で勝ち残っている場合に限られる。選手は直ちに大会レフェリーへウイズドロー届を出し，けがや病気の場合は大会中に医師の診断書を提出しなければならない。

注4：ノーショー
予選選手がサインに来なかった，自分の試合時間に試合コートへ現れなかった無断欠場を意味する。

注5：サスペンションポイント
JTAランキング大会でコード違反をした選手に対して科されるペナルティポイントで，合計5ポイントごとに3万円の罰金を払うまで，公式大会への出場ができない。科されたポイントは52週後に消滅する。

2．サインイン―本戦選手，予選選手，ワイルドカード，オルタネイト，ラッキールーザー

1―サインイン－本戦選手，予選選手

JTA公式トーナメントの予選リストに入っている選手は，決められた日時までに会場のレフェリー室でサインをしなければならない。オンラインエントリーを採用する大会では，エントリーと同時にサインをしたものと見なすため，サインの必要はない。ITFプロサーキットおよびITFジュニアサーキットでは予選サインが必要だが，選手がレフェリーへ電話またはメールでサインをリクエストできる大会もある。前週の大会で勝ち残り，プレーしているためサインに間に合わない場合は，レフェリーからレフェリーへ連絡をしてサインをリクエストすることができる。本戦選手はサインの必要がない。ただしITFジュニアサーキットBグレード以下の大会は本戦選手もサインをしなければならない。

2―ワイルドカード

ワイルドカード（主催者推薦）を申請する選手は，大会ディレクターへドロー作成前までに申し出る。エントリーの有無およびランキングの有無は問わず，大会ディレクターの自由裁量で決定されるので，サインは必要ない。しかし，ドロー作成のため，氏名，生年月日，登録番号をレフェリーへ届け出る必要がある。

3―オルタネイト

オルタネイトは，エントリーし予選サイン日にサインをしたが，ドローには入れなかった補欠の選手を指す。予選初回戦の試合開始30分前までにレフェリーの用意するオルタネイトサインインシートにサインをすると，ウイズドローやノーショーがあった場合にリストの上位順にドローに入ることができる。

4―ラッキールーザー

予選で負けた選手が，本戦ドローに空きができた場合にラッキールーザーとしてその空きに入る権利を得るには，本戦初回戦の試合開始30分前までにレフェリーの用意するラッキールーザーサインインシートに自身でサインをしなければなら

ない。ラッキールーザーの優先順位は，最初に予選決勝で負けたランキングのある選手，次に予選決勝で負けたランキングのない選手，次にその前のラウンドで負けたランキングのある選手となり，順次繰り下がっていく。同じ条件の選手は抽選で順位を決める。優先順位の抽選は予選終了後に行われ，選手に公表される。

3．遅刻

JTA公式トーナメントでの15分以内の遅刻に関するペナルティは，ITF大会に合わせて廃止された。15分以上の遅刻はノーショーとなるが，試合当日に選手が会場へ現れた場合，遅刻かノーショーかのサスペンションポイントはレフェリーの判断となる。

4．試合中のコード

選手は試合中に言葉やジェスチャー，携帯電話などによるコーチングを受けてはならない。この事実が確認されると，コード違反「コーチング」が課される。

コーチは大会会場内で，相手選手，審判，観客，大会役員に対して言葉やジェスチャーを使って侮辱したり，暴力を振るったりしてはならない。悪質な言動を行うコーチに対し，レフェリーは大会会場から退場を命じ，選手を失格にすることができる。

試合中の選手はスポーツマンシップに則って以下の言動や態度が求められ，違反者にはコード違反が課される。

▶ベストを尽くす。
▶試合を途中放棄しない。
▶許された時間以外はプレーを続行する。
▶ラケットやボールを乱暴に扱わない。
▶言葉で侮辱しない。
▶身体に危害を加えない。
▶スポーツマンシップに反する行為をしない，など。

5．コード違反のペナルティ

JTA公式トーナメントでコード違反を確認された選手には，主審またはレフェリー，主審のいない試合ではロービングアンパイアまたはレフェリーがペナルティを科す。1回目警告，2回目失点，3回目以降は1ゲーム失うまたは失格となる。身体に危害を加えた場合は，1回目で失格となる。大会終了後，レフェリーはJTAへコード違反報告書を提出し，その報告によって，JTAは選手に対して違反項目のサスペンションポイントを課す。合計5ポイントとなった選手は3万円の罰金を支払い，5ポイント以下にならなければ大会に出場できない。

ITFプロサーキット大会でコード違反をした選手は，1回目警告，2回目失点，3回目以降1ゲームを失うまたは失格となる。加えてレフェリーによって罰金が科される。500ドル以上の罰金は500ドル以下になるまで支払いを済ませないと，試合に出場することはできない。

6．セルフジャッジ

主審のつかないセルフジャッジの試合では，選手間でトラブルが起きることがある。気持ちよく

プレーするための環境づくりは選手，コーチ，関係者のフェアプレーへの理解と実践にかかっている。JTAではフェアプレーを推進するため，ポスターやチラシを作成し，以下の「セルフジャッジの５原則」の普及に力を注いでいる。

「セルフジャッジの５原則」

1．判定が難しい場合は「グッド」（相手に有利に）。
2．「アウト」「フォールト」はボールとラインの間に，はっきりと空間が見えた時。
3．サーバーはサービスを打つ前，レシーバーに聞こえる声でスコアをアナウンス。
4．判定のコールは相手に聞こえる声と，相手に見えるハンドシグナルを使って速やかに。
5．コートの外の人はセルフジャッジへの口出しはしない。

※チラシはJTA Webサイト（https://www.jta-tennis.or.jp/information/fairplay/tabid/547/Default.aspx）からダウンロードできる。

7．アンチ・ドーピング規程

JTAは日本アンチ・ドーピング機構（JADA，https://www.jta-tennis.or.jp/information/fairplay/tabid/547/Default.aspx）の加盟団体として，世界アンチ・ドーピング規程に準拠した規程を定めている。選手，サポートスタッフ，JTA，加盟団体に対して適用される。選手は検体採取にいつでも応じること，自己が摂取し使用するものに責任を持つこと，アンチ・ドーピング規範および規則に違反しないように確認する責任を持つこと，などが求められる。

8．倫理規程および処分手続き規程

JTAは事業の公正かつ適正な運営と社会的信用の維持向上を図るため，事業活動に参画する者および登録する指導者，審判員，選手などの倫理に関する基本となるべき事項を以下のように定めている。

▶各種ハラスメント，差別，試合の不正操作，違法賭博，ドーピング，薬物乱用などの違法行為は絶対に行ってはならない。

▶個人の名誉を重んじ，プライバシーに配慮し，地位を利用して自己・特定団体の利益を計ることや斡旋・強要をしてはならない。

▶反社会的勢力とは一切の関係を持ってはならない。

国際大会へ出場する選手は，ソーシャルメディアでの嫌がらせメッセージ，あるいはホテル代を払ってあげる，スポンサーになってあげる，食事をごちそうする，などの危険な誘惑や接触にさらされている。ギャンブルへの協力者を探して近づいてくるケースが報告されており，JTAではJTA Webサイト（HP＞情報＞選手相談デスク）で相談，通報を受けつけている（http://www.jta-tennis.or.jp/information/integrity/tabid/660/Default.aspx）。

また，選手が知らずに違反行為に巻き込まれないよう，毎年の登録更新時にはJPINサイトでのeラーニングを義務づけており，各種規則および規程の周知を図っている。

9．TIUテニス腐敗防止規則

ATP，WTA，ITFおよびグランドスラム・ボー

ドの４団体が独立した監視機関として2008年に設立したテニス･インテグリティ･ユニット（TIU）によって導入された規則である。腐敗行為とは，試合結果の不正操作，テニス競技を対象とした賭博行為を指す。対象者は，選手およびその関係者，対象大会関係者である。対象大会は，グランドスラム（ジュニアを除く），ATP，WTA主催大会，ITFプロサーキット，デビスカップ，ビリー･ジーン・キング・カップ（旧フェドカップ），ホップマンカップ，オリンピック大会テニス競技である。

近年はライブスコアの普及により，国内で行われる国際大会でも違法賭博行為が報告されている。観客には長時間の携帯電話・電子機器の使用を禁止し，違法賭博行為防止に協力を呼びかけている。選手，審判員が試合コート上で携帯電話・電子機器を使用することはもちろん許されない。

［文献］
・国際テニス連盟，https://www.iiitftennis.com（2022年11月７日閲覧）
・公益財団法人日本テニス協会（2022）JTAテニスルールブック2022.

8-3 スポーツ・インテグリティと倫理規程

スポーツを取り巻く環境は変化している。スポーツ団体はもとより，プレーヤーそしてスポーツ指導者もそれ相当の意識改革と対応が求められ，現に行政からも「スポーツ・インテグリティ（高潔性）」という考え方が盛んに叫ばれるようになった。

スポーツ・インテグリティとは，スポーツに携わる一員として，法令遵守はもとより，スポーツが本来持っている「人々を幸福にし，社会を善い方向に導く力」の前提となる価値を守り，推進することを意味する。日本スポーツ振興センターは，2014年に「スポーツ・インテグリティ・ユニット」を設置し，日本スポーツにおけるインテグリティ推進を行ってきている。日本オリンピック委員会も2018年春にインテグリティ教育ディレクターを配置し，日本代表選手や加盟競技団体に対してのスポーツ・インテグリティ教育啓発活動を活発化した。

1．スポーツの持つ価値

スポーツ基本法は，「スポーツは，世界共通の人類の文化である。スポーツは，心身の健全な発達，健康及び体力の保持増進，精神的な充足感の獲得，自律心その他の精神の涵（かん）養等のために個人又は集団で行われる運動競技その他の身体活動であり，今日，国民が生涯にわたり心身ともに健康で文化的な生活を営む上で不可欠のものとなっている」としている。

それでは，スポーツ文化がもたらしている価値とは何か。日本体育協会（現日本スポーツ協会）スポーツ・医科学研究報告（2015）は，スポーツの価値として次の6つを紹介している。

①個人的価値――身体を動かすという人間の本源

的な供給に応え，心身の健全な発展をもたらす。

②教育的価値——ルールやマナーを守り，協調性や社会力・生きる力のあるよい人間を育てる。

③社会・生活向上価値——地域への愛着と連帯感を醸成し，地域コミュニティの再生・活性化につながる。

④経済的価値——関連産業の広がりにより，新たな需要と雇用を創出する。

⑤国際的価値——世界の人々の相互理解を促し，国際的な友好と親善を促す。

⑥鑑賞的価値——人々に夢や感動を与え，スポーツ文化への関心を高める。

そして，「する・行う」「みる」「創る・支える」を通じて得られるスポーツ固有の楽しさや喜びこそが，スポーツの中核的価値としている。

2．日本スポーツ界で共有されるべき認識

日本スポーツ振興センターは，ドーピング，八百長・不正操作，オンラインゲームでのチート行為，暴力・ハラスメント，コンプライアンス・ガバナンスの欠如，差別，贈収賄，不正経理，自治に対する外部からの圧力などがインテグリティを脅かす要因としている。したがって，スポーツ・インテグリティ確保のために日本スポーツ界で共有されるべき認識とは，スポーツに携わる者や団体が違法行為や反倫理的行為，さらにはアンフェアなことをした場合，問題となった人や競技のみならず，スポーツ自体が持つ価値をも損なわせる危険性があるという事実である。これを受けて，JTAは，ガバナンス向上，コンプライアンス強化，フェアプレー推進といったこれまでの取り組みを「テニスにおけるインテグリティ確保」という切り口から整理し，JTA内で情報共有をし，今後の協会運営の参考とすることとした。

3．スポーツ・インテグリティを脅かす要因

2012年末から2013年春にかけて，スポーツ指導における暴力・ハラスメント問題が社会問題化した。ここに今日，わが国で叫ばれているスポーツ・インテグリティ確保の原点があるといえよう。同年4月25日，日本体育協会，日本オリンピック委員会，日本障害者スポーツ協会（現日本パラスポーツ協会），全国高等学校体育連盟，日本中学校体育連盟の5団体が主催し，文部科学省および厚生労働省が後援した「スポーツ界における暴力行為根絶に向けた集い」が日本青年館で開催された。この集いでは，「スポーツ界における暴力行為根絶宣言」が採択され，日本スポーツ界全体として，暴力・ハラスメントを根絶し，スポーツを文化として一致団結して発展させることを公に誓った。この宣言ではスポーツ指導者に以下の対応を求めている（https://www.japan-sports.or.jp/Portals/0/data/ikusei/doc/H26textchange/9.pdf）。

▶指導者は，スポーツが人間にとって貴重な文化であることを認識するとともに，暴力行為がスポーツの価値と相反し，人権の侵害であり，すべての人々の基本的権利であるスポーツを行う機会自体を奪うことを自覚する。

▶指導者は，暴力行為による強制と服従では，優れた競技者や強いチームの育成が図れないことを認識し，暴力行為が指導における必要悪という誤った考えを捨て去る。

▶指導者は，スポーツを行う者のニーズや資質を考慮し，スポーツを行う者自らが考え，判断することのできる能力の育成に努力し，信頼関係の下，常にスポーツを行う者とのコミュニケー

ションを図ることに努める。

▶指導者は，スポーツを行う者の競技力向上のみならず，全人的な発育・発達を支え，21世紀におけるスポーツの使命を担う，フェアプレーの精神を備えたスポーツパーソンの育成に努める。

そして，ソーシャルメディアもプレーヤーや指導者の身辺に潜むリスクとなっている。ソーシャルメディアを通じて個人としての発言や行動を発信できる便利な社会に暮らしているが，こうして発信された情報が共有・拡散されて自分の価値を高める一方，損ねたりもし，リスクマネージメントとしてのソーシャルメディア対策も不可欠となった。

4．JTAの対応

JTAは，2012年4月の公益財団法人への移行に伴い，公益法人としてのガバナンス強化，コンプライアンスの確保への取り組みを開始し，翌年4月にはコンプライアンス室を設置した。また，2012年末から2013年春にかけて，スポーツ指導における暴力・ハラスメント問題が社会問題化したことを受け，同年3月の理事会にて「スポーツ指導等に伴う暴力とハラスメントに関する日本テニス協会会長声明」を採択し，テニス指導における暴力・ハラスメントの否定を宣言し，テニス関係団体や関係者に声明の内容の周知を行った。さらに，同年11月に通報・相談窓口を設置し，暴力・ハラスメント問題を含む協会活動全般に関する通報・相談の受付を開始した。そして，公認指導者を対象に開催されているJTAカンファレンスでは，「コンプライアンス」が主要題目として取り上げられるようになった。

コンプライアンスとは，法令，条例，職務規則などの明文化された規則を守るだけでなく，日常の社会生活において倫理を守り，公正・適切に行動することを意味する。ルールや倫理は社会生活には欠かせない。ルールや倫理が守られるからこそ社会のシステムが機能し，経済社会活動，家族生活，個人としての活動も初めて可能となるからである。

残念なことに，2012年以降もスポーツ指導における暴力やハラスメント，違法賭博事件や国内外のトップアスリートによるドーピング発覚など，スポーツ選手の反倫理的行為に関する報道は後を絶ない。こうした状況を真摯に受け止め，JTAは，2016年5月に「プロ登録テニス選手等の法令順守に関する理事会決議」を行い，この決議に基づき，ナショナルチーム選手とスタッフを対象とした行動規範を採択する一方，JTA公式ホームページ上にインテグリティ関連情報に関するページを開設した。さらに，協会登録プロフェッショナル選手を対象に教育研修の充実を図り，2016年4月からはプロフェッショナル登録新規申請に，2017年12月からはプロフェッショナル登録更新にｅラーニング講習が義務づけれられた[注6]。

注6
このｅラーニング講習向けには新規プロフェッショナル登録申請者向け事前ｅラーニング用テキストが準備されている（https://www.jta-tennis.or.jp/Portals/0/resources/information/integrity/pdf/jta-007-j.pdf）。

5．倫理規程

JTAは，役職員，登録指導者，審判員，プレーヤー，指導者，ならびにこの協会の活動に参加する者の法令遵守と倫理に関する基本となるべき事

項を定め，事業を公正かつ適正に運営し，公益目的の達成と社会的信用の維持・向上を図ることを目的として，2014年３月にそれまでの倫理規程を改正した。また，2018年12月の再改正では，グローバル化への対応として遵守事項に「関係国際規則」，そしてジュニアプレーヤーの教育啓発活動の推進の一環として18歳未満の飲酒と喫煙の禁止が加えられた。これら一連の規則改正を経て，現行の倫理規程は法令遵守とともに，以下の行為を反倫理的行為として禁止している。

▶暴力・ハラスメント
▶差別
▶試合の不正操作
▶薬物（大麻，麻薬，覚せい剤等）乱用
▶ドーピング
▶反社会勢力と関係を持つこと
▶コードオブコンダクト違反
▶18歳以下の飲酒と喫煙
▶スポーツの健全性および高潔性を損ねるような社会規範に照らして不適切な行為

ちなみに，刑法185条は「賭博をした者は，50万円以下の罰金又は科料に処する」と規定しており，日本国内から日本国外のオンラインカジノで賭けをした場合も賭博罪が成立すると考えられている。

あわせてJTAは，日本のテニス界を統轄する中央競技団体として，「公益法人日本テニス協会及び加盟団体並びに協力団体の倫理に関する指針」を制定し，地域・都道府県テニス協会からなる加盟団体および全国学生団体を含む協力団体に対して，所属・登録しているプレーヤー・指導者を含む人が法令遵守やフェアプレーの精神に則り行動することを求める努力を要請している。

6．処分手続規程

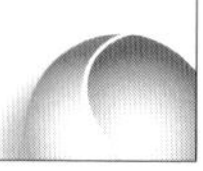

JTAの処分手続規程は，倫理規程違反者に対する処分手続きを定めたものである。処分手続規程に基づいて，調査・手続きがコンプライアンス室により開始され，調査結果は会長に報告される。会長は倫理委員会に処分審査を諮問することができる。そして，倫理委員会の審査において違反が認められれば，最も軽い戒告から最も重い資格の永久剥奪の処分が適用されることとなる。新聞，テレビ，インターネットなどで報じられる事態となったプレーヤーや指導者などの登録者については，裁判などにおける有罪の確定の有無にかかわらず，JTAの名誉・信用を害する恐れがある場合には，倫理委員会での審査の上，処分の対象となり得るとされている。

現在，わが国のテニスプレーヤーの活動領域がグローバル化する中，国際競技団体がJTA登録選手や指導者などの行動を直接的に規制し，処分するケースが生じてきており，JTAには処分を受け入れる義務が課されている。その代表的なものに，世界アンチ・ドーピング規則，国際テニス連盟ワールド・テニスツアー規則行動規範，TIUテニス腐敗防止規則がある[注7]。また，日本人プレーヤーや指導者などがこうした処分の対象となった際には，JTAは社会的説明責任を直ちに行う必要があることから，2018年12月の規程改正によって，会長は処分手続規程に基づく簡易手続により処分措置をとることができることとなった。

なお，JTAは日本スポーツ仲裁機構に加盟しており，登録選手・指導者が処分決定に不服がある場合には，日本スポーツ仲裁機構に仲裁の申し立てを行う道が開かれている。

> 注7
> JTAはホームページ上にインテグリティ関連情報ページ（https://www.jta-tennis.or.jp/information/integrity/tabid/660/Default.aspx）を開設し，これらの国際規則を含む内外のスポーツ・インテグリティ関連情報の提供を行っている。

7．試合におけるフェアプレー

フェアプレーはスポーツの基本である。ルールを守る，対戦相手を尊重する，全力を尽くし正々堂々と戦う，などは，スポーツの基本といえる。体調，天候，人間関係など，その時々で変わるコンディション，試合の流れ，勝敗の行方といったストレスに耐えながら，日々戦い，努力し続けることは並大抵ではない。しかし，プレーヤーとして，常に対戦相手を尊重し，試合を支える審判らに感謝しながら，正々堂々と全力を尽くして競技する態度・精神は，後進の選手達やテニスファンにとって，大きな感動と活力の源となる。

残念ながら，多くのテニス大会で採用されているセルフジャッジに関するトラブルが後を絶たない。プレーヤーだけでなく，保護者，指導者，そして大会主催者にも，正しいセルフジャッジの理解がまだまだ不足している状況にある。JTAでは2016年4月より，「セルフジャッジ5原則」の順守を推進している（本章2節参照）。

また，試合におけるフェアプレーの推進活動の一環として，JTAは2017年9月より，「あくしゅ，あいさつ，フェアプレイ」運動を実施しており，プレーヤーは試合の終了時に対戦相手と握手するだけでなく，試合前にも相手をリスペクトする気持ちを表すために握手し，あいさつし，試合中はスポーツマンシップに則り，自分のベストを尽くし，フェアプレーに徹する呼びかけを行っている[注8]。

> 注8
> 新型コロナウイルス感染拡大により，JTAは2020年4月12日，「あくしゅ，あいさつ，フェアプレイ」運動における「あくしゅ」について，コロナウイルス感染が終息するまで推奨しないこととした。

8．スポーツ・インテグリティの新たな展開

2019年6月，スポーツ庁はスポーツ団体向けのガバナンスコード（適切な組織運営を行う上での原則・規範）を導入し，中央競技団体と一般スポーツ団体に対し，2020年度を初年度としてそれぞれのガバナンスコードに適合化した組織運営を求めた。こうして，2012年4月の公益法人へ移行した後のスポーツ・インテグリティ確保に向けたJTAの取り組みは，東京オリンピック・パラリンピックで掲げられた「多様性と調和」というスポーツの社会的側面への対応と相まって，新たな段階に移ろうとしている[注9]。そして，地球温暖化の進展と新型コロナウイルス感染症による地球規模のパンデミックは，安全と安心の確保という古くて新たな命題を再度スポーツに与えることとなった。

> 注9
> 2021年3月の創立100周年の記念事業として，JTAは以下の協会理念を決議した。「わたしたちはテニスを通じて，人と人，国と国とをつなぎ，その素晴らしさを伝え，すべての人が健やかで幸福な人生を享受できるような，多様性と調和のある社会の実現に貢献します」

［文献］

・公益財団法人日本体育協会（2015）平成26年度日本体育協会スポーツ医・科学研究報告Ⅲ，新たなスポーツ価値意識の多面的な評価指標の開発．

欧文・数字

あ 行

か 行

さ 行

た　行

な　行

は　行

ま行

や 行

ら 行

わ 行

NOTE

月　　日

NOTE

月　　日

あとがき

テニスは，健康で楽しく明るい人生を彩る生涯スポーツとして，年齢やレベルにかかわらず楽しむことのできるスポーツです。その一方で，世界的なツアーが組織され，観るスポーツとしても大きな発展を遂げています。その中で多くのプレーヤーが世界のトップを目指して努力し，トップアスリートとなることを夢見てプレーしています。「トップアスリートとは世界のトップを目指すひとりのプレーヤーであるだけでなく，スポーツの喜びや感動を多くの国民に伝える大きな力と責任を持つ人材」であり，指導者にはそのような人材を育てる責任と役割があります（第１章１節「指導者の役割」）。本書は，このトップアスリートの育成に向けた育成・強化の役割を担うことのできる指導者の養成を目的として作成しました。

（公財）日本テニス協会は，「日本のテニス中長期戦略プラン」を策定し，普及・育成・強化と３つの「C」（Court, Coach, Competition）からなるマトリクスを踏まえて施策を展開しています。さらにこの施策に基づき，強化育成本部を中心に育成強化の中長期プラン「富士山プロジェクト」を策定し，次世代の若手プレーヤーに注力すると共に，「子どもたちがあこがれる日本代表」を生み出すための「チャンピオン教育」に取り組んでいます。この取り組みは，ナショナルチームのコーチだけで達成できるものではありません。わが国全体における指導者（Coach）の養成とレベルアップが不可欠です。

既刊の『テニス指導教本Ｉ』では，テニスの普及・発展と底辺の拡大を目指し，テニスを楽しく始めるための知識と指導法について，TENNIS PLAY & STAYなど新しい情報を幅広く提供しました。『テニス指導教本Ｉ』に続く本書では，第１章に示すように「テニスの競技力向上」を目指す内容となっています。特に競技力向上に必要な情報として，バイオメカニクスと技術，戦術，指導法，コンディショニングとメンタルスキルを取り上げ，『テニス指導教本Ｉ』よりも専門的な内容となっています。合わせて，トーナメント出場に必要なルール，スポーツの価値を守り高めるための「スポーツ・インテグリティ」についても扱っています。また，『テニス指導教本Ｉ』と同様に，車いすテニスにおける競技力向上についても取り上げました。本書の内容は，すでにトップアスリートを目指す選手の育成・強化に携わっている指導者，そして今後育成・強化に取り組むべくレベルアップを目指す指導者にとって，またトップアスリートを目指すプレーヤーにとっても有意義な情報を提供するものです。本書により多くのトップアスリートが誕生することを願ってやみません。

本書発行に当たっては，各分野の専門家の方々に執筆をお願いし，（公財）日本テニス協会普及推進本部JTAアカデミー委員会のメンバーに編集の労をおとり頂きました。本書の出版にご協力下さいました多くの関係者の皆様に深く感謝申し上げます。

令和４年11月

公益財団法人　日本テニス協会

普及推進本部長　西村　覚

■テニス指導教本　編集委員会委員

畑山 雅史	（公財）日本テニス協会　JTAアカデミー委員会委員	大阪社体スポーツ専門学校
村松　憲	（公財）日本テニス協会　JTAアカデミー委員会委員	慶應義塾大学
高橋 正則	（公財）日本テニス協会　JTAアカデミー委員会委員	日本大学
北村　哲	（公財）日本テニス協会　JTAアカデミー委員会委員	びわこ成蹊スポーツ大学

■執筆者

三橋 大輔	（公財）日本テニス協会　強化サポート委員会委員 筑波大学	（第１章１節～２節）
坂井 利彰	（公財）日本テニス協会　大会運営本部本部長 慶應義塾大学	（第１章３節～４節）
道上 静香	（公財）日本テニス協会　強化サポート委員会委員 滋賀大学	（第２章１節～２節）
髙橋 仁大	（公財）日本テニス協会　強化サポート委員会委員 鹿屋体育大学	（第３章１節～３節）
横松 尚志	（公財）日本テニス協会　JTAアカデミー委員会委員	（第４章１節）
中山 芳徳	（公財）日本テニス協会　選手育成委員会委員長	（第４章２節）
北村　哲	（公財）日本テニス協会　強化サポート委員会委員 びわこ成蹊スポーツ大学	（第１章３節２項，第４章２節，第６章３節）
中澤 吉裕	（公財）日本テニス協会　車いすテニス委員会委員長	（第５章１節～４節）
岩月 俊二	（公財）日本テニス協会　強化サポート委員会委員	（第６章１節１項，２項，４項，２節）
村木 良博	（公財）日本テニス協会　強化サポート委員会副委員長	（第６章１節３項）
梅林　薫	（公財）日本テニス協会　医事委員会常任委員 大阪体育大学	（第６章３節）
魚田 尚吾	（公財）日本テニス協会　強化サポート委員会委員 関西大学	（第６章３節）
小屋 菜穂子	（公財）日本テニス協会　強化サポート委員会委員 大同大学	（第６章３節）
高橋 文子	（公財）日本テニス協会　強化サポート委員会委員	（第６章４節）
中田　研	（公財）日本テニス協会　医事委員会副委員長 大阪大学	（第６章５節）
北條 達也	（公財）日本テニス協会　医事委員会常任委員 同志社大学	（第６章６節）
田中 伸明	明治大学	（第７章１節～４節）
松野 えるだ	（公財）日本テニス協会　審判委員会副委員長	（第８章１節～２節）
高橋　甫	（公財）日本テニス協会　管理統括本部本部長	（第８章３節）

テニス指導教本Ⅱ
©Japan Tennis Association, 2023
NDC783／xi, 242p／24cm

初版第１刷発行――2023年２月20日

編　者――公益財団法人 日本テニス協会
発行者――鈴木一行
発行所――株式会社 大修館書店
〒113-8541 東京都文京区湯島2-1-1
電話03-3868-2651（販売部） 03-3868-2298（編集部）
振替00190-7-40504
［出版情報］ https://www.taishukan.co.jp

装丁・本文デザイン――井之上聖子
図版作成――イーアールシー
写真――ロイター／アフロ
編集協力――錦栄書房
組版――加藤智
印刷所――横山印刷
製本所――難波製本

ISBN978-4-469-26951-2　Printed in Japan
Ⓡ本書のコピー，スキャン，デジタル化等の無断複製は著作権法上での例外を除き禁じられています。本書を代行業者等の第三者に依頼してスキャンやデジタル化することは，たとえ個人や家庭内での利用であっても著作権法上認められておりません。

テニス指導教本 Ⅰ

公益財団法人
日本テニス協会［編］

世界で活躍できる選手を数多く育成する競技スポーツとしての強化だけでなく、ジュニアから高齢者まで多くの人に親しまれる生涯スポーツとしての普及を競技振興の2本柱に掲げる日本テニス協会が、自らの責任編集でまとめた指導者養成のためのテキスト。指導者に必要な最新の知識、技術・戦術論、指導論などをまとめている。

◉B5変型判・312頁 **定価3,080円（税込）**

主要目次
第1章 **テニスとは**／第2章 **テニスの技術**／第3章 **テニスの科学**／第4章 **テニスのルールと審判員**／第5章 **テニスの戦術**／第6章 **テニスの指導論**／第7章 **車いすテニス**／第8章 **テニスの体力トレーニング**／第9章 **テニスの指導における安全管理**

世界で活躍する名選手の少年期を指導したコーチがその育成論を初公開！

柏井正樹［著］

戦略脳を育てる

テニス・グランドスラムへの翼

相手を出し抜く、裏をかく、ゆさぶる……勝つために“戦略的な感覚”を磨けば、テニスはもっと楽しくなる。指導者や親が子どもの力を引き出すためのヒントが満載！

◉四六判・184頁 **定価1,650円（税込）**

【主要目次】第1章 **錦織圭の翼**／第2章 **伝える力**／第3章 **僕の原点**／第4章 **戦略脳を育てる**／第5章 **モチベーションを上げる**

秘訣は、ユニークな言葉力と伝える力！

定価は消費税10％込（2022年12月現在）